Bündnis Aktiver Fußballfans – BAFF (Hrsg.)

BALLBESITZ IST DIEBSTAHL

Bündnis Aktiver Fußballfans – BAFF (Hrsg.)

Ballbesitz ist Diebstahl

Fans zwischen Kultur und Kommerz

VERLAG DIE WERKSTATT

B.A.F.F. Kontaktadressen

Bündnis aktiver
Fußballfans (BAFF) e.V.
Postfach 11 23
63401 Hanau

E-Mail an BAFF direkt:
info@aktive-fans.de

Material an BAFF:
material@aktive-fans.de

an Webmaster:
jost@aktive-fans.de

Internet
www.aktive-fans.de

Regionale
Kontaktadressen:

Nord: Fanladen St. Pauli
Brigittenstr. 3
20359 Hamburg
Tel. 040/4396961
Fax 040/4305119

Ost: Postfach 35 08 54
10217 Berlin
E-Mail: endi@aktive-fans.de

Bibliografische Information der Deutschen Bibliothek
Die Deutsche Bibliothek verzeichnet diese Publikation in der Deutschen Nationalbibliografie; detaillierte bibliografische Daten sind im Internet über www.dnb.ddb.de abrufbar.

D-37083 Göttingen, Lotzestraße 24a
www.werkstatt-verlag.de

Satz und Gestaltung: Verlag Die Werkstatt
Druck: Steidl Verlag
ISBN 3-89533-430-8

Spielaufbau

Angriff

Mittelfeld

Abwehr

Gerd Dembowski

Spieler kommen, Trainer gehen – Fans bleiben

Kleine Standortbestimmung der Fußballfans

„Ich habe schon etliche Male Abschied genommen vom Fußball, vom Hin- und Angucken wenigstens... Jedem Abschied folgte ein neues Spiel, ohne dass die Zeit dazwischen etwa bloß eine Schamfrist gewesen wäre. Es war mir jedes Mal ernst. Wieder und wieder der Schwur: Das reicht endgültig jetzt, aber ehrlich. Das Auge hat genug, der Geist ist entschlossen, die Seele aber schwach...“

Dietrich zur Nedden, 1998

Fußball – nirgendwo sonst treffen so viele Menschen Woche für Woche an den gleichen Orten und in ähnlicher Weise zusammen. Fußball hat eine Tradition als Publikumssport, die noch über das vergangene Jahrhundert zurückreicht. Noch mehr Menschen sind selbst auf dem Rasen aktiv, und wieder mehr sind zu TV-Fußballfans vor den heimischen Bildschirmen geworden. Das Stadion und sein Umfeld werden über den Spieltag hinaus zum sozialen und kulturellen Ereignis mit einer engagierten Verabredungskultur. Hier können sich die individuellen Ventile des Alltags von Menschen jedweder Couleur öffnen – manchmal leider über moralethische Grenzen hinaus. Früher begonnen mit den Spielern, bildet der Fußball heute für seine Fans einen Platz für Rituale des Abreagierens, sei es durch überhöhten Jubel und Enttäuschung oder Diskriminierung und Gewalt. Aber auch Humor und Witz, Ironie und Kreativität prägen das Bild der Fankulturen.

Fan-Kultur ist nicht nur eine Abziehfolie der globalisierten Gesellschaften, sondern darüber hinaus auch ein Anzeiger für kommende Entwicklungen. Fußball bildet häufig für Arbeiter wie Architekten, für Büroangestellte wie Universitätsprofessoren den kleinsten gemeinsamen Nenner – eine produktive Klammer zwischen Hoch-, Populär- und Alltagskultur.

Anfängliche Anfeindungen, die das Zuschauen als rein passiven Voyeurismus abtaten, schlagen genauso fehl wie die heutigen Versuche, die Fans auf Stimmungsfolklore für TV-Einblendungen zu reduzieren.

„Village Football" in England.

Zunächst war sogar das Gegenteil der Fall. Denn im „Folk Football" oder „Village Football" des 16. Jahrhunderts in England war eine Unterteilung zwischen Spielern und Zuschauern kaum möglich, weil ganze Ortschaften mit unterschiedlichen Personenzahlen und Spieldauern gegeneinander antraten. Fußball war ein rüdes Volksspiel ohne System, im Vordergrund standen Kraft und Gewalt. Schon William Shakespeare hatte das raue Image des Fußballs genutzt, als er eine seiner dramatischen Figuren als „elenden Fußballspieler" beschimpfen ließ, weil dieser König Lear widersprochen hatte.

Auch wenn heute Schalke 04 und Borussia Dortmund zum umkämpften Derby antreten, erinnert sich niemand mehr an den Ursprung dieses Begriffes. Der Shrove-Tuesday-Kampf zwischen den Pfarrbezirken All Saints und St. Peter's in Derby war in England berühmt und berüchtigt für seine Volksfußball-Duelle, in denen sich die Teams mit bis zu 1000 Akteuren über mehrere Stunden hinweg kreuz und quer durch die Viertel und den Fluss Derwent „kickten". Vor den Zuschauern der adeligen Oberschicht galt es, den Ball an Fastnachtsdienstag durch das gegnerische Stadttor zu kicken. Die wohl situierten Besucher spendeten nicht nur Speis und Trank für die Akteure, sondern auch einen Preis für die Gewinner. Als das Spiel 1845 vor allem wegen der gewaltsamen Handlungen und überschwappenden Emotionen verboten wurde, mussten noch mehrere Jahre lang ganze Polizeiheerscharen die dennoch erschienenen Menschenmengen auseinander halten.

Mit der industriellen Revolution, der damit einhergehenden Diktion der Arbeit und Verstädterung starb der Volksfußballs nahezu aus, überlebte aber als eher aristokratisches, gezähmtes Spiel in den englischen „Public Schools“. Hier trennte sich endgültig das Team vom Publikum. Ebenso vollzog sich eine Verregelung, die 1849 in Eton ihre Trennung vom Handspiel und somit vom bürgerlichen Emporkömmling Rugby erfuhr. Von da an nahm Fußball seinen Lauf, heraus aus den Schulen und Universitäten, hin zu immer mehr Menschen.

„Das musst du sehen…"

Die ersten „Kiebitze“ waren Vereinsmitglieder und Mäzene, die für die Organisation des Spielbetriebs sorgten, oder Menschen, die zu unbegabt, invalid oder alt waren, um selbst gegen den Ball treten zu können. Dietrich Schulze-Marmeling bezeichnet im Vorgänger dieses Buches, „Wir holen uns das Spiel zurück. Fans und Fußball“, die Wurzeln des Zuschauersports auch als „die demokratischste“[1] Phase, da die Zuschauer als Mitglieder in familiärerer Nähe wohl auch den meisten Einfluss auf das Vereinsleben hatten.

Ausgehend von der britischen Insel breitete sich der moderne Fußball nicht nur aufs europäische Festland aus, sondern auch rund um den Globus. Im wahrsten Sinne des Wortes „angekickte“ England-Reisende brachten den ersten Ball mit, oder – wie in Duisburg 1892 – englische Praktikanten holten in der Arbeitspause einen aus Lederflicken zusammengenähten Ball aus ihrem Provianttäschchen hervor und zeigten den deutschen Kollegen, was man damit alles anstellen kann. Auch die englischen Kolonialisten nahmen ihr Spiel mit in die entlegendsten Gegenden des Empires. Es entstanden unterschiedliche Dominoeffekte: Brachten englische Privatschüler den Fußball über Internatsaufenthalte in die Schweiz, nahm ein Schweizer den Querpass auf und schoss sich in Spanien zum Mitgründer des FC Barcelona. So gesehen ist die Geschichte des modernen Fußballs in ihren Anfängen vor allem eine „englische Krankheit“, wie der Turnlehrer Karl Planck ihn 1898 abfällig bezeichnete.

Noch 1880 hatte Rugby mehr eingetragene Spieler vorzuweisen, und Fußball machte quasi als Ersatzspiel für Kricket von sich reden, weil dieses eigentlich englische Nationalspiel im Winter auf feuchtem und fröstelndem Boden nicht genießbar war. In dieser Lehrzeit des Fußballs entdeckten auch immer mehr Zaungäste das Spiel für sich. Ein Fußballspiel dauerte nicht so lange wie ein Kricket-Match. Außerdem war es mit klar weniger Regeln als Kricket und Rugby an der Außenlinie einfacher nachvollziehbar.

Diente der Fußball an den „Public Schools“ zur Einübung von Mut, Härte, Geistesgegenwart und verantwortungsbewusstem Teamwork, übte genau die daraus entstehende Ausstrahlung einen Anreiz für die Arbeiterschaft aus. Denn dies spiegelte ihren industriellen Alltag wider. Wegen seines Variantenreichtums und seiner Offenheit für unterschiedlich gebaute Spielertypen vermittelte der Fußball dazu das Gefühl, eine Kreativität ausleben zu können, die einen Ausgleich für den Arbeitsalltag bot, der monotone Handlungsformen verlangte.

Mit der fortschreitenden Industrialisierung entstand eine Trennung zwischen Arbeit und Freizeit. Besonders im ausgehenden 19. Jahrhundert sanken in England die Lebenshaltungskosten drastisch, so dass viele Arbeiter am Wochenende nicht nur Freizeit hatten, sondern auch etwas Geld, um sie zu gestalten. So entwickelte sich der erschwingliche Fußball schnell zum hauptsächlichen Freizeitsport der Arbeiter. Und im Zuge dessen erfuhr auch die zunächst von Mittelschichtlern dominierte Zuschauermenge einen strukturellen und emotionalen Wandel.

Allerdings kann der „Arbeitermythos Fußball“ nicht durchweg abgefeiert werden. Denn den Ort des Austausches umwehte nicht nur ein Hauch von Subversion, sondern auch die Spiegelung der festgefahrenen Geschlechterrollen oder des gängigen Patriotismus.

Das Besetzen der Ränge durch die Zuschauer – oder besser gesagt der Hügel und Grasstreifen um das Spielfeld – stand zu Beginn des modernen Fußballs auch für die Aneignung eines eigenen, selbstkontrollierten Freiraumes. Fluchen, trinken, spucken, Faustrecht und andere betont männliche Attitüden, also insgesamt weniger Anstand und Etikette, fanden hier ihr Ventil. Das Erkämpfen autonomer, sozialer Freiräume spielte schon im massenaktiven „Folk Football“ eine nicht unwesentliche Rolle. Denn der so genannte „Volksfußball“ war auch ein Ersatz für Jagen und Fischen, das den „unteren Schichten“ nach wie vor verboten blieb.

Auch Wiesen, Felder und Plätze mussten erst erstritten werden, bevor Stadien zum „Stolz des kleinen Mannes“ werden konnten.

„Die städtischen Unterschichten, die vorwiegend aus ländlichen Gebieten stammten“, so Fabian Brändle und Christian Koller, „waren von ihren traditionellen Kulturen entkoppelt worden, suchten also nach neuen, sinnstiftenden Manifestationen.“[2] Es fehlten auch die auf dem Land üblichen periodischen Feste, die einen sozialen Zusammenhalt und Austausch etabliert hatten. Hier bot der Fußball neben dem „Public House“ ein leicht zugängliches Identitätsangebot.

Wurden zuvor Feste zum Anlass von Spielen, so begannen die Stadtbewohner nun, das Spiel selbst zu einem Fest zu machen. Fußball entwickelte sich zu einem Ort, an dem sich das Bedürfnis nach ausgelassener Unordnung genauso wie angestaute Gefühle entladen konnten. Hier etablierte sich eine Insel, um der eingeübten Selbstkontrolle und den gesellschaftlichen Zwängen der Zivilisation ein Schnippchen zu schlagen.

Über den Fußballklub spiegelte und verstärkte sich die Zugehörigkeit zu einem Straßenzug, einem Viertel oder einer Stadt. Daher rühren auch die Spitznamen, die nicht nur Farben oder Tieren einbinden, sondern auch etwas mit der nahen Fabrik zu tun haben können. So werden z.B. die Anhänger von Arsenal London wegen einer Waffenfabrik bis heute zu den „Gunners“, Everton-Fans wegen der Nähe zu einer Süßwarenfabrik zu „Toffees“ und Bolton-Fans gar zu „Wanderers“, weil sie einst keine eigene Spielstätte besaßen.

Bis auf den Bergbau, mit dem berühmtesten Beispiel der Schalker Knappen, haben sich solche Namensfindungen hierzulande nur aus der DDR-Vergangenheit durchgesetzt: Stahl Eisenhüttenstadt, Carl Zeiss Jena, die Blumenstädter aus Erfurt, Lokomotive oder Chemie Leipzig. Man stelle sich vor, die Fans aus Leverkusen würden sich analog dazu selbst als Apotheker, die Wolfsburger als Automobile, die St. Paulianer als Liebesdiener oder die Braunschweiger als Liköre bezeichnen. Im Gedächtnis bleiben da schon eher diesbezügliche Beschimpfungen, wenn die Meppener abfällig die Gummistiefel, die Leverkusener die Pillendreher oder die Fans des Hamburger SV die Jungs von der Müllverbrennungsanlage genannt werden.

Die Bedeutung des Zuschauersports stieg dermaßen schnell, dass schon 1881, anlässlich eines Cup-Finales, der erste Sonderzug durch Schottland fuhr: Startschuss einer Reisekultur, die die so genannten

Die Begeisterung für den Kick kann kaum in Grenzen gehalten werden: das FA-Cup-Finale 1923 in London.

„Schlachtenbummler“ bis heute nicht nur an den Auswärtsspielort bringt, sondern auch ein Ritual der sich ständig neu konstituierenden Fanszenen ist. Bereits 1927 berichtet Rudolf Kirchner von einer ungezogenen, urwüchsigen „Football Crowd“, dem so genannten Fußball-Mob: „Fürwahr, dieser Sport, unterstützt durch Ströme von alkoholischen Getränken, löst die Gefühle, schafft wundervolle Crescendos der Empfindung und erfüllt das Herz mit einer Regung und einem dramatischen Leben... Sie schreien, sie toben sich aus und sie spielen den Narren, sie tragen groteske Hüte, gewaltige Papierblumen in den Farben der Spieler.“[3]

Die entstehende Fußballfankultur dieser Zeit erweckte den Anschein, als gehöre der Verein ihr. Befindlichkeiten und Wünsche wurden symbolisch für 90 Minuten vom Publikum auf die entsprechenden elf Akteure als lokaltreue Helden übertragen. Die Spieler und Funktionäre kamen noch aus dem gleichen Ort und zum großen Teil sogar aus dem gleichen Sozialmilieu wie ihr Publikum. Sie waren als Gesprächspartner im Alltag greifbar. Bei den ersten „Fanatics“ galt es als verpönt, unter einem Regendach zu sitzen, während sich die „eigenen“ Fußballer sozusagen stellvertretend auf dem Platz abrackerten.

Insgesamt baute sich eine soziale und kulturelle Beziehung zwischen Zuschauern und Spielern auf, die heutzutage noch in den kleineren, übersichtlicheren Orts- und Viertelvereinen der unteren Ligen aufleuchten kann. Diese Entwicklung machte auch nicht vor kommerziellen Interessen halt. Die Bedeutung der Spieler als lokale Helden und Idole spiegelte sich schon früh in ersten Fußballzeitschriften oder Sammelbildchen, die eine englische Zigarettenfirma ihren Päckchen beilegte.

Einen vorläufigen Höhepunkt erlebte auch der Fußballjournalismus zwischen den beiden Weltkriegen – es gab nicht nur entsprechende Zeitschriften, sondern Comic-Magazine und Radioübertragungen. Hinzu kam das Wettgeschäft. Durch Wetten konnten Zuschauer sich nicht nur ein Zubrot verdienen und ihren Spielreiz bedienen, sondern sich im Bekanntenkreis auch als Fachleute profilieren.

Wie sehr das Interesse am Fußball stieg, lässt sich auch an steigenden Zuschauerzahlen des englischen FA-Cup-Finales verdeutlichen. Kamen 1872 noch 2.000 Menschen, so wurden es bis 1913 schon 120.000 – das legendäre „White Horse"-Cupfinale 1923 sollen gar 250.000 Zuschauer verfolgt haben. Im völlig überfüllten Londoner Wembley-Stadion hatten britische „Bobbies", angeführt von einem ihrer Kollegen auf einem Pferd, das Spielfeld vor Anpfiff räumen müssen.

Der Ball rollt durch Deutschland

In Deutschland gelang der massenhafte Durchbruch des Fußballsports erst in den 1920er Jahren, als sich vermehrt Arbeiter Torschuss und Tackling widmen konnten. Der Acht-Stunden-Arbeitstag machte es möglich. Auch die Einführung von Fußball in den Schulsport spielte eine Rolle.

Die Arbeiter strömten nicht nur in die bestehenden Vereine, die sich trotz Kritik der Turnbewegung behauptet hatten, sondern gründeten auch eigene Arbeitersportvereine, die unabhängig vom Deutschen Fußball-Bund sein wollten. Eigene Wettbewerbe und Verbände wurden Ausdruck einer politischen Haltung, die Enttäuschung und Entschlossenheit im Kampf um bessere Lebensbedingungen zugleich ausdrückten. Eine Eingleisigkeit der Verbände zeichnete sich also nicht von Anfang an ab – es existierten auch kirchliche und jüdische Sportverbände und Wettbewerbe. Die Demokratisierung brachte zudem eine Sportförderung mit sich, die den Bau von Spielstätten, besonders großer Stadien ermöglichte – eine Beflügelung des massenkompatiblen Fußballs in Deutschland.

Sahen 1903 nur 1.200 Zuchauer das erste Endspiel um die Deutsche Meisterschaft, waren es 1920 schon 35.000, 1922 sogar 58.000. Neben dem Hochhalten eines nationalkonservativ aufgeladenen Amateurideals mit Leibesübungen als vaterländischer Pflicht, äußerte ein hoher deutscher Verbandsfunktionär 1925 in der *Deutschen Presse*: „Durch das Zusammentreffen beim Spiel wird eine Milderung der sozialen Gegensätze erreicht, deren unser parteizerrissenes Volk dringend bedarf." Außer solchem „Gemeinschaftssinn" ließen sich im Fußball auch die positiv wahrgenommenen Elemente überholter Ideale von Ehre, Treue und Volksgesundheit konservieren. Auch nach dem Zweiten Weltkrieg wurde dem Fußball ein solches soziales Ventil zugesprochen. Die Fußballverantwortlichen waren gegen die einsetzende Kommerzialisierung, weil sie ihnen im Antlitz von sittlichem Streben und körperlicher Selbstzucht als minderwertig erschien. Alles in allem sollte Deutschland erst zur Saison 1963/64 als letztes westeuropäisches Land eine eingleisige erste Liga und das Profispielertum bekommen.

Wie für England bereits erwähnt, drängte sich Fußball für die Akteure und ihre Anhänger auf den Rängen als kreative Alternative zum Arbeitsalltag und Ausgleich in das Zentrum des Lebens. Während arbeiternahe Vereine wie BV Altenessen oder Schalke 04 begannen, den ursprünglich „bürgerlichen" Klubs spielerisch das Fürchten zu lehren, gelang dies ihren tosenden Arbeitskollegen auf den Rängen auch atmosphärisch. Diese Atmosphäre war es und die so genannte „Volksnähe", die dann später besonders die Nazis faszinierte. So war es kein Zufall, dass sie nicht nur die Gleichschaltung des DFB erwarteten, sondern auch die wenig Widerstand findende Aushöhlung, das Verbot und die Verfolgung von Vereinen mit Arbeiterimage und großer Anhängerschaft systematisch vorantrieben.

Wie nach dem Ersten, so erlebte auch nach dem Zweiten Weltkrieg der Fußball einen sozialen Massenboom. Im mühseligen Aufbau des Spielbetriebs bis zu den applaudierenden Zuschauern spiegelte sich die Suche nach einem Ausweg aus Orientierungslosigkeit genauso wie der Wunsch nach Wiederaufbau und Ablenkung vom schwierigen Alltag. Im Zuge des „Wirtschaftswunders", im Fußball für viele symbolisiert durch den Sieg des deutschen Teams bei der WM 1954, steigerte und stabilisierte sich in den 1950er und 1960er Jahren die allseitige Begeisterung für den Fußball in Deutschland. Hier wurden die Grundsteine für das gelegt, was Fußball heute vielen Menschen bedeutet.

Mit der WM 1974 in Deutschland, als die Bezeichnung Fan noch nicht so inflationär gebraucht wurde, drängten sich die Fans durch bauliche und preisliche Veränderungen erstmals regelmäßig in die Stadionkurven. Dort auf den Stehplätzen sammelten sich ungeordnet vorwiegend männliche Jugendliche, um sich und ihren Verein zu inszenieren. Inszenierung in der Gruppe diente der Selbstbestätigung und Selbstgewissheit an einem Ort, der nicht von Eltern, Lehrern, Vorgesetzten und noch nicht so vielen baulichen Maßnahmen kontrolliert war. Auch die Unverbindlichkeit spielte eine Rolle. Ohne groß zu planen, war klar: Wenn man am Samstag zum Stadion geht, würde man die „anderen" treffen. Speziell das Umherziehen im noch nicht allzu sehr verzäunten Stadion, mit Vorliebe auch in den Part der gegnerischen Fans, war ein Ausdruck von Mut, Kameradschaft und symbolisches Eroberungsritual.

Zum Vorbild gerieten einmal mehr die Engländer. Bislang eher auf kurze Schlachtrufe beschränkt, übernahmen die deutschen Fans von ihnen das Umdichten von Popsongs und das Singen eigener Texte. Es gründeten sich mehr und mehr Fanklubs als soziale (Männer-) Gemeinschaften, mit eigenen Festen, Fahrten, Rundbriefen, Abzeichen und Satzungen. In den Namen der Fanklubs spiegelte sich ihr Wohnort, Standort im Stadion oder ganz einfach das postpubertäre Bekenntnis zu Fußball und Bier. Fan sein bedeutete nach außen immer auch eine gewisse Respektlosigkeit gegenüber kleinbürgerlichen Tugenden. Nach innen kopierten Fanklubs aber oftmals die Organisationsform bürgerlicher Vereine und achteten sehr wohl auf entsprechende Hierarchien vom Präsidenten bis zum Kassenwart. Durch den Zusammenschluss von unorganisierten Fans und Cliquen im Stadion zu Fanklubs erhofften sich die Mitglieder einen besseren Stand zum Verein und der Verein eine bessere Kontrolle über die „Wilden". Fanklubs standen für eine erlebnisreiche, organisierte Geselligkeit. Die Mitarbeit im Fanklub konnte gerade Jugendlichen Selbstsicherheit und Selbstbewusstsein vermitteln – der Fanklub als sozialer Ort. Waren Fanklub-Satzungen vorhanden, verdeutlichten sie das Klammern an eine Gemeinschaft, die künstlich und bürokratisch zusammengehalten werden musste. In den Paragrafen wurden Anwesenheitspflicht und Vereinstreue vereinbart. Absätze wie „Die Trikots sollten so oft wie möglich getragen werden" aus der Satzung eines Fanklubs des MSV Duisburg wirkten allerdings unfreiwillig komisch.

Umringt von Männern war es für die wenigen Frauen schwer, in Fanszenen eine eigene Identität zu entfalten. Frauen galten oft als Anhängsel, die z.B. nach dem Ende der Beziehung zu einem männlichen Fan im Fanklubzusammenhang nicht mehr auftauchten. Gab es in zahlreichen Fanklubs sogar ein Mitgliedsverbot für Frauen, konnten andere sich wiederum nur in den männlich vorgeprägten Hierarchien durchsetzen: die Frau reduziert zur „Mutter der Kompanie" und zum Sexualobjekt, falls sie nicht langjährig mit jemandem liiert war.

Seit Anfang der 1990er Jahre nahm die Bedeutung der Fanklubs ab. Mit einigen Ausnahmen stellen sie bis heute nur noch ca. 15 Prozent des Stadionpublikums. Die Kommerzialisierung hat die Stadien für mehr konsumorientierte Fans und Familien, aber auch für eine neue sich selbst und den Verein inszenierende Bewegung geöffnet: die Ultras. Nach italienischen Vorbildern finden sich junge Fans zusammen, um die Kurve und „ihren" Verein durch so genannte Choreografien zu beleben. Die Ultras sind ein kreativer Reflex auf ordnungspolitische Maßnahmen und Disziplinierungen des Fanseins.

Schuld ist nur der Alkohol...

„Ich möchte nie mehr arbeiten, sondern nur noch am Tresen stehen und saufen."

Erwin Kostedde

Interessiert an der Ausübung des Fußballsports zeigten sich in England von Beginn an die Fabrikanten und Unternehmer. Sie erkannten früh die revitalisierende und stabilisierende Wirkung des Fußballs. Aus ihrer Sicht zivilisierte er die von Rohheit und Trunk bestimmte Arbeiterfreizeit. Wenn man an das trinkfeste Image des Zuschauers und vieler späterer Fußballfans denkt, wird klar, dass sich diese Schlussfolgerung tatsächlich wohl vor allem auf die Spieler bezog.

Ohne dem öffentlich geprägten Vorurteil als solchem erliegen zu wollen, wäre eine Forschungsarbeit zur Liaison von Fußball(-fans) und Alkohol sicher lesenswert. Eine traditionelle Bierkultur zieht sich bis heute durch alle Ligen. Sprüche wie „Der Jüngste muss Bier holen", das Ritual der mitgebrachten Bierkiste zum Match-Debüt oder der gemeinsame Umtrunk nach den Spielen zählen noch weitgehend zu Spielergewohnheiten, die sich in ähnlichen Ausprägungen auch auf die Fans übertragen lassen. 1927 beobachtete Rudolf Kirchner, dass englische Berufsspieler nach Ende ihrer Karriere gern eine Kneipe oder ein so genanntes „Public House" übernehmen: „Die Berufsspieler stammen selbst zumeist aus den unteren Gesellschaftsklassen, und ihre Berühmtheit bei den Stammgästen der ‚Pubs' sichert einen erfreulichen Absatz von Bier und Schnäpsen. Die Beziehungen zwischen der ‚Football Crowd', das heißt dem Publikum der großen Matches, und dem ‚Public House', das heißt dem Alkohol, sind mindestens ebenso intensiv wie zwischen der zuschauenden Menge und dem kunstvoll getretenen Fußball." Eine Erfahrung, die auch für Deutschland eine lange Zeit zutreffen sollte und sich, besonders im Ruhrgebiet, auf den Betrieb von Tankstellen, Kiosken oder Lotto-Annahmestellen ausdehnte.

Auch im Sponsorenbereich haben alkoholhaltige Firmen eine lange Tradition. Das begann mit dem Bereitstellen von Wiesen als Sportplatz oder der Gaststätte als Umkleidekabine. Viele Wirte erkannten früh ihre Profitchancen und förderten auch deshalb den Fußballsport. Zwischen 1885 und 1915 stellten Kneipiers und andere Einzelhändler die meisten Präsidenten der 46 Profivereine. Der englische Verband der Bierbrauer, die Country Brewer's Society, sah im Fußball auch ein imageträchtiges Bollwerk gegen Mäßigungs- und Abstinenzkampagnen und heizte nicht zuletzt deswegen den Boom an. Die Wurzeln der Kommerzialisierung im Fußball kommen so gesehen geradewegs aus dem „Suff". Waren seit dem 19. Jahrhundert die Mäzene oftmals Bierbrauer, die auf den Durst der Zuschauer setzten, so ist es auch nicht verwunderlich, dass die Trikotwerbung in Deutschland 1973 mit dem Kräuterlikör „Jägermeister" auf der Brust von Eintracht Braunschweig begann. Später verlor die Eintracht jedoch den Kampf, sich ganz in Jägermeister Braunschweig umzubenennen, eine Praxis, die z.B. im Basketball heutzutage gang und gäbe ist. Und was wäre aus Manchester United geworden, wenn nicht 1902 der Brauereibesitzer John H. Davies den Klub vor dem eigentlich schon besiegelten Ruin gerettet und 1909 noch dazu das Stadion „Old Trafford" finanziert hätte?

Seit jeher sehen viele Fußballfans regelmäßigen Bierkonsum in Verbindung mit dem lautstarken Support ihres Teams und dem geselligen Beisammensein als unverzichtbar an. Aus ihrer Sicht stiftet Alkohol Atmosphäre, und Gemeinschaft wird intensiver erlebt. Seit fast 40 Jahren in deutschen Stadien unterwegs, erinnert sich auch ein BAFF-Gründer: „Der Stadiongang war meinem Vater in den 1960er und 1970er Jahren auch wichtig, weil man dort schon nachmittags überaus gesellschaftlich sanktioniert Bier trinken konnte. Unter dem Vorwand, etwas mit seinem Sohn zu unternehmen, funktionierte seine Familienflucht am Samstag wunderbar."

Bis heute entscheiden sich die Fans bei der Frag ges Bier in den Stadien ausgeschenkt werden sollte c das so genannte Vollbier. In den feineren VIP-Logen ßig ausgeschenkt. Und es leuchtet ein, dass jeder Far gehalt im Stadion Wert legt, sich bei einem Verbot erst recht vor dem Spiel außerhalb des Stadions bedient. Auch die Brauereien, die in Stadien ausschenken bzw. zu den Sponsoren des DFB und der Vereine zählen, hätten an einem dauerhaft grünen Licht für Vollbier sicher nichts auszusetzen.

Zuschauersport und Kommerzialisierung

„Solche Spekulationen sind heute auch auf dem Sektor des Fußballsportes nicht wegzudenken, denn die Werbeleute wissen um die Wirksamkeit des ‚Massenmediums' Fußballsport und deren Stars."

Gerd Müller, 1969

Der massenhafte und kommerzielle Siegeszug des Fußballs trotzt jedem Vergleich und wäre ohne Zuschauer und Fans nicht denkbar gewesen. Durch ihr anhaltendes Interesse am Spiel sind Wirtschaft und Medien erst auf ihn aufmerksam geworden. Einmal entdeckt, halfen Radioreportagen, Fußballjournale und vor allem das Massenmedium Fernsehen immer mehr und neue Menschen für Fußball zu begeistern. Fußball entwickelte sich zu einem populärformatigen Zweig der Unterhaltungsbranche.

Den Fußballfans wurden nach und nach die Identitätsfiguren verweigert, die sie scheinbar so brauchen. Profis, die mehr als zwei Jahre bei einem Klub spielen, werden heutzutage bereits zur „Integrationsfigur" und zum „Urgestein" erhoben. Die sich auflösende Nähe zwischen Zuschauern und Spielern bewirkte, dass die Fans eine immer größere Sensibilität für ihre Anwesenheit entwickelten. Was vorher auf der Hand lag, musste immer mehr symbolisch demonstriert werden – in immer wechselnder Codekultur: auf Fahnen, Emblemen, Jeanskutten oder Internetbannern.

Interessant ist, dass die ersten größeren Ausschreitungen, zumindest ihr regelmäßiger werdender Charakter, eng mit der größer werdenden Distanz zwischen Zuschauer und Verein zusammenfällt. Die Bindung zu den früheren „Local Heroes" ging so weit verloren, dass Fans heutzutage gar protestieren, damit die Spieler nach dem Match zum so genannten „Abklatschen“ in die Kurve kommen. „Früher, da habe ich dem vorbeiradelnden Profi am Montag nach dem Spiel noch meine Meinung zum Spiel zurufen können, aber heute…“, verklärt so mancher, etwas betagtere Fan die „guten alten Zeiten“. Ausdruck der entstandenen Distanz sind etliche Fanklub-Satzungen seit den 1980er Jahren, die den Kontakt zu Spielern als Wunschziel, in Paragrafen festschreiben. Heute erinnert man sich an Fanklubs, wie sie oftmals ohne Happyend ihren Klub anflehen, um einen Spieler nur für eine Stunde zu ihrer Weihnachtsfeier zu bewegen. Und auch an die Hemmungen und Distanz, die sich auftaten, weil man mit ihm eigentlich nichts zu tun hat, als dann doch noch ein Spieler am Festabend erschienen ist. Paul Breitner brachte schon 1986 auf den Punkt, dass Fans sich nicht einbilden sollen dazuzugehören: „Man hat eben seine vermeintliche Überbedeutung in die Vereine, in die Stadien mit hineingetragen. Er [der Fan] hat plötzlich versucht, wichtiger sein zu wollen, als er eigentlich war, und sich in Dinge eingemischt, die ihn eigentlich nichts angehen.“

Während sich Vereine immer mehr zu einem gesichtslosen Wirtschaftsunternehmen entwickeln, müsste selbst der Fanspruch „Spieler kommen, Trainer gehen – nur der Verein bleibt bestehen“ sein jähes Ende finden. Aber auch hier finden Fußballfans die Lücke in der Abwehrkette. Auf die Frage, wer denn die Borussia, die Eintracht oder der FC ist, antworten viele Fans inzwischen selbstsicher: „Wir, und nur wir.“ Ausgerechnet in einem komplett durchkapitalisierten Bereich versuchen Fans einem Vereinzelungsprozess zu entfliehen. Während viele Fans die Profis mittlerweile als emotionslose Arbeitnehmer (an-) erkennen, kämpfen sie um den Erhalt einer eigenen Fan-Tradition – „Tradition statt Kommerz“ forderte die Fanbewegung Pro 15:30 – Kein Kick ohne Fans, heute Pro Fans.

Fans werden oft die Seele des Vereins genannt – in Zeiten, in denen Spieler und Trainer kommen und gehen, sind sie allein diejenigen, die bleiben. Fans lassen sich bei all der Veränderung des Fußballs, hin zu einem aufgeblasenen Event, nicht komplett zum Kunden reduzieren. Denn sie wählen „das Produkt“ weder nach der Fülle ihrer Brieftasche, dem ansprechendsten Werbeclip oder der Qualität, noch wechseln sie beliebig. Sie erhalten sich eine Realität jenseits von drei Punkten, in Zeiten, in denen nur noch der Erfolg zu zählen scheint. Möglicherweise ist dies als blinde Treue zu verdammen. Aber bei Fußballfans überwiegt der zeitweilige Wunsch nach Unordnung gegenüber einem verregelten Alltag: „Natürlich hatte Hornby in ‚Fever Pitch' Recht: Rationalität und Fans – das passt schlecht", singt Sven Brux als ehemaliger BAFF-Mitgründer und aktueller Sicherheitschef des FC St. Pauli, 1998 auf der LP „Der FC St. Pauli ist Schuld, dass ich so bin" des Fanzines *Übersteiger.*

Während sich das Treiben auf dem Rasen internationalisiert, bleibt dies in den einzelnen Fanszenen aus. 2001 fand die Umfrage „Fan Survey" der englischen Premier League heraus, dass weniger als ein Prozent der Migranten in England ihre Spiele besuchen. Auch in Deutschland ist ihr Anteil verschwindend gering.

Um noch einen Rest an Identifikation zu ermöglichen, blähen Fans und Verein immer wieder gern lokalpatriotische Mythen und Klischees zu regionalen Legenden auf. Da legte sich der Karlsruher SC rot-gelbe Auswärtstrikots in Anlehnung an die Region Baden zu und integriert diese Farben auch in sein Vereinslogo, um ein regionales Image zu sichern. In Nordrhein-Westfalen wurde von allen Seiten wieder auf die gemeinschaftliche Ruhrpott-Trommel gehauen, als Borussia Dortmund und Schalke 04 1997 zwei Europapokale „in die Region" holten. Johannes Rau, damals noch Landeschef, beschwörte gedankenverloren einen „Schub für die ganze Region", als würden die Pokale Arbeitsplätze schaffen, Mieten senken und Renten sichern. Auch die so genannte Sportwelt faselte vom „ehrlichen Arbeiter" und grub noch mal nach dem Bergbau-Bonus einer längst darniederliegenden Industrie.

Man legt sich eine Tradition zurecht, die bei den Vereinen zu Image und Markenprofil bis an die Grenze zum Ausverkauf zusammengebastelt wird. Hat „auf Schalke" der Klub ein Abonnement auf Pütt-Authentizität, so kann auch der FC St. Pauli sein Image als „etwas anderer Klub" kundengerecht ganz gut vermarkten.

Wer ist Fan?

„Das Publikum spielt nur noch Wahnsinn, früher war es teilweise wirklich wahnsinnig."

Christoph Biermann, 1998

Wer sich in an dieser Stelle Glorifizierungen von Fankultur und Lobhudeleien verspricht, wird sich möglicherweise enttäuscht abwenden. Vielleicht aber auch „dranbleiben", um sich nachträglich von dem zu distanzieren, was kommt. Und über intellektuelle Langeweiler zu lästern, die ja keine Ahnung vom Fußball haben und nur den Spaß verderben wollen: „Typisch BAFF, linke Spinner, die den Fußball politisieren.“ Vielleicht wird aber auch klar, dass das Anhalten im Jubelperser-Korso, das Hinterfragen und Abwägen des eigenen Fanseins eine Grundvoraussetzung ist, um sich einen selbstbestimmteren Platz im oder um das Fußballspiel zu erkämpfen.

Schon zu seinen Lebzeiten war Herbergers Sprücheklopferei: „Warum gehen die Leute ins Stadion? – Weil sie nicht wissen, wie es ausgeht“, für die Leute im Stadion nicht mehr als ein Schenkelklopfer. Es gibt Millionen Gründe ins Stadion zu gehen, genauso wie es Millionen gibt, dies nicht zu tun. Seien es nun kulturelle, geschichtliche, soziale oder gar psychologische. Deswegen muss auch jede Definition des Fußballfans scheitern, die versucht, ihn nach zwangsläufig verkürzten Kategorien in Schubladen zu stecken. Aus den Sozialwissenschaften heraus haben sich seit 1988 in vielen Bereichen die drei Kategorien Wilhelm Heitmeyers weitgehend durchgesetzt. Sie sprechen vom konsumorientierten, kritischen Fan, dem fußballzentrierten, jugendlichen Fan und dem erlebnisorientierten Fan. Auf Polizeiebene mündete das in den Kategorien A, B, und C, die von Ort zu Ort wie von Zeit zu Zeit nur geringfügig variiert werden. Nur schemenhaft erreichen all diese Zuweisungen die tatsächliche Bandbreite der Motivationen und unterschiedlichen Ausprägungen der Fanszenen. Beide Ebenen sind einem ständigen Wandel und Wechselwirkungen unterworfen.

Der Begriff Fan steht laut Fremdwörterbuch für das englische Kurzwort von „fanatic“ – Fanatiker oder lateinisch „fanaticus“, was so viel wie begeistert, schwärmend, rasend oder besessen bedeutet. Eine moderne Begriffsschöpfung, gleichermaßen geprägt von den Medien und den Ordnungskräften, die sich notgedrungen als Erste mit der Entwicklung des passiven Zuschauers zum lautstarken Team-Supporter auseinander setzten.

Zieht man die wortgeschichtliche Bedeutung zu Rate, hat Fan jedoch viel ältere Wurzeln. Das lateinische „fanum“ z.B. bedeutet „Tempel“ und bringt somit die Ebene ein, auf der (irdische) Heilige oder Heiligtümer verehrt werden. Hier offenbart sich die Parallele zwischen Fußball und Religion, die ab und an gezogen wird. Auf der einen Seite Kirche, Konfession, Pfarrer – auf der anderen Stadion, Klubzugehörigkeit, Trainer. Dieses Spielchen ließe sich bis ins Detail weitertreiben.

War für Karl Marx die Religion das „Opium fürs Volk", so übernimmt dies für so manchen heute der Fußball. Fußball zur Ablenkung von (Miss-)verhältnissen, als Gesellschaftskitt, Schmieröl der Gesellschaft und somit als Religionsersatz?

Fußball kann aber auch zum Hinterfragen von Glauben führen. „Zum ersten Mal", beschreibt kein Geringerer als der Autor des Bestsellers und Kinoklassikers „Der Name der Rose", Umberto Eco, während des jugendlichen Besuchs eines Fußballspiels, „zweifelte ich an der Existenz Gottes und hielt die Welt für eine Fiktion ohne Zweck und Ziel."[4]

Wieder andere sehen die Entwicklung des Fußballsports als Spiegel des Kapitalismus und der Globalisierung. In dieser Sichtweise verdoppelt Fußball die Arbeitswelt und den leistungsfixierten Alltag. Fußball als Sinnbild für kapitalistische Leitmotive und sein „Krisenmanagement": „Sei der Beste", „Bring Opfer", „Gürtel enger schnallen", „Das Boot ist voll". Fußball als sinnbildliches Training für die berufliche Karriere in der Erfolgsgesellschaft, für kapitalistische Leitmotive und ihr „Krisenmanagment": ständige Konzentration und Killerinstinkt, sich durchsetzen und siegen um jeden Preis. „Nichts ist scheißer als Platz zwei", sagte einmal der Fußballprofi Eric Meijer witzelnder Weise – und traf dennoch den Nagel auf den Kopf. Vermeintliche Tugenden gewaltbereiter Fans werden auch in den Chefetagen von Medien und Wirtschaft geschätzt. Klaus Kocks, den die *Süddeutsche Zeitung* 1998 als PR-Manager bei VW portraitierte, ist im „Wirtschaftskrieg" lieber „eine Art Hooligan der feineren Stände" als „Muckefuck-Trinker". Und auch Leo Kirch kämpfte mit rücksichtsloser Ellbogenmentalität für sein Monopol an den Fußball-TV-Rechten. Hauptsache, potenzielle Konkurrenten können abgeschüttelt werden, im Idealfall bis zur „Vernichtung" des Widersachers.

Fußball sei die Fortsetzung des Krieges mit anderen Mitteln, polemisierte George Orwell, Schriftsteller und Autor des totalen Überwachungsszenarios „1984". Zumindest die immer wieder gern genommene Militärsprache scheint ihm beizupflichten. Der Gegner wird „ausgeschaltet, vom Platz gefegt, weggebombt, kampfunfähig gemacht, und ihm wird mit einem Genickschlag-Tor letztendlich der Todesstoß versetzt". Spieler sind „Leitwölfe, hart und kaltblütig, die sich den Arsch aufreißen und mit der Brechstange und mit Granaten um jeden Preis siegen sollen". „Es ist das erste Mal", sagte Bundestrainer Michael Skibbe im Oktober 2002 zum Debüt von Arne Friedrich im DFB-Trikot, „dass er in einem Pflichtspiel für Deutschland an die Waffen muss".

Fußballverbände wie die UEFA und der DFB betonen hingegen immer wieder den Begegnungscharakter und die Integrationskraft des Fußballs. Eine Aufladung, die auf ihre Weise in den 1920er Jahren auch die Arbeitersportbewegung bemühte, wenn sie von Versöhnung und sozialistischem Internationalismus durch Fußball sprach. Literatur-Nobelpreisträger Albert Camus bringt Fußball als Schule des Lebens für sich so auf den Punkt: „Was ich über Moral und Verpflichtungen gelernt und auf lange Sicht am sichersten weiß, verdanke ich dem Fußball."[5] Ein Spruch, den sich Fußballfans inzwischen auf T-Shirts drucken lassen.

Wieder andere vergleichen Fußball mit Sexualität und berufen sich beispielsweise auf den Ex-Stürmer Jürgen Klinsmann, der ein Tor mit einem Orgasmus verglich. Oder auf den Bestseller-Autor Nick Hornby, der stellvertretend für viele Fußballfans seinen Romanhelden mit autobiografischen Zügen in „Fever Pitch" formulieren ließ, dass er sich als kleiner Junge in den Fußball verliebte, wie später in Frauen: „unerklärlich, unkritisch und ohne einen Gedanken an den Schmerz und die Zerrissenheit zu verschwenden, die damit verbunden sein würden". Auch wenn Hornbys Romanfigur Sex einerseits für „eine nettere Beschäftigung als der Besuch von Fußballstadien" hält, sind andererseits „die Gefühle, die er bei üblichem Ablauf der Dinge erzeugt, einfach nicht so intensiv wie die, die das einmalige Erlebnis eines in der letzten Minute erzielten und für die Erringung der Meisterschaft entscheidenden Tores hervorruft"[6]. Offenbaren Fußballfans, die so etwas behaupten, durch solche Vergleiche nicht emotionale Armseligkeit?

Knüppel statt Kultur?

„Es scheint sich hier um eine prügelnde Variante der Popper zu handeln."

Gunter A. Pilz, 1988

Die Geschichte der Fußballfans ist auch eine lange Geschichte des Protests. Dieser reicht vom banalen Ausbuhen eines Spielers und Transparenten gegen die Vereinsführung bis zu fanpolitischen Themen. Allen voran steht bei den unterschiedlichsten Fangruppen derzeit der Kampf gegen die zunehmende Repression durch Polizei und Vereine. Dabei

Polizeieinsatz im Brüsseler Heysel-Stadion.

wird in der Regel vergessen, dass das Verhalten der Fans immer auch durch die Umgebung geprägt ist bzw. davon abhängt, wie das Willkommen aussieht. Einig sind sich die wissenschaftlichen Gutachter, dass Einkesselung von Seiten der Polizei vor und durch Zäune im Stadion eher eine Gewaltförmigkeit der Fans fördert. Nahezu perfekte Überwachung im Stadion führt lediglich zu einer Verlagerung der Gewalt – sei es nun örtlich, in der Wahl der Waffen oder der Verabredungsformen.

Seitdem der Begriff „Hooligan" seinen Siegeszug in den alltäglichen Sprachgebrauch antrat, überhäufen Staatsgewalt, DFB und Vereine den Fußball mit so genannten repressiven Maßnahmen. Sie nahmen nach der Katastrophe im Brüsseler Heysel-Stadion und dem Tribünenbrand von Bradford 1985 sichtlich zu. Im Hinblick auf die EM 1988 in Deutschland entwickelte sich eine medial aufgebauschte Hysterie. Die Polizei verurteilte in Zeitungsinseraten und Faltblättern die Fantribünen pauschal als „Sammelplätze von Rowdies". Auch wenn laut Franz Beckenbauer wieder alle krakeelen würden, „Deutschland wird zum Polizeistaat", müsse hart durchgegriffen werden. Im gleichen Atemzug bezeichnete Beckenbauer in der *Bild* all diejenigen als potenzielle Mörder, die ein Messer ins Stadion brachten. Auch DFB-Präsident Neuberger erläuterte vor der EM 1988 seine Idee von Prävention: „Wenn die Hooligans kommen, muss der Knüppel raus."[7]

Im Buch „Die Fans aus der Kurve" berichten Dieter Bott und Gerold Hartmann ausführlich über neue Videokameras, einen abschreckenden, demonstrativ geparkten Wasserwerfer im Stadion, überhöhte Kontrollen und Schikanen, Zivilpolizisten, fehlende Kontrolle über die Löschung von Filmen und Daten, Erhöhung des Polizeipodestes und Teilung des Fan-Block G: „Die Fans selbst wurden natürlich nicht gefragt – wozu auch. Es war doch viel publikumswirksamer, diese Gruppierung pauschal zu Verbrechern abzustempeln. (...) Vor allem wird hier völlig außer Acht gelassen, dass es im Frankfurter Stadion innerhalb der letzten beiden Jahre keinerlei Ausschreitungen gegeben hat. Das muss sogar die Polizei eingestehen. Weiterhin gibt sie zu, dass dies im wesentlichen den Fan-Clubs selbst zu verdanken sei, die dadurch dazu beitrugen, dass das Polizeiaufgebot in der letzten Zeit um 20 Prozent reduziert werden konnte. Ist dies nicht Beweis genug dafür, dass diese Maßnahmen größtenteils überzogen sind?" Auch hier war schon von Zerstörung der Fankultur die Rede, von Menschen zweiter Klasse, einem einsperrenden „DDR-Gefühl" und von den Ordnern als „Schatzsuchern", die bei der Durchsuchung von Frauen gern mal „ganz schön" hinlangten.

Im Resümee von „Die Fans aus der Kurve" heißt es: „Wenn die Hochrüstung der Polizei alles ist, was man aus ‚Brüssel' gelernt hat, dann hat man nichts gelernt. (...) Alles hat man sich nach ‚Brüssel' überlegt – von psychologisch vorbereitenden Lautsprecherdurchsagen bis zum elektrisch geladenen Zaun – nur eines nicht: dass man die Fans an den Entscheidungen über die Maßnahmen, die sie doch positiv beeinflussen sollen, beteiligen muss." Tatsächlich hatte die *Frankfurter Rundschau* am 22.4.1985 vom geplanten Aufbau eines Elektrozauns im Stadion des FC Chelsea berichtet: „Der Präsident des Clubs ist Viehzüchter."

In dem September 1986 lässt sich eine auffällige Massenprotestaktion von Borussia-Fans in Mönchengladbach datieren. Um gegen neue Sicherheitsvorkehrungen und bauliche Veränderungen zu protestieren, blieb für ein Heimspiel der Fanblock 16 komplett leer. Lediglich ein als Gorilla verkleideter Fan hüpfte durch den leeren Block und hing Banner auf: „Ihr sperrt uns hier wie Tiere ein – Das soll dann der Fan-Block sein?" Auf einem anderen Transparent stand: „Überwachung, Durchsuchung total. Von uns – Streik frontal!!" Im Angesicht des Heysel-Unglücks sowie eines Wellenbrecher-Bruchs beim Spiel gegen Bayern München war Borussia einem Beschluss des NRW-Städtebauministeriums gefolgt und hatte für rund 775.500 DM eine engere Blockeinteilung, verstärkte Durchsuchung und Kartenkontrollen an den Blockeingängen, Alkoholverbot und höhere Zäune eingeführt. Auf dem handgeschriebenen Flugblatt der Gladbach-Fans war von „Durchsuchungsschikanen“ die Rede, „von einem Schlag ins Gesicht“, da es „in den letzten Jahren keine Randale“ im Stadion gegeben hatte: „Weg mit dem Affenkäfig, weg mit den unmenschlichen Polizeikontrollen bzw. der Polizeiüberwachung, weg mit der fanfeindlichen Blockeinteilung.“ Zum Wellenbrecher-Bruch schrieben die Fans, dass „kein Polizist oder Stadtverordneter“ in der Situation geholfen habe, sondern nur durch die „organisierte Hilfsbereitschaft von den Fans selbst“ ein Unglück abgewendet werden konnte. Die regionalen Zeitungen berichteten groß, selbst der damalige Torwart Ulrich Sude ließ sich mit dem Gorilla hinter Gittern für die *Bild* ablichten.

Auch die ersten Fan-Projekte kritisierten früh das Verhalten der Polizei, so z.B. Ingo Peter vom Fanprojekt Bielefeld am 3.10.1986 in der *Neuen Westfälischen*: „Wir haben immer wieder mit ansehen müssen, wie von Polizisten Situationen heraufbeschworen wurden, die dann eskalierten.“ Für ihn bewiesen die Krawalle während des Spiels der Arminia gegen Rot-Weiß Essen im September 1986: „Die nach solchen Ereignissen immer wieder sich ausbreitende Ausschlussmentalität hat keinen Deut weitergeholfen.“ Über einen Kongress von Fan-Projektlern in Sennestadt berichtete wiederum die *Neue Westfälische* am 3.9.1985: „Kritisch wurden dabei zahlreiche ‚verfeinerte‘ Polizeitaktiken betrachtet, die latente Provokationen enthalten und gewalttätige Auseinandersetzungen fördern.“

Auf dem Podium des Kongresses „Zoff im Stadion“ der evangelischen Akademie Tutzing im Februar 1987 förderte Uli Hoeneß eine Kultur des Verpetzens und äußerte in martialischer Sprache: „Diese Elemente gehören eliminiert. (…) Die ‚lieben Fans‘, die aus Liebe zum Verein in die Arenen gehen, sollen die gewalttätigen, die Chaoten, den Polizisten melden.“

Der Konfliktforscher Gunter A. Pilz, unterstützt von vielen Fans im Publikum, lieferte dagegen auch Beispiele für Polizeiprovokationen als mögliche Auslöser von Ausschreitungen. Trotz recht einsamer Interventionen von Pilz überwogen die Malereien des „typischen Schlägers“ mit dem angeblich aggressiven Blick; von „Umerziehung“ war laut *taz* vom 27.3.1987 ebenso die Rede.

Zur EM 1988 in Deutschland forderten die Soziologen Dieter Bott und Gunter A. Pilz mit ihrem Konzept „Kultur statt Knüppel“ ein kulturelles Rahmenprogramm mit günstigen Zeltlagern zum Empfang, Unterhaltung und Begegnung von (jugendlichen) Fußballfans aus ganz Europa. Nachdem der DFB ganze 5.000 DM für zwei realisierte Zeltlager in Stuttgart und Hannover zur Verfügung gestellt hatte, resümierte Bott in einer Flugschrift: „Die Fans wurden der Polizei überlassen, die den DFB nichts kostet. Die Knüppelgarde als Empfangskomitee und der Knast als Jugendherberge.“

Weiter kritisierte er die Fanprojekte als „Feigenblätter“ und „Alibiorganisationen“, die ihre Ideen dem rein ordnungspolitischen Denken des DFB und des Innenministeriums anpassten. Er sah das kulturelle Rahmenprogramm nicht defensiv als „begleitende und flankierende Maßnahme“ zur Polizeistrategie und Gewaltvermeidung, sondern appellierte an Gastgeberpflichten: „Unsere Forderungen und Angebote legitimieren sich nicht aus ihrem fraglichen Beitrag zur Aufrechterhaltung der öffentlichen Sicherheit, sondern aus dem menschlichen Bedürfnis nach ‚Jubel, Trubel und Heiterkeit‘, Kontakt und Kommunikation: nach Vermischung statt Separation.“ Passiert ist laut Bott dann aber etwas anderes: „Millionen wurden in Sicherheitsvorkehrungen gesteckt, in Stadionumbauten und Polizeieinsätze: Das alles zahlt der Steuerzahler. Zehntausende von D-Mark waren den Veranstaltern dagegen die Festivitäten ausgewählter Gäste wert.“

Auf dem bundesweiten Fankongress „Fußball ist unser Leben“ der Deutschen Sportjugend im August 1988 in Bremen stellten Fans von Eintracht Frankfurt das „Manifest zum Bremer Fankongress“ mit Forderungen an den DFB und die Vereine vor: „Wir fordern, dass diverse Polizeimaßnahmen wie Videoüberwachung und Stacheldraht abgebaut werden.“ Weiter ging es gegen die Verbote von Konfetti, Wunderkerzen und langen Fahnenstangen in den Stadien. Des Weiteren beschwerten sich Fußballfans mit einem spontanen Flugblatt noch auf dem Kongress über Programm und Ablauf: „Wir fühlen uns hier wie seltene Tiere im Zoo. Wir kommen selbst kaum zu Wort. Nur schwer verständliche wissenschaftliche Vorträge, die abgelesen wurden, waren hauptsächlich auf dem Programm.“ Ebenso betonten sie, dass eine Diskussion über Gewalttäter-Sport-Dateien der Polizeibehörden einfach abgewimmelt wurde. Die *Frankfurter Rundschau* berichtete am 15.8.1988: „Die Art des Umgangs der Polizei mit allen Fans, auch mit denen, die ‚total harmlos und friedfertig sind', wurde allgemein beklagt." Wilfried Straub, damals noch für den DFB als Ligasekretär neben sieben Vertretern von Bundesliga-Vereinen teilnehmend, fand in der *taz* Bremen vom 13.8.1988 klare Worte: „Fordern kann man ja alles. Aber da könnte ja jeder kommen."

Im Juli 1991 trafen sich über 50 Fanzine-Redakteure beim Treffen des Deutschen Fanzeitungsverbandes (DFZV) in Bonn und verliehen erstmals den „Goldenen Schlagstock", der mit Aufsehen erregender Pressebeteiligung der Bochumer Polizei übergeben wurde. In der Presseerklärung hieß es: „Die Auszeichnung soll die besondere Willkür und Schikane bezeichnen, mit der die Polizei Bochum während ihrer Einsätze bei Bundesligaspielen gegen angereiste Gästefans vorgeht." Einige Beispiele dafür dokumentierten die Redakteure in der einzigen Ausgabe ihres bundesweites Fanzines, das sinnbildlich „15.30 Uhr" getauft war. Der überraschte und hilflose Polizeioberrat versuchte, die Urheber der Aktion zu kriminalisieren: „Die Übergabe des ‚Goldenen Schlagstocks' ist ein deutlicher Affront. Wir haben diesen Vorwurf von uns gewiesen. Außerdem haben wir festgestellt, dass die Gruppe nicht repräsentativ ist. Wer mit Steinen wirft und Raketen abschießt, bewegt sich nicht im rechtsfreien Raum." Der bereits abgedrehte TV-Bericht des WDR wurde daraufhin vom verantwortlichen Redakteur kurz vor der Ausstrahlung verboten. BAFF hat die Verleihung des „Goldenen Schlagstocks" 2003 wieder aufgegriffen.

Nach all diesen Aktionen folgten in den 1990ern bis ins neue Jahrtausend viele weitere Aktionen. Bis heute drehen sie sich um die Reduzierung der Fans zum Sicherheitsrisiko, ihrer Pauschalisierung zu potenziellen Gewalttätern und einen separierenden Gesamtcharakter von eigentlichen Fußballfesten. Es handelt sich im beginnenden neuen Jahrtausend nicht um eine vorübergehende Fanbewegung, die verantwortliche Institutionen und die Politik einfach aussitzen können. Noch zur EM 2000 wiederholte Gunter A. Pilz angesichts des hohen Polizeiaufgebots, Schnellgerichten, Reisebeschränkungen und Passauflagen die Aussagen der Kampagne „Kultur statt Knüppel" von 1988: „Die VIPs werden von vorne bis hinten hofiert, aber für den ‚normalen' Fan gibt es kaum ein vernünftiges Freizeit- und Kulturprogramm."

Obwohl zur EM 2000 das Motto „Fußball ohne Grenzen" lautete, setzten die Veranstalter alles daran, ihr ursprüngliches Motto ad absurdum zu führen. Schnell passte der EM-Slogan des Unternehmens

Viag Interkom besser, die den Sportpalaverer Werner Hansch warnen ließ: „Wappnen Sie sich für die EM!" – und verdoppelte gleichzeitig den Hooliganjargon, indem es „den ultimativen Kick" versprach.

Doch anstatt auf Begegnung wurde vornehmlich auf Separierung gesetzt. Beide Landesregierungen stellten sich auf einen Belagerungszustand ein, indem zusätzliche Geldautomaten zur schnellen Entrichtung von Strafgeldern aufgebaut, Schnellgerichte installiert und Garagen zu provisorischen Knästen umgebaut wurden. Die Brüsseler Polizei ließ auf ihre Weise den Kinofilm „Robocop" wahr werden, indem sie ihre so genannten Eurocops Hals über Kopf mit einer futuristischen Spezialausrüstung ausstattete, die rund 1.100 DM pro Polizist kostete. „Wer Ärger macht, wird sofort verhaftet", schüchterte Belgiens Innenminister Antoine Duquesne alle Menschen ein, die sein Land besuchten, um ein Fußballspiel zu sehen.

Am 7. April 2000 sollten auch in Deutschland abschreckende Weichen gestellt werden. Der Bundesrat stimmte einer Gesetzesvorlage zur Verschärfung des Pass- und Personalausweisrechts zu, das die Reisefreizügigkeit und somit elementare Bürgerrechte erheblich einschränkte. Bis dato war ein vorübergehend verhängtes Ausreiseverbot mit Passentzug möglich, wenn „eine erhebliche Gefährdung von Belangen der Bundesrepublik" vorlag. Durch die Verschärfung reicht bereits ein entsprechender Passvermerk für ein Ausreiseverbot aus. Zuwiderhandelnden Fußballfans kann der Prozess gemacht werden, obwohl ihnen noch keine konkrete Beteiligung an Ausschreitungen nachgewiesen werden kann. Eine illegale Ausreise wird bei vorübergehendem Passentzug nicht mehr nur als Ordnungswidrigkeit, sondern als Straftat geahndet.

Im Kampf um das „Ansehen des deutschen Fußballs" nach dem Angriff deutscher Hooligans auf den französischen Polizisten Daniel Nivel 1998 übernahm Innenminister Schily als „Rosaroter Kanther" (*konkret*) die Rolle des populistischen Scharfmachers. „Sehr schade, dass ausgerechnet ein Mensch mit einer solchen Biografie Kanther plötzlich rechts überholt", kritisierte auch Gunter A. Pilz Schilys Umherstolpern zwischen Hilflosigkeit und administrativem Kalkül bei der Verdrängung struktureller Ursachen solcher ungeliebten Zerrbilder der Gesellschaft.

So führten 1.000 Grenzschützer rund 266.000 Personenkontrollen durch und hinderten dabei immerhin ganze 158 mutmaßliche Hooligans an der Ausreise. „Eine recht fragwürdige Bilanz", schloss die Koordinationsstelle der Fan-Projekte in einem Fazit am 29.6.2000, „insbesondere, wenn man den Preis für den Steuerzahler bedenkt."

Dass Schilys Gesetzesverschärfung vor der EM 2000 allerdings die Voraussetzung schaffte, um auch demonstrierenden Bauern in Brüssel oder Castor-Gegnern künftig mit Meldeauflagen, Passgesetzen und verschärften Strafen begegnen zu können, schien kaum jemanden zu interessieren. Wichtig war, dass Hooligans nicht mehr das Ansehen des ehrwürdigen „deutschen Fußballs" bzw. das der neuen, selbstbewussten „Berliner Republik" im Ausland trüben. Hatte ein Betroffener bereits einen Urlaub auf Mallorca gebucht oder wollte seine Tante in Österreich besuchen, war er im Notfall gezwungen, zu Hause zu bleiben. Im Namen der Sicherheit erweiterte die Polizei die Datei der „Gewalttäter Sport" um die so genannte Kategorie B und erhöhte nach der WM 1998 das Gefahrenpotenzial von 2.600 auf cirka 8.000 Personen.

250 lobbylose Hooligans antworteten mit Transparenten „Gegen Medienlügen" und „Gegen Polizeistaat" bei einer eigenen Demonstration in Berlin. Ihr Flugblatt rief zur Solidarisierung gegen das Außerkraftsetzen von Bürgerrechten auf, da „Abhörmaßnahmen, Gen-Karteien und Videoüberwachungen in einen totalen Polizeistaat" führen würden.

Sensationsträchtige Journalisten auf der Suche nach Keilereien mussten enttäuscht ihre Kameras senken, denn alles verlief friedlich. Dass jedoch auch die 250 Anwesenden, darunter einige neonazistische Fans, nicht unbedingt als bürgerrechtlerische Unschuldslämmer zur EM 2000 reisen wollten, machten sie in ihren Demonstrationsgesängen unmissverständlich klar: „Hoch die internationale Fußballrandale." Auch die Adressaten wurden umgehend benannt: „Schwule, schwule Holländer."

Insgesamt „schürt(e) die repressive Auslegung des Begriffes Prävention auch bei ansonsten fußballzentrierten Kuttenfans Angst und Aggressionen", stellt Gunter A. Pilz fest. Da Sicherheitsexperten erhebliche gewalttätige Ausschreitungen von Hooligans, Mitläufern und neonazistischen Provokateuren befürchteten, glich die EM 2000 früh einem Europatreffen der Polizei. Besonders nach zwei britischen Todesopfern im Umfeld eines Europacup-Spiels in Istanbul, den Ausschreitungen im Vorfeld des UEFA-Cup-Finales in Kopenhagen und den Massenprügeleien nach dem letzten Spieltag in der belgischen ersten Liga lief die Hooligan-Hysterie heiß. 35.000 Gesetzeshüter kündigten die Presseticker in Belgien, 45.000 in den Niederlanden an, unterstützt durch einige beratende szenekundige Beamte aus Deutschland. Umgerechnet 225 Millionen DM stellte allein die niederländische Regierung für ein Sicherheitskonzept zur Verfügung, die Belgier legten noch mal 180 Millionen DM drauf. Demgegenüber standen nur klägliche zwei Millionen DM für soziale und kulturelle Unterhaltungsangebote.

Fußballfans und ihre Leiden

„Die Welt ist zwar kein Fußball, aber im Fußball, das ist kein Geheimnis, findet sich eine ganze Menge Welt."

Ror Wolf, 1982

Die lange Geschichte der Zuschauer- und Fankulturen ist auch eine der Leidenschaft und somit eine der Leidensfähigkeit oder Leidensbereitschaft für den Sport und den jeweiligen Verein. Fußballfans zahlen im Stadion Eintritt, fahren vorher auf eigene Kosten stundenlang in einem Zug oder stehen im Autobahnstau, lassen sich notfalls mit angewandter Polizeigewalt zum Auswärtsstadion eskortieren, um dort im Unglücksfall 90 Minuten im Regen zu stehen, alkoholfreies Bier und überteuerte Bratwurst zu kaufen und ihr Team in der Schlusssekunde verlieren zu sehen. Werden Kritiker, die ein Solches den Masochismus des Fans nennen, immer müde belächelt, so ist es inzwischen sogar Mode geworden, sich auf den devoten Charakter des Fußballfan-Seins zu berufen, um zu sagen: Seht her – wir leiden und können nichts dafür. In seinem Bestseller „Fever Pitch" lieferte Nick Hornby die bis ins Detail ausformulierte Rechtfertigung für solches Verhalten und ließ seine Hauptfigur gestehen, als Arsenal-Fan „das Elend, das der Fußball bietet, zu genießen"[8]. Eine Feststellung, die der bereits erwähnte Schriftsteller Umberto Eco, vielleicht so beantwortet hätte: „Ich hasse nicht den Fußball. Ich hasse die Fußballfans."[9]

Mit Hass können Fußballfans jedoch erfahrungsgemäß gut umgehen. Da unterscheidet sich Eco nicht von den Fans in der nächsten Stadionkurve gegenüber. Und für eine Lektüre Ecos auf dem Weg zum nächsten Auswärtsspiel werden sich Fußballfans als Meister der Verdrängung nach dem Lesen dieser Zeilen sicher auch nicht entscheiden.

Aber Verdrängung soll hier nicht betrieben werden. Gerade in der heutigen Zeit, in der die historisch gewachsenen Fanszenen ihres selbstbestimmten Präsentationsfeldes beraubt werden, müssen sie sich fragen lassen, wie lange sie das alles noch mitmachen wollen. All diejenigen, die den etablierten Fußball hinterfragen oder eigenes Fansein reflektieren, werden als anti-intellektuell, als „Miesmacher", „Weicheier" und Idioten abgestempelt.

Es geht um Spannung, Begeisterung, tolle Atmosphäre – die immer wieder beschworen werden muss. Denn der Alltag ist grau, und die größer werdende Kluft zwischen Arm und Reich muss übertüncht werden – Böller und Spiele eben. Und Fußballfans unterwerfen sich in der Regel leidensbereit – wie ein erwünschter Staatsbürger, der nicht fragt, was der Staat für ihn, sondern was er für den Staat tun kann – egal, was der Staat oder Verein auch für einen Unsinn verzapft.

Trotz des Fan-Kampfes um den Fußball wirft der Soziologe Marvin Chlada selbst BAFF vor, lediglich Systemkosmetik zu betreiben, gefangen im eigenen Fußballwahn: „Diese Aktivisten", schreibt Chlada, „sind die Drewermänner des Sports, anpassungsfähig, schnell integrierbar. Sie sind angetreten, um das Schlechte zu verlängern, nicht um seine Abschaffung zu fordern."[10] Würde man dieser Ansicht vertrauen, äußert sich Protest im Fußball immer nur innerhalb systemischer Grenzen, nie darüber hinaus. Fußball kann durch seinen Begegnungscharakter Gemeinschaften von Menschen fördern. Durch sein Identitätsangebot und seinen Personenkult, durch sein starres Regelwerk mit Befehl, Gehorsam und Bestrafung kann Fußball aber auch ein Präsentationsfeld für autoritäre Charaktere und chauvinistische Wertmuster liefern. Durch das ihm zugrunde liegende männliche Weltbild kann er autoritäre Charakterstrukturen, Nationalismus, Rassismus, Gewalt, Chauvinismus oder Sexismus verstärken. So gesehen kann Fußball antidemokratische und klassisch männliche Modelle der Unterwerfung etablieren helfen: über Stars, die als Tiger, Stiere und Leitwölfe agieren, und alle unter dem Zepter des Spielführers oder gar Kaisers.

„Wir" sind Europameister. Sind Fußballfans, die so etwas sagen, nicht pathologische Fälle? Leiden sie nicht an Größenwahn oder Realitätsverlust? Schließlich verbessert sich faktisch nichts für diese Menschen, nur weil einige Jungmillionäre ein Fußballturnier gewinnen. Jens Rachut, Sänger der Hamburger Punkband *Oma Hans* und ausgerechnet Fan des FC Barcelona, bringt es in einem seiner Songs der LP „Trapperfieber" auf den Punkt: „Wenn man sich schon Illusionen macht, dann aber richtig."

Allein die hier nur angedeutete, weitaus größere Projektionsfläche, die der Fußball und das Fantum bieten, macht ihn so interessant. Sei es nun eine Diskussion über das letzte strittige Abseitstor oder die kritische Selbstreflexion des eigenen Fanseins. Frei nach dem Autor Klaus Hansen heißt es: „Fußball ist wie Demokratie. 22 spielen und Millionen sehen zu."– Im Grunde also alles völlig sinnlos. So blöd es auch klingt, müssen die Menschen ihn vielleicht gerade deshalb mögen. Und sich immer wieder belügen. Hoffentlich mit dem nötigen Humor. Vielleicht – und das wurde hier noch gar nicht angesprochen – mögen sie aber auch einfach nur das Spiel. Nicht der Fußball als Spiel wäre damit zu verwerfen, sondern die gesellschaftlichen Spielregeln, die ihn zu dem machen, was er ist.

Anmerkungen

1 Dietrich Schulze-Marmeling: Wir holen uns das Spiel zurück. Fans und Fußball, Göttingen 1995.

2 Fabian Brändle/Christian Koller: Goal!!! Kultur- und Sozialgeschichte des modernen Fußballs, Zürich 2002.

3 Rudolf Kirchner: Die Football Crowd. In: Wilhelm Hopf (Hg.): Fußball. Soziologie und Sozialgeschichte einer populären Sportart, 3. Aufl., Münster 1998.

4 Umberto Eco: Die Fußball-WM und ihr Staat. In: Volker Caysa (Hg.): Sport ist Mord. Texte zur Abwehr körperlicher Betätigung, Leipzig 1996.

5 Albert Camus: Zitiert nach Mark Perryman: 1. FC Philosophie. Flach denken – hoch gewinnen, Berlin 1998. Als T-Shirt bei Perryman zu bestellen unter www.philosophyfootball.com

6 Nick Hornby: Ballfieber. Die Geschichte eines Fans, Hamburg 1996.

7 Zitiert nach der Fanprojekt-Flugschrift von Dieter Bott: Kultur statt Knüppel, Düsseldorf 1988.

8 Nick Hornby: Ballfieber. Die Geschichte eines Fans, Hamburg 1996.

9 Zitiert nach: Marvin Chlada/Gerd Dembowski: Und täglich drückt der Fußballschuh. Ausgewählte Standardsituationen. In: Dies. (Hg.): Die neuen Heiligen. Reportagen aus dem Medienhimmel, Band 2, Aschaffenburg 2001.

10 Marvin Chlada: Gib alles, sei erfolgreich! – Fußball als Ideologie. In: Dieter Bott/Marvin Chlada/Gerd Dembowski: Ball und Birne. Zur Kritik der herrschenden Fußballkultur, Hamburg 1998.

Angriff

David Jünger

Der neue Ort des Fußballs

Kommerzialisierung, Rassismus und Zivilgesellschaft

Seit Jahren wissen linke Fußballfans um die kommerziellen Veränderungen des Fußballsports. Mit der Gründung des Bündnisses Aktiver Fußballfans (BAFF) im Jahre 1993 hat sich der Kampf gegen selbige ein Gesicht gegeben. Zehn Jahre danach, im angebrochenen Jahrtausend, tritt der Fußball in eine neue Phase. Dies hat weniger mit der quantitativen Vermehrung der Kommerzialisierung des Fußballs als vielmehr mit einer qualitativen Verschiebung zu tun. Analog zu Entwicklungen in Großbritannien und den Vereinigten Staaten entwickelt sich hierzulande eine Wissenschaft des Fußballs in doppelter Weise.

Zum einen öffnet sich die Wissenschaft geschichtlichen, kulturellen und sozialen Fragen des Fußballs. Beinahe im Wochentakt werden Bücher dazu auf den deutschsprachigen Markt geworfen. Mit ihren Analysen beerben sie die wenigen linken Fußballfans, die Fußball als etwas begriffen, das seine Bedeutung aus dessen Soziabilität bezieht. Zwar lässt sich diese wissenschaftliche Forschung für linke Fußballfans vorzüglich nutzen, ist jedoch gleichsam ein Ausdruck dessen, dass Fußball seine Randständigkeit verloren hat und in der gesellschaftlichen Mitte angekommen ist. Fußball ist für die Wissenschaftsindustrie interessant geworden, solange diese nicht an der Wurzel ansetzt und den Fußballsport und seine gesellschaftlichen Funktionen selbst hinterfragt. Ihre Zielgruppe findet sich im bildungsbürgerlichen Milieu, in dem der vormals als proletenhaft gegeißelte Sport salonfähig geworden ist. Somit scheint das bürgerliche Zeitalter des Fußballs endgültig angebrochen zu sein. Der Beginn wissenschaftlicher Erforschungen subkultureller Bewegungen markierte jedoch beinahe immer auch das Ende jener Bewegungen selbst, war es Punkrock, Hardcore, Rap etc. Was dies für die subkulturellen Bewegungen des Fußballs bedeuten könnte, kann man bereits erahnen.

Auf der anderen Seite entstand in der Bundesrepublik eine Ökonomie des Fußballs. Allein die 1. Bundesliga setzt derzeit jährlich knapp eine Milliarde Euro um. Eine Summe, die im ständigen Steigen begriffen ist, auch wenn durch die Kirch-Pleite und sinkende Fernsehgelder ein Einschnitt ins Haus stand.

In den letzten Jahren kam es bei vielen Vereinen zu einer Erweiterung der wirtschaftlichen Aktivitäten über die Ausbeutung des sportlichen Bereiches hinaus. Der Fußballverein wird das Zentrum eines groß angelegten Unternehmens mit mehreren Tochtergesellschaften. So hat z.B. Borussia Dortmund neben der Westfalenstadion GmbH noch weitere Unternehmen wie ein Rehabilitationszentrum, ein Reisebüro, ein Internetunternehmen und eine Sportartikelfirma gegründet. Ebenso die – noch vom Verein getrennte – FC Schalke 04 AG, die das Stadion AufSchalke sowie andere Tochterunternehmen führt. Die Fußballvereine, von denen die wenigsten formalrechtlich Kapitalgesellschaften sind, werden so Schritt für Schritt zu expandierenden Wirtschaftsunternehmen. So werden in jüngster Zeit auch in diesem Bereich unzählige neue Bücher veröffentlicht, die eine Ökonomie des Fußballs begründen. Zudem existiert in Bayreuth bereits seit Anfang der 1990er Jahre ein Studiengang „Sportökonomie", in welchem die AbsolventInnen auf die wirtschaftliche Führung von Sportunternehmen eingestimmt werden, wobei Fußball, aufgrund der wirtschaftlichen und gesellschaftlichen Relevanz, im Vordergrund steht.

Analog hierzu hat sich der Sprachgebrauch von Fußball als Produkt nahezu verselbstständigt. Bei Detlef Swieter heißt es z.B.: „Das Gut Bundesligafußball ist ein Gemeinschaftsprodukt aller Bundesligavereine. [Somit] kann die deutsche Meisterschaft nur in Gemeinschaftsproduktion hergestellt werden."[1] Nahezu identisch Thorsten Kohl: „Das Produkt Fußballbundesligaspiel kann nur in Gemeinschaftsproduktion von je zwei Vereinen hergestellt werden."[2] Karl-Heinz Rummenigge ist in einem Interview mit der Illustrierten Hörzu 2001 der Ansicht: „Wir produzieren zuviel Fußball. Die Ware wird überstrapaziert." Und auch Ewald Lienen vertritt in einem Gespräch mit Spiegel-Online im Februar 2001 die Auffassung, dass z.B. in Frankreich „Weltklassespieler en masse produziert" werden. Dies sind nur einige Beispiele einer Sprache, die so ist, weil sie die gesellschaftliche Realität sowie Wunschvorstellungen widerspiegelt.

Fußball ist zu einem Produkt und zu einer Ware geworden, welche sich am globalen Markt zu behaupten hat. In postkolonialer Manier werden in den so gennanten „Staaten der Peripherie" – besonders Afrika, Asien und Lateinamerika – in zahlreichen Fußballschulen billige Arbeitskräfte hergestellt, häufig in direkter Kooperation mit europäischen Vereinen. Nach deren Export in Richtung Europa, wird dort schließlich das Produkt hergestellt. Das fertige Produkt Fußball wird innerhalb Europas möglichst zu stetig wachsenden Summen verkauft. Zur Erschließung neuer Märkte, wie die der umsatzstarken asiatischen und nordamerikanischen, sorgen Institutionen wie FIFA mit der Vergabe von Weltmeisterschaften (1994: Vereinigte Staaten, 2002: Japan/Südkorea) und anderen Steuerungsinstrumentarien.

Nachgeholte Zivilisierung im Interesse des Marktes

Fußball hat in Deutschland seit dem Ende des Nationalsozialismus ein eigenartiges Doppelleben geführt. Auf der einen Seite führte er ein Dasein in der überwiegend männlich definierten Mitte der Gesellschaft, als konkrete Lebenserfahrung und gleichzeitige Lebensäußerung von Millionen Menschen. Dennoch führte er auf der anderen Seite ein gesellschaftliches Randdasein, da er in der öffentlichen Wahrnehmung und Diskussion immer eine Sparte zugewiesen bekam, die quasi einen halb öffentlichen Raum darstellte und von der öffentlichen politischen Diskussion getrennt wurde. Die gesellschaftlichen Strukturen, das Denken und das Vokabular des Nationalsozialismus konnten sich in dieser doppelten Existenz prächtig halten und reproduzieren, ohne sonderlich große politische Interventionen von außen. Die Geschichte des Deutschen Fußball-Bundes (DFB) legt hiervon ein beredetes Zeugnis ab.[3] Konkret bedeutet dies, dass der institutionalisierte Fußball über Jahrzehnte gesellschaftlichen Entwicklungen hinterherhinkte. Er blieb ein Ort vormodernen Denkens, von überschäumendem Nationalismus, von ausgeprägtem Sexismus, resistenter Homophobie und latentem wie offenem Antisemitismus und Rassismus. Die gelegentlichen gesellschaftlichen Diskussionen fanden lediglich in einer Projektion all jener Elemente auf den Hooliganismus statt, während der Fußball als solcher weitgehend verschont blieb.

Indem der Fußball seit den 1990er Jahren zunehmend aus seiner Randposition in die Mitte der Gesellschaft und damit auch der gesellschaftlichen Diskussion gedrängt wird, steht jenes fußballerische Selbstverständnis mehr denn je zur Disposition. Ganz wesentlich damit im Zusammenhang steht die Kommerzialisierung des Fußballs, der Versuch also, Fußball als Ware zu konstituieren. Auch wenn die konkrete kapitalistische Verwertungsmaschinerie versteckt und offen patriarchale und rassistische Züge trägt, ist die Fußballindustrie dennoch primär daran interessiert, der Ware Fußball ein sauberes Image zu verpassen. Die regelmäßigen rassistischen Ausfälle in den Stadien, die Weigerung mancher dunkelhäutiger Spieler, in einigen ostdeutschen Städten zu spielen, sowie die dominant männliche Atmosphäre versetzen der Ware Fußball entscheidende Schläge, die ihren Marktwert enorm sinken lassen. Das Interesse einer primär an wirtschaftlichen Fragen ausgerichteten Fußballindustrie liegt darin, dem Fußball in seiner jetzigen Form gewisse zivilisatorische Grundstandards zu verpassen, um ihn optimal verwertbar zu machen.

Unterstützt wurde dieser Trend durch den Antritt der rotgrünen Bundesregierung im Jahre 1998. Mit dieser wurde das Konzept der Zivilgesellschaft zur hegemonialen Norm der Bundesrepublik. Das alte konservative Modell der „Bonner Republik“ hatte ausgesorgt. Ein entscheidender Ausdruck der Stärke der neuen führenden zivilgesellschaftlichen Elite war die Affäre um Außenminister Joseph Fischer im Jahre 1999. Seine aus den 1960er und 1970er Jahren bekannt gewordenen Prügeleien gegen Polizisten sorgten nicht etwa für das Ende der rotgrünen Regierung, sondern ganz im Gegenteil für dessen Stärkung. Seit dieser Zeit ist Joseph Fischer ungebrochen der beliebteste deutsche Politiker. Diese Gewalt wurde nachträglich interpretiert als Kampf des modernen Deutschlands – Fischer – gegen die verknöcherten Strukturen der 1960er und 1970er Jahre. Dieser Kampf sei mit dem Antritt von Rotgrün gewonnen worden. Im Jahre 2000 folgte der so genannte „Antifa-Sommer“ als mediale Inszenierung, die oberflächliche Initiierung und Selbstversicherung eines gesellschaftlichen, antifaschistischen Grundkonsenses. Der über Jahrzehnte als kommunistischer Kampfbegriff denunzierte Antifaschismus wurde nicht nur wieder opportun, sondern gar hegemoniales Selbstbekenntnis. Mit weiteren Maßnahmen sollte das neue Gesicht eines modernen Deutschlands geformt werden: Reform des Staatsbürgerschaftsrechts, Einführung der Homosexuellen-Ehe, „Entschädigung“ der ZwangsarbeiterInnen, Bau des Holocaust-Mahnmals etc. Diese gesellschaftlichen Veränderungen ließen auch den Fußball nicht verschont. In Ermangelung an Alternativen wurde Gerald Asamoah zum Aushängeschild des neuen „aufgeklärten Deutschlands“, dem von der *Zeit* über die *Bild* bis zur *FAZ* alle zujubelten. Dabei präsentiert sich auch Nationalspieler Asamoah auf der Linie des Innenminsteriums, indem er sich als nützlicher Ausländer bezeichnet und sich perfekt in die neue deutsche Standortgemeinschaft einfügt: „Auch ein Schwarzer kann was Gutes für Deutschland leisten", sagte er dem *jetzt*-Magazin der *Süddeutschen Zeitung* 2001. An gleicher Stelle betonte er eindimensional gedacht, dass Leistung die beste Antwort auf Ausländerfeindlichkeit sei.

Den Zeichen der Zeit sowie dem Druck antirassistischer Fußballfans konnte sich nicht einmal der DFB verweigern, welcher nach Jahrzehnten des Verschweigens und Verdrängens 1998 damit begann, in internen Weisungen zum Kampf „gegen Rassismus und Fremdenfeindlichkeit" aufzufordern. Nicht wenige Vereine haben infolgedessen Antirassismus-Paragrafen in ihre Stadienordnungen aufgenommen sowie die Unterstützung antirassistischer Faninitiativen forciert. Auf europäischer Ebene wurde die länderübergreifende Initiative „Football Against Racism in Europe" (FARE) von der Europäischen Kommission gegen Diskriminierung der EU und dem europäischen Fußballverband UEFA unterstützt.

Dass es in Deutschland mit zivilisatorischen Standards schwierig ist, ist weitläufig bekannt. Auch wenn es im Zuge der Kommerzialisierung zu einer Liberalisierung und Verbürgerlichung des Fußballs hierzulande kommt, wirken in vielen Bereichen des Fußballs noch immer reaktionäre Strukturen. Besonders die Wanderausstellung „Tatort Stadion" des BAFF hat deutlich aufgezeigt, was in bundesdeutschen Stadien weiterhin zum Standard gehört. Ebenso gibt es im deutschen (und europäischen) Fußball einen solch beständigen homophoben Konsens, dass ein Outing homosexueller Fußballer noch immer nicht möglich scheint. Der Umgang des DFB mit der Ausstellung „Tatort Stadion" belegt eindrucksvoll die Grenzen seiner Auseinandersetzung mit Rassismus, die genau dort erreicht sind, wo das eigene Selbstverständnis und die eigene Integrität auf dem Spiel stehen. Der DFB zog seine finanzielle Unterstützung von 5.000 Euro zurück. Doch die Zeiten, in denen sich der DFB für seine Attacken noch der Komplizenschaft großer Teile der Öffentlichkeit sicher sein konnte, sind vorbei. *Die Zeit* (04/2002) schreibt: „In Wahrheit zeigt sich im Fallrückzieher des DFB seine Weltfremdheit. (...) So wollte sich der Verband über Jahrzehnte hinweg nicht mit seiner braunen Vergangenheit beschäftigen. (...) Eine Zukunft hat der DFB nur, wenn er endlich die Gegenwart ernst nimmt." Auch die *Süddeutsche Zeitung* stellt am 9.1.2002 fest: „Wieder einmal haben Deutschlands höchsten Fußball-Repräsentanten seine stammtischartigen Sprüche eingeholt."[4] Und selbst die *FAZ* fordert am

20.2.2002 den DFB-Präsidenten Gerhard Mayer-Vorfelder auf „sich davon [seinen Sprüchen] zu distanzieren oder das Angebot anzunehmen, sich mit ‚Gegendarstellung' an der Ausstellung zu beteiligen". Auf den Punkt bringt es schließlich Hagen Rudolf: „Ein Problem ist das nicht nur für Mayer-Vorfelder, der noch nicht verstanden hat, dass der Fußball im Land der Reformstaus international ins Hintertreffen gerät", denn „die stärkste Nationalmannschaft ist heute die bunte Einwanderertruppe aus Frankreich"[5].

In Zeiten des globalisierten Kapitalismus ist die Ächtung des offenen Rassismus ein vitales Interesse des Kapitals. Das Produkt Fußball, so es denn Erfolg haben will, muss also offenen Rassismus bekämpfen, um erstens ein sauberes Image zu begründen und zu sichern und um zweitens den Arbeitsmarkt für ausländische Spitzenkräfte und ausländische Investoren attraktiv zu machen.

Wem gehört der Fußball?

Viel zu häufig ist bei dem Bekenntnis, Kommerzialisierung bekämpfen zu wollen, nicht klar, was eigentlich konkret bekämpft werden soll. Zuvorderst ist es dazu wichtig, sich die Geschichte der Kommerzialisierung des Fußballs und vor allem des Kampfes gegen diese zu vergegenwärtigen. Denn die Geschichte des Kampfes gegen Kommerz und Professionalisierung (Berufssport) ist nur partiell eine linke (ArbeiterInnensport etc.) und zuerst einmal eine urdeutsche: reaktionär, antimodern, antisemitisch. Als einer der letzten europäischen Fußballverbände hatte der DFB erst im Jahre 1962 das Berufsspielertum zugelassen und 1970/71 die Gehaltsobergrenze abgeschafft.

In England z.B. hat dagegen sehr früh die Kommerzialisierung und Professionalisierung eingesetzt. Beides waren Instrumente der unterprivilegierten Schichten, sich gegen das reiche bürgerliche Establishment durchzusetzen, da sich jene Schichten einen idealistischen Amateurismus nicht leisten konnten.

In Deutschland galt der Amateurismus seit der Kaiserzeit bis zum Ende des Nationalsozialismus als hohes Ideal, das gegen den schnöden Materialismus der westlichen Welt verteidigt werden müsse. Der Sport durfte nie Selbstzweck sein, sondern immer nur als Mittel fungieren. Er sollte die Deutschen zu „charakterfesten" Menschen erziehen: würdig und willig in ihrer Aufopferung für die Gemeinschaft und die Nation, stark im Kampf gegen die Feinde Deutschlands. Die Feinde Deutschlands waren in dieser Diktion neben verschiedenen Nationen vor allem der anationale Kosmopolitismus, der raffende Kapitalismus: die Juden. Dem Drang nach Volksgemeinschaft war der Berufssport abträglich, denn dieser stellte das persönliche Streben nach Profit über den Wert der Gemeinschaft. Dazu Brändle/Koller: „Der Berufssport wurde als ein Auswuchs des anationalen modernen Massenzeitalters mit seinem kosmopolitischen Plutokratismus gesehen. Entsprechend (...) war auch der Diskurs über den Berufssport antisemitisch konnotiert.“[6]

In Österreich waren in der Zwischenkriegszeit die antisemitischen Stimmen noch stärker, zumal mit Hakoah Wien ein explizit zionistischer Verein eine dominierende Stellung im Profifußball einnahm. Aber auch der andere große Wiener Verein, Austria Wien, wurde als angeblich jüdischer Verein allerorten verbal und körperlich attackiert. Noch bis heute wird Austria von AnhängerInnen Rapids als „Judenverein“ angegriffen.

Auch wenn die konkrete Personifizierung all dieser Vorbehalte gegen den Professionalismus und die Kommerzialisierung mit den Juden nach 1945 weitestgehend tabu war, hielten sich die Strukturen beständig. Die prinzipiellen Vorbehalte gegen den Berufssport und die Kommerzialisierung waren die gleichen. In solches Fahrwasser kann man auch heute geraten, wenn man „sauberes kapitalistisches Gebaren“ gegen die „wuchernden Auswüchse“ abzugrenzen versucht. In dieses Hasardspiel verstricken sich nicht wenige linke Fußballfans, wenn sie die kapitalistischen Verkehrsbedingungen der modernen Fußballindustrie bzw. der modernen Gesellschaft überhaupt akzeptieren (Gehälter, Sponsoren, Eintrittsgelder, Prämien, ausschließlich Männer etc.), jedoch so genannte „Wucherei“ und „Spekulantentum“ ablehnen. Ganz abgesehen davon, dass es sich bereits bei beiden Begriffen um historisch eindeutig antisemitische handelt – erst seit 1945 erhalten beide Begriffe nicht mehr direkt das Attribut „jüdisch“, was vorher Standard war –, wird hier versucht, zwei Sphären des Kapitalismus voneinander zu trennen. Die eine sei akzeptabel, die andere jedoch schlichtweg abzulehnen. Ein Beispiel solcher Praxis gibt Arndt Aschenbeck in seinem Buch über Fußballfan-Kultur[7], in dem häufig von „Finanzhaien“ und „Spekulantentum“ die Rede ist, welche wohl schlimmer seien als das „anständige“ kapitalistische Gebaren „ehrlicher“ Vereinsbosse.

Dies wird insbesondere dann schwierig, wenn der Fußball als etwas Ursprüngliches halluziniert wird, das nur durch seine gesellschaftliche Überformung zu den (post-)modernen Auswüchsen gelangen konnte. Fußball erscheint also als das eigentlich Gute, das an den gesellschaftlichen Verwerfungen leidet. Der Ausweg für eine solche Sichtweise läge demnach in der Rückbesinnung auf einen ursprünglichen Fußball, weg von seiner gesellschaftlichen Formung. Eine derartige Sichtweise vergisst, dass es den reinen, ursprünglichen, „sauberen" Fußball nicht gibt, sondern dass er immer nur Teil der gesellschaftlichen Verhältnisse ist, in denen er existiert.

Es ist noch einmal mit Nachdruck darauf hinzuweisen, dass die Entstehung und Verbreitung des modernen Fußballs eins ist mit der Entstehung und Verbreitung des modernen industriellen Kapitalismus. Der Fußball konnte überall dort seinen Siegeszug antreten, wo die Ideen des modernen Kapitalismus zur hegemonialen Norm und zur materiellen Wirklichkeit geworden waren. Rein historisch ist der Zusammenhang also bereits aufgezeigt, strukturell ist er jedoch ebenso zu benennen. Unbedingter Leistungswille, Konkurrenzstreben, Kraft, Kreativität, Ausdauer, Männlichkeit – all das sind Eigenschaften, welche ebenso elementar für den modernen industriellen Kapitalismus stehen wie für den modernen Fußball. Was in der Fabrik zum Alltag gehörte, wurde von den männlichen Arbeitern in ihrer Freizeit, im Fußball reproduziert und hat den Fußball entstehen und sich so entwickeln lassen, wie er heutzutage existiert. Bis heute genügt er so als Medium zur Disziplinierung der Massen, befriedigt systemkonform emotionale und motorische Bedürfnisse und regeneriert für den Arbeitsbeginn am Montag.

Auf den britischen Inseln startete im 19. Jahrhundert die industrielle Revolution und mit ihr der Siegeszug des Fußballs, losgelöst von den elitären „Public Schools", geöffnet für die breiten Schichten der Bevölkerung. Und so ist es auch kein Wunder, dass der Siegeszug des Fußballs auf dem Kontinent in der Schweiz begann, dort, wo die Ideen des modernen Kapitalismus bereits frühzeitig verbreitet waren. Ebenso ist es kein Wunder, dass es Fußball in Deutschland, dem Nachzügler in Sachen Moderne und Industrialisierung, besonders schwer hatte und sich erst sehr spät etablieren konnte.

Dies zeigt, dass es nicht möglich ist, Fußball von Kapitalismus zu trennen. Und so ist es auch kaum möglich, vom Fußball und seinen

Institutionen Verzicht oder Loslösung von kapitalistischen Verhältnissen zu fordern, einem Fußball, der genau diese kapitalistischen Verhältnisse repräsentiert. Zumal hier und heute kapitalistische Verkehrsformen mehr und mehr nahezu alle Bereiche des Lebens bestimmen und Nischen kaum mehr zu finden sind.

Das neue Gesicht des Fußballs

Eine alte Maxime linker Fußballfans lautet: „Gegen Rassismus und Kommerzialisierung". Obigen Ausführungen folgend, wird die Aufrechterhaltung dieser Maxime zusehends schwieriger. Es ist richtig zu betonen, dass Rassismus sich nicht mit Lippenbekenntnissen des DFB oder kurzer staatlicher Propaganda beseitigen lässt. Rassismus gehört besonders in den unteren Ligen, aber auch in der Bundesliga zum allgemeinen Repertoire. Wie schon erwähnt, sind z.B. Homophobie und Sexismus noch immer massiv verbreitet, und es gibt nahezu keine Anstrengungen, dagegen etwas zu unternehmen. Diese Diskriminierung wird beispielsweise strukturell sanktioniert durch sexistische Werbekampagnen vieler Vereine, die mit nackten Frauen in entsprechenden Posen und Betitelung ihre Produkte an den „Mann" bringen wollen. Ebenfalls zu nennen ist hier der DFB, der für die WM 2006-Bewerbung freizügige Jamaikanerinnen beim Jubeln während der WM 1998 in Frankreich auf Werbeposter drucken ließ. In den Kurven – und selbst beim BAFF-Wintertreffen 2003 – ist die diffamierende Schimpfform „Fotze" immer noch an der Tagesordnung – mit der Entschuldigung, es sei doch nicht so gemeint. Bei den so genannten „normalen Bürgern" äußert sich das gewöhnlich auf dem Level „Ich bin doch kein Rassist/Sexist, aber…" – ein Zeichen dafür, wie entsensibilisiert die so genannten „normalen Bürger" sind, die so reden. Gerade diese gesellschaftlichen Leerstellen anzugreifen, sollte in der Zukunft für Fußballfans von zentraler Bedeutung sein.

DFB, DFL, die Klubs, UEFA, FIFA, die Bundesregierung etc. werden in Zukunft jedoch verstärkt offenen Rassismus bekämpfen, welcher dem Standort Deutschland ebenso schadet wie der Marke Fußball. Es muss für linke Fußballfans mindestens zweifelhaft scheinen, sich an derartigen Kampagnen im Dienste Deutschlands und des Marktes zu beteiligen. In den Vordergrund rücken sollte eher die Scheinheiligkeit des vermeintlich antirassistischen Multikulturalis-

Der ganz normale Sexismus beim DFB.

mus: die rassistische Stilisierung von „Schwarzen“, die Kraft und Eleganz im Blut hätten oder von „Südamerikanern“, die weniger Kraft, dafür noch mehr Eleganz im Blut hätten. Und auch die schon erwähnte postkoloniale Ordnung zwischen einem Zentrum Europa und dessen Peripherie: Die Ausbeutung ärmerer Länder durch die reichen Vereine Europas sollte thematisiert und angegriffen werden.

Die Kommerzialisierung ist jedoch auch in einen anderen Bereich eingebrochen: Das Streben nach Profit greift die Gemeinschaft an. In den letzten Jahren ist zu beobachten, wie die zunehmende Kommerzialisierung alte Identitäten auflöst. Die neue Macht des Marktes sorgt für den zusehenden Machtverlust nationaler Institutionen wie dem DFB. Insofern ist das Bosman-Urteil des Jahres 1995, mit dem der innereuropäische Arbeitsmarkt geöffnet und Transferzahlungen massiv eingeschränkt wurden, auch als bravouröser Sieg des Kapitalismus über knöcherne Verbandsstrukturen zu bezeichnen. Bezeichnend für die neuen Entwicklungen sind der stetige Prestigeverlust der Fußballweltmeisterschaften. Hier geht es schon seit langem nur noch bedingt um die nationale Ehre. Vielmehr wird bei diesen in einer gigantischen Show lediglich der Marktwert der Spieler verhandelt. Die Diskussionen sind in Deutschland mehr als bekannt. Der zumindest nachvollziehbare Vorwurf, den Spielern gehe es nur noch ums Geld und nicht mehr um die nationale Ehre, findet sich in regelmäßigen Abständen immer dann, wenn „unsere Jungs" mal wieder verloren haben. Dass Deisler und Scholl kurz vor der WM 2002 dann – etwas unfreiwillig sicherlich – doch keine Lust auf sie hatten und ihr fern blieben, wurde in der Boulevardpresse beinahe als Landesverrat gegeißelt. Und wer erinnert sich nicht lebhaft an die vergeigte Europameisterschaft 2000, als nach der 3:0 Niederlage gegen Portugal die gesammelte Mannschaft den Song „Anton aus Tirol" bis spät in die Nacht hinein zelebrierte und die Niederlage nicht so krumm nahm, wie es angeblich „eine ganze Nation" von ihr erwartet hatte.

Diese Geschichten sowie die Geschichte des DFB-Kampfes gegen Kommerzialisierung zeigen, dass hier durchaus keine Gleichzeitigkeit besteht, sondern fast immer widerstreitende Interessen. In diesem Spannungsfeld müssen linke Fußballfans agieren, ohne sich auf eine der beiden Seiten zu schlagen: ein schwieriges Unterfangen.

Vom erfolgreichen Protest der Fans

Die symbolhafte Bedeutung von Fans im ganzen Spektakel Fußball ist ungebrochen. Nochmehr scheint es, als wenn diese an Bedeutung gewinnen, sind doch mit BAFF und der Initiative Pro 15:30/Pro Fans in der Vergangenheit einige Erfolge erzielt worden. Darüber hinaus scheint sich mittlerweile alle Welt populistisch einig, dass die Fans das Wichtigste sind, das der Fußball hat. Galten murrende Fans früher noch als „Fußballterroristen" (Wilhelm Hennes, DFB), ist man sich heute offensichtlich einig, dass man Fußballfans mehr als Menschen denn als Idioten behandeln muss. Bezeichnend für diese Entwicklung ist auch hier ganz wesentlich die zunehmende Kommerzialisierung und die damit einhergehende, größere Ausrichtung auf die Fans. Zwar spielen kleinere Fangruppen keine entscheidende Rolle, das Endprodukt Fußball darf jedoch keinen Imageschaden nehmen. „Die Fans sind die Kunden. Ohne sie geht nichts", weiß Rudi Völler stellvertretend für seine Zunft.

Es hat sich also die Erkenntnis durchgesetzt, dass man nicht nur eine willige Masse bedienen und diese nach Belieben ausquetschen kann. Unter dem Aspekt kundengerechter bzw. gewinnmaximierender Kosmetik des Produkts sind Fanmeinungen deshalb durchaus interessant. Fanpolitisches Engagement hat eine Chance auf Wahrnehmung, birgt aber auch die Gefahr, umdefiniert zu werden, weil es zu einem traditionellen, multiplizierenden Kundenpotenzial reduziert wird. Somit ist zu bedenken, inwiefern der „runde Tisch" mit DFL und Pro15:30-Aktivisten vor allem aus der Erkenntnis entsteht, das Produkt Fußball könnte sich übersättigen. Mit den Funktionen des Marktes vertraute Manager haben verstanden, dass die KundInnen keine homogene Masse sind, denen man das Produkt Fußball hinstellt und die jenes dann bedingungslos konsumieren. Sie haben vielmehr erkannt, dass es sehr verschiedene KundInnenkreise gibt, mit verschiedenen Wünschen und Vorstellungen. Im Dienste des Produktes Fußball wäre es äußerst unsinnig, einzelne dieser Kreise einfach auszuschließen und zu vernachlässigen. Neben dem möglichen Imageschaden verliert man ebenso mögliche Umsätze.

Die *Frankfurter Allgemeine Sonntagszeitung* (Nr. 47/2002) schreibt zur Refinanzierung des Gelsenkirchener Stadions AufSchalke: „Kritisch würde es, wenn der Kredit der Fans verloren ginge. Die Arena muss neues Geld locken und alte Liebe erhalten. Erhalt von Stehplätzen, Billigpreis-Blöcke, kein Namensverkauf an eine Firma: lauter vertrauenserhaltende Maßnahmen." Das Prinzip ist klar: Auch diejenige Fangruppe, die auf Stehplätzen beharrt, soll ihr Reservat erhalten. Schließlich ist es immer noch besser, solche Fans dosiert abzuziehen, als sie ganz zu verlieren. Desweiteren sind Fans, die ihrem Verein die Stange halten, ein wesentlicher Standortfaktor für immer globaler agierende Fußballunternehmen. Die lokale Verwurzelung und die sich daraus speisende Identität sind die Standortbedingungen, die jedes Fußballunternehmen heute aufweisen muss, um auf dem Markt bestehen zu können. Lokalpatriotismus und Regionalismus verarbeiten die Klubs zu einem identitätsstiftenden, sinnüberhöhten Markenartikel.

Indem Fans als allumfassende KundInnen identifiziert sind, spielen sie eine andere Rolle, als wenn sie nur als zahlendes Beiwerk eines Fußballspiels gelten. Ihre Interessen und Wünsche werden mit einmal wahrgenommen – eine Entwicklung, die in den letzten Jahren in immer mehr Vereinen zu beobachten ist, wo die einst verpönten Stehplätze für die Vereine plötzlich wieder opportun werden.

Und wenn sich die KundInnen des Fußballs Entwicklungen entgegenstellen, die ihnen nicht passen, dann haben sie Aussicht auf Erfolg. Zeigten sich diese möglichen Erfolge doch z.T. bei der Initiative Pro 15:30/Pro Fans, die mit der Abschaffung der Samstagabend-Spiele bereits einiges erreicht hat. Ebenso zu erwähnen ist die Verhinderung der Verschiebung der Fußball-TV-Sendung *ran* von 18.30 Uhr auf 20.15 Uhr bei Sat.1.

Die Interessen von Fußballfans spielen aber nur genau dann tatsächlich eine Rolle, wenn sie vermarktbar sind. Dort also, wo Image- und Umsatzeinbußen drohen, können Fans intervenieren. Das ist in der Tat keine grundsätzlich abzulehnende Möglichkeit der Intervention. Kann man doch so mit Sicherheit einiges durchsetzen, was sonst verloren gehen würde. Zwar konnten Schalker Fans das neue Stadion mit allerlei Schnickschnack nicht verhindern, aber zumindest wurde mit den Stehplätzen ein wesentliches Element selbstbestimmter Fußballkultur erhalten.

Dennoch ist dies ein schmaler Grat. Denn nutzt man einmal die einem gebotenen Möglichkeiten als Kunde/Kundin, hat man die eigene Position als solche/r bereits akzeptiert: Man ist drin im Kreislauf von Produkt, Angebot und Nachfrage. Fans als KundInnen sind auf dem Fußballmarkt vor allem eines: Objekte. Nicht selten sind Fußballfans angetan von den sich bietenden Möglichkeiten im Rahmen klarer Marktgesetze, in denen „der Kunde König" ist. Zu oft wird das „Die Fans sind als Kunden das Wichtigste" übernommen und als „Wir Fans sind die Kunden, also hört auf uns" zurückgegeben.

Demgegenüber sollte es Fußballfans mehr darum gehen, sich als Subjekte des Geschehens zu begreifen. Nicht weil sie KundInnen des Produkts Fußball sind, sollten sie gehört werden, sondern weil sie als Subjekte Teil des Fußballs sind. Eben weil sie keine KonsumentInnen, sondern Akteure sind, gehört der Fußball eben auch den Fans. Fußballfans sollten nicht nur die Möglichkeiten ergreifen, die ihnen zugewiesen werden, sondern auch in Zukunft versuchen, sich Freiräume zu schaffen, die mit den Gesetzen des Marktes ebenso wenig in Einklang zu bringen sind wie mit den Interessen von Vereinen. Freiräume, in denen man Fansein noch selbstbestimmt und selbst lebt und damit dem fußballerischen Einerlei ein anderes Konzept entgegensetzt.

Das kann jedoch nicht bedeuten, die Augen vor den Veränderungen im Fußball zu schließen. Da Kommerzialisierung also keine perfide Strategie windiger Vereinsbosse, Manager und Sponsoren ist, sondern die logische Konsequenz kapitalistischer Verkehrsweise im Ganzen, bleibt Fußballfans nichts anderes übrig, als dieses Ganze schärfer in den Blick zu nehmen. Auf die Veränderungen des Fußballs – und damit der gesamten Gesellschaft – angemessen zu reagieren, ohne sich den Verhältnissen zu ergeben, aber auch ohne als BürgerInnenprotest vereinnahmt zu werden, bleibt auch in Zukunft die Herausforderung für Fußballfans.

Anmerkungen

1 Detlef Swieter: Eine ökonomische Analyse der Fußball-Bundesliga, Berlin 2002, S. 16.

2 Thorsten Kohl: Ökonomie des Profifußballs, Aachen 2001, S. 195.

3 Siehe Arthur Heinrich: Der Deutsche Fußball-Bund. Eine politische Geschichte, Köln 2000, und Gerhard Fischer (Hg.): Stürmer für Hitler. Vom Zusammenspiel zwischen Fußball und Nationalsozialismus, Göttingen 2002.

4 Gerhard Mayer-Vorfelder in seiner Grußansprache zum 4. ordentlichen Verbandstag des Nordostdeutschen Fußballverbandes 2001: „Wenn beim Spiel Bayern gegen Cottbus nur zwei Germanen in der Anfangsformation stehen, kann irgendetwas nicht stimmen." Und bei anderer Gelegenheit: „(...) Was wird aus der Bundesliga, wenn die Blonden über die Alpen ziehen und stattdessen die Polen, diese Fortoks und Lesniaks, spielen?" (Die Zeit 04/2002).

5 Hagen Rudolf: Management der 1. Liga. Mit den Strategien des FC Bayern München zum Erfolg, München 2002, S. 203.

6 Fabian Brändle/Christian Koller: Goooal!!! Kultur- und Sozialgeschichte des modernen Fußballs, Zürich 2002, S. 90.

7 Arndt Aschenbeck: Fußballfans im Abseits, Kassel 1998.

Christian Ehlers

Profisport Fußball – Verraten und verkauft

Fans und Fußball im Zeitalter der totalen Kommerzialisierung

Was ist eigentlich Profifußball heute? Sport? Showbiz? Geschäft? Nichts davon so richtig, aber doch von allem ein bisschen. Der Fußball hat in den letzten beiden Jahrzehnten eine rasante wirtschaftliche Entwicklung durchgemacht und entfremdet sich so immer weiter von seinem ursprünglichen Publikum. Weg von den schmuddeligen „Working Class"-Stehrängen, hin zu Mittelstands-Yuppies in den Schalensitzen der „All-Seater-Tribünen". Diese Entwicklung, die der englische Fußball längst hinter sich hat, ist auch in Deutschland bereits in vollem Gange. Wohin die „Versitzplatzung" der Stadien führt, zeigen die Entwicklungen sowohl bei internationalen Vereinswettbewerben, als auch den WM und EM-Turnieren. Hier sind Stehplätze aus fadenscheinigen „Sicherheitsbedenken" abgeschafft worden. Es leiden die Stimmung und die Atmosphäre, die den Reiz des Fußballs von jeher ausmachten.

Übersättigung durch Spiele, Spiele, Spiele

Gerade die Spiele der Champions League und des UEFA-Cups legen deutlich die Übersättigung der (Stadion-)Fans offen. Immer mehr Sitze in den Stadien bleiben leer, darunter leidet die Stimmung. Die Entwicklung des traditionellen Landesmeister-Cups mit reinem K.o.-System hin zur Champions-League mit zwei Gruppenphasen und mit manchmal drei Teams aus einem Land – weitgehend von den großen europäischen Clubs durch Androhung einer eigenen Europaliga erzwungen – führt zu immer mehr Spielen. Daraus resultieren mehr Fernsehübertragungen. Das steigert zwar die Einnahmen für UEFA und Vereine durch Rechteverkauf und Werbung, doch das Interesse lässt auch bei den Zuschauern vor dem Fernseher spürbar nach. Trotzdem soll es in Zukunft wohl auch im UEFA-Cup eine Gruppenphase geben. Auf der Strecke bleiben dabei die nationalen Pokalwettbewerbe, die unter der Woche nur noch wenige Besucher in die Stadien locken. Beim DFB-Pokalspiel von Bayern München verloren sich gegen Hannover 96 im November 2002 gerade einmal 8.000 Zuschauer im Olympiastadion, gegen Schalke 04 kamen wenige Wochen später immerhin 20.000. Und selbst Champions-League-Heimspiele locken in der Vorrunde nur selten Massen ins Münchner Olympiastadion.

Vom Fan zum Kunden

Doch warum bleiben die Fans daheim? Sind die Spiele uninteressanter als früher? Oder die Fans fauler geworden? Der Fußball selbst ist, bis auf die zunehmende Härte – schließlich geht es ja auch um immer mehr, vor allem Geld – schneller und attraktiver als je zuvor. Trotzdem schneidet das Fernsehen immer kürzere Spielberichte zusammen und erhöht so die Quote der „tollen Szenen". Der Fernsehzuschauer schaltet eben um, wenn er sich langweilt. Solche „Best-Of"-Vorstellungen heben den Anspruch des Zuschauers und manipulieren seine Wahrnehmung. Da passen unschöne, gar torlose Abstiegsduelle auf matschigem Boden nicht mehr ins Konzept. Und findet der Fan oder Zuschauer doch den Weg ins Stadion, fühlt er sich als Freiwild der Geldmaschinerie: Karte und Stadionheft kaufen, auf dem Weg zum Sitzplatz Fanartikel und/oder Verpflegung kaufen, hinsetzen, brav applaudieren, nicht rauchen, den verursachten Müll am besten mit nach Hause nehmen, das Spiel sehen und brav und gesittet wieder gen Heimat ziehen. Mit gefüllter Geldbörse darf er dann sogar gerne wiederkommen. Andere dürfen im Pay-TV buchen und während des Spiels möglichst viele Produkte der Sponsoren konsumieren.

Wo bleibt da die Lust, wo ist die Leidenschaft, fragen zu Recht viele Fans. Vor allem die jüngeren schließen sich Ultra-Bewegungen an, da Fangruppen inzwischen identitätstiftender sind als die Liebe zum Verein. Doch wer protestiert oder kritisiert, passt nicht zum Image und wird vergrault oder per Schnellverfahren mit Stadionverbot aus dem Stadion gejagt.

Vom Jägermeister-Trikot zur AOL-Arena

Mit einem Geweih auf den Hemden von Eintracht Braunschweig fing 1973 alles an. Jägermeister zahlte damals 300.000 DM für eine Saison und sorgte für Aufsehen, denn Trikotwerbung war zu dieser Zeit sein nicht erlaubt. Was in jenen Zeiten auf Bildern für eitschriften noch mit Filzstiften übermalt wurde, wur- g und brachte den Bundesligaklubs in den letzten Jah- in die Kassen. Während kleinere Clubs seit der letzten Saison ierigkeiten haben, einen Trikotsponsor zu finden, steigen bei den prominenten Clubs die Rekordsummen in immer neue Dimensionen. Bei Bayern München, deren Hemden jahrzehntelang das Opel-Zeichen zierte, war zur Saison 2002/03 die Deutsche Telekom mit einer neuen Rekordsumme von 20 Millionen Euro jährlich eingestiegen. Magentafarbene Eckfahnen sind zwar nicht jedermanns Sache, doch brachte das Megageschäft nicht nur den Bayern einen weiteren Geldsegen, sondern die Telekom laut Umfragen bereits im ersten Monat weit nach vorn. „Football sells", daran hatte sich trotz Kirch-Krise nichts geändert. Während die Bundesligaklubs von der allgemeinen Wirtschaftskrise nur langsam etwas abbekommen, wird der Kampf ums Überleben abwärts der 2. Liga immer härter.

Die Bundesligaklubs erschließen nach und nach weitere Sektoren des Sponsorings und orientieren sich dabei gern an den Sport-Profiligen der USA. So ist der Verkauf von Namens-Rechten inzwischen auch in Deutschland hoffähig geworden. Nach Playmobil-Stadion (Ronhof, Fürth) oder BayArena (Ulrich-Haberland-Stadion, Leverkusen) folgten im Jahr 2002 die AOL-Arena (Volkspark-Stadion, Hamburg), die AWD-Arena (Niedersachsenstadion, Hannover) und das RheinEnergieStadion (Müngersdorfer Stadion, Köln). Schon im Bau ist die Allianz-Arena, das neue gemeinsame Stadion der Erzrivalen 1860 und FC Bayern München. Was vor Jahren noch undenkbar schien, ist heute in der gemeinsamen Nutzung des Olympiastadions aufgrund wirtschaftlicher Interessen Wirklichkeit geworden. Der Vorschlag von Karl-Heinz Rummenigge aus dem Jahre 2003, die Pokal-Viertelfinalspiele der beiden Münchner Teams im Rahmen einer großen gemeinsamen Fernsehübertragung direkt hintereinander auszutragen, zeigt ebenso wie das eventlastige Spiel der Bundesliga-Allstars gegen die Nationalmannschaft, wohin der Weg führt. In diesem Jahr wurde das ebenfalls von den US-Sport-Profiligen abgekupferte Allstar-Match noch unter dem Mantel der Wohltätigkeit veranstaltet. Ob das in Zukunft so bleibt, ist zumindest fragwürdig.

Vermarktungrechte-Händler – Die „Seelen"-Verkäufer des Fußballs

Mitte der 1990er Jahre gab es für in Not geratene Traditionsvereine vor allem im Osten Deutschlands ein vermeintliches Pauschalrezept, um aus den Niederungen der 2. Liga oder gar Regionalliga herauszukommen. Auf den ersten Blick lukrativ erscheinende Vermarktungsverträge mit Firmen wie Sportwelt (Tochter der Kinowelt AG) und der Filmfirma UFA sollten Geld in die Kassen bringen, um den Weg zurück in die Bundesliga zu ebnen. Die Gefahren lauerten überall, doch die Hoffnung, dass mit dem Geld der Erfolg zurückkehren würde, ließ kritische Töne in den Hintergrund rücken. „Monopoly, Monopoly", titelte beispielsweise das Fanzine *Schalke Unser* 1999 und warnte eindringlich vor Michael Kölmel & Co. Es kam wie es kommen musste. Die Sprengung der Zentralvermarktung vor einer EU-Gerichtsbarkeit scheiterte und damit auch die angestrebte Einzelvermarktung. Nur wenige Vereine verbesserten durch die Sportwelt-Millionen nachhaltig ihre finanzielle und sportliche Lage, sondern gaben das für langfristige Pläne bestimmte Geld mit vollen Händen aus. Hohe Ablösesummen und Gehälter waren auch in der 2. Liga und den Regionalligen die Folge. Wohin die Pleite der Sportwelt-Vereine, wie den 1. FC Magdeburg oder Fortuna Düsseldorf, gebracht hat, ist landläufig bekannt: in die Unterklassigkeit. Andere Vereine wie Union Berlin oder Eintracht Braunschweig schrammten nur haarscharf an der Pleite vorbei. Dass Michael Kölmel nun mit Standortwechsel und daraus resultierenden neuen Krediten einen Neuanfang serviert bekommt, während Vereine, an dessen Pleite er zumindest mitschuldig ist, in der Versenkung verschwinden, stößt nicht nur vielen Fußballfans der betroffenen Vereine sauer auf.

Bayern, BVB und Schalke auf neuen Wegen

Obwohl viele Vereine inzwischen ihre Profimannschaften ausgegliedert und in Gesellschaften mit beschränkter Haftung (GmbH) oder Kommanditgeselllschaften auf Aktienbasis (KgaA) umgewandelt haben, hat bisher nur Borussia Dortmund den Schritt an die Börse getan und dabei etwa 135 Mio. Euro eingenommen. Andere Vereine werden diesem Beispiel wohl zunächst einmal nicht folgen. Ein Verlust war das Geschäft jedoch nur für die Anleger, bei einem Ausgabepreis von 11

Euro dümpelt die Aktie im April 2003 bei unter 3 Euro herum. Andere Wege ging Lokalrivale Schalke 04. Mit einer 85-Millionen-Euro-Anleihe bei Versicherungsgesellschaften und einer US-Investmentbank kopiert Schalke den Weg verschiedener englischer und italienischer Vereine. Die Rückzahlung soll auf 24 Jahre befristet sein und laut Manager Rudi Assauer vor allem aus den Zuschauereinnahmen getilgt werden. Der FC Bayern München veräußerte einen 10%-Anteil an der FC Bayern AG für etwa 75 Mio. Euro an die Adidas-Salomon AG. Desweiteren erhält der Sportartikelhersteller eine jährliche Dividendenzahlung und kann an einem Börsengang der Bayern AG partizipieren, der aber derzeit nicht geplant ist.

Vom Sportfernsehen zum Fernsehsport

Das DFB-Pokalspiel zwischen Hamborn 07 und dem FC St. Pauli im Dezember 1952 war das erste Livespiel, das im deutschen Fernsehen übertragen wurde. In den 1960er Jahren avancierte *Das aktuelle Sportstudio* im ZDF zum Quotenrenner, und 1974 begeisterte die WM in Deutschland nicht nur die Zuschauer auf den Rängen der deutschen Stadien. Schon lange besteht eine enge Verknüpfung zwischen Fußball und Fernsehen. Doch gerade in den 1990er Jahren entwickelte sich der Fußball immer mehr zu einem Fernsehsport. Mit einem medienpolitischen Urknall entstanden Mitte der 1980er Jahre private Fernsehsender, die die traute Koexistenz von ARD und ZDF in Sachen Sportberichterstattung aufbrachen. Im Jahr 1988 verkaufte der DFB die Übertragungsrechte für die Fußball-Bundesliga an den RTL-Teilhaber UFA. Dieser zahlte für drei Spielzeiten 135 Millionen Mark. Die Sendung *Anpfiff* mit Uli Potofski brachte von nun an den Bundesligafußball in die Wohnzimmer der Republik. Für die Fans in den Stadien änderte sich noch wenig. Ab 1991 sicherte sich dann die ISPR, eine gemeinsame „Vermarktungsagentur" des Axel Springer-Verlags und der Kirch-Gruppe die Rechte an der Bundesliga und gab die Verwertung ab 1992 an Sat.1 weiter. *ran*, die farbenfrohe und überdrehte „Fußballshow" war geboren.

Seit 1993 hatte das DSF die Rechte für die 2. Liga und führte das „Montagsspiel" ein. Spiele mit Anstoßzeiten von 20.15 Uhr am Montag passen zwar ins Sendekonzept, sind aber vor allem für Auswärtsfans, die statt mittendrin lieber wirklich dabei sind, ein Affront. Der

„Salamispieltag“, frei nach dem Motto „jedem Tag sein Fußballspiel“, war erfunden – und nach und nach wurde die gesamte Woche mit Fußball zugepflastert. Montags 2. Liga, dienstags Champions League, mittwochs ebenso, donnerstags UEFA-Cup, freitags wieder 2. Liga, samstags Bundesliga und sonntags sowohl Bundesliga als auch 2. Liga – so ist es seit einigen Saisons Fernsehrealität.

Inzwischen überträgt Premiere nicht nur das Top-Spiel, sondern den kompletten Spieltag der 1. Bundesliga sowie seit Anfang 2003 auch die 2. Liga im Live-Programm. Trotzdem lief der Aboverkauf für das Pay-TV nicht so, wie es finanziell für den Sender notwendig wäre. Mit immer neuen Krediten wurde die KirchMedia und damit Premiere am Leben erhalten. Auch die Übertragungsrechte für die WM 2002 und 2006 erwarb Kirch für insgesamt 1,7 Milliarden DM. Doch im Jahr der WM 2002 folgte die Insolvenz der KirchMedia. Die Zahlungen an die DFL und die Clubs blieben zunächst aus, die erwarteten Summen für die folgenden Jahre wurden drastisch nach unten korrigiert. Der Fußball stieß erstmals an kommerzielle Grenzen. Die Spielergehälter und Transfersummen waren über Jahre in Dimensionen gestiegen, die nicht mehr finanzierbar sind. Vor allem kleinere Klubs, deren Etats stark von den Fernsehgeldern abhängen, geraten zusehends in Not, können keine Gehälter mehr zahlen. Sie verkleinern ihre Kader, für die ausgemusterten Spieler gibt es jedoch nicht immer Interessenten, einige Spieler sind zur Zeit regelrecht „arbeitslos“.

Die großen Turniere des kleinen Fans

Gerade die Aushängeschilder des internationalen Fußballs verlieren immer mehr den Kontakt zum traditionellen Publikum. Die Regularien der FIFA werden nicht erst seit der Machtübernahme durch Joseph Blatter immer fanfeindlicher. Reine Sitzplatzstadien, VIP-Logen und gute Voraussetzungen für den riesigen Journalistentross sind bei Bewerbungen für fußballerische Großereignisse wie EM oder WM entscheidend. Die Auswirkungen auf die lokalen Fanszenen und die Vereine stehen im Hintergrund. Viele Eintrittskarten kommen gar nicht erst in den freien Verkauf, sondern gehen direkt an Sponsoren oder Funktionäre. Während gut betuchte Menschen hofiert in der ersten Reihe sitzen – oft sogar ohne dafür zu zahlen – muss der Fan auf dem Schwarzmarkt Unsummen zahlen.

Für den Umbau der Stadien zur WM 2006 in Deutschland wagen sich einige Vereine der Bundesliga bis an den Rand der finanziellen Vernunft. Die Stadien in den zwölf Austragungsstädten der WM werden für insgesamt etwa 1,4 Milliarden Euro umgebaut, die Fans profitieren davon nicht. Und erstmals konnte der deutsche Fernsehzuschauer 2002 nicht alle Spiele der WM live sehen: Die öffentlich-rechtlichen Sender zeigten nur eine Auswahl an Spielen, während zahlende Premiereabonnenten alle Spiele sehen konnten. Die tägliche Zusammenfassung in Sat.1 war kurz gesagt eine Katastrophe und brachte dem fußballinteressierten Zuschauer kaum brauchbare Eindrücke von den Spielen.

Die DFL – Vermarktung wird Chefsache

Im Sommer 2001 wurde ein Ligaverband für die 1. und 2. Bundesliga gegründet, die aus dem DFB augegliedert wurden. Hinter diesem Verband mit dem Namen „Die Liga – Fußballverband e.V.“ verbirgt sich der Zusammenschluss aller lizenzierten Vereine und Kapitalgesellschaften der beiden höchsten Spielklassen. Zeitgleich wurde eine „Ligaverbands GmbH“ gegründet, die den Namen „DFL (Deutsche Fußball Liga GmbH)“ trägt. Diese führt laut Satzung das „operative

Geschäft", genauer gesagt ist sie für Spielbetrieb und Vermarktung zuständig.

Doch nicht nur die Statuten der DFL, auch die Personen, mit denen die wichtigen Posten der GmbH besetzt wurden, zeigen, wohin die Reise gehen soll. Ligapräsident Werner Hackmann hat bereits als Vorstandschef des HSV erkennen lassen, dass der schnöde Mammon für ihn das einzig Wahre ist. Zunächst verkaufte er die Vermarktungsrechte des HSV an die UFA, später machte er aus dem Volkspark-Stadion die AOL-Arena. Es floss zwar viel Geld, doch der HSV dümpelte zunächst weiter im Niemandsland der Tabelle herum. Als Hinweis auf die Zielsetzung kann des Weiteren auch die Besetzung des für die Vermarktung zuständigen Geschäftsbereiches „Kommunikation" dienen. Denn der zuständige Geschäftsführer Michael Pfad empfiehlt sich für die Position als ehemaliges Mitglied der Geschäftsführung von Premiere (1992-1999) und als Programmdirektor „Sport" bei dem damaligen Spartensender tm3. Ähnliche Referenzen weist Tom Bender auf, der bei der DFL für Öffentlichkeitsarbeit und Promotion verantwortlich zeichnet. Die Jahre 1987-1993 schrieb er für *Bild* und *Sport-Bild*, später fungierte er als Sportchef sowohl bei Premiere, als auch bei tm3. Alles in allem Personalien, die erkennen lassen, wohin die DFL den Fußball in Deutschland steuern will. Und mit diesen Absichten hält man auch nicht mehr hinter dem Berg. Von der „Marke Bundesliga" ist in den Pressemitteilungen der DFL die Rede, dessen „Image optimiert" werden müsse, um das „Produkt Bundesliga" noch „werthaltiger" zu machen. Noch Fragen?

Werbeverträge mit Teams und Spielern

Mercedes Benz ist seit langen Jahren Sponsor des DFB und seiner Auswahlmannschaften. Für die gezahlten Millionen möchten die Karossenhersteller mehr als nur einen Schriftzug auf dem Rücken des Aufwärmsweatshirts. Als Sponsor des FC Bayern München sah es jedoch Audi gar nicht gern, wenn auf Werbefotos Bayernspieler im DFB-Dress für die Konkurrenz warben. Kurzerhand ließ Audi den Bayern-Spielern jegliche Werbeauftritte für Konkurrenzfirmen untersagen. Und der DFB und seine Sponsoren haben keine Handhabe, da die DFL-Satzung zwar die Abstellung von Spielern für die DFB-Auswahlmannschaften vorsieht, Werbeauftritte aber vertraglich nicht regelt. Und ein Werbefoto des Nationalteams ohne Kahn und Ballack hat für Mercedes-Benz sicherlich weniger Wert.

Doch auch was Ausstattungsverträge angeht, wird die Situation immer vertrackter, so z.B. nach Spielerwechseln oder bei Individualverträgen. Auch hier reagieren die Sponsoren inzwischen oftmals gereizt. Bei Hannover 96 konnte in der Saison 2001/02 jeder Kicker sein Schuhwerk nach persönlichen Vorlieben auswählen, denn Ausstatter Globetrotter hatte keine eigenen Fußballstiefel im Angebot. Zur Saison 2002/03 wurde jedoch ein Vertrag mit Uhlsport abgeschlossen, einem Sportartikelhersteller, der Fußballschuhe in seiner Kollektion hat. Im Trainingslager schnürten noch alle Spieler brav das Schuhwerk des Ausstatters, doch schon in den ersten Saisonspielen fiel auf, wie unterschiedlich die Füße der 96-Spieler bekleidet waren.

Leise Kritik seitens der Firma Uhlsport rief 96-Vorstandsboss Martin Kind auf den Plan. Er mahnte seine Kicker zur Schuhdisziplin. Einige Spieler versuchten nun durch Bemalen und Bekleben ihrer Schuhe den Uhlsport-Look zu imitieren und spielten weiterhin mit dem persönlich bevorzugten Schuhwerk eines Konkurrenten. Erst ein neuerliches Machtwort von Kind inklusive der Androhung von Geldstrafen zeigte Wirkung bei den Spielern. Zumindest bei denjenigen, die in ihrem Vertrag nicht die Zusicherung einbauen ließen, ihren Individualvertrag erfüllen zu können.

Vom Pausentee zum Pausenclown

Von der immer stärker werdenden Kommerzialisierung des Fußballs zeugt auch das Rahmenprogramm der heutigen Spiele. Neben dem Stadionsprecher gibt es inzwischen häufig Moderatoren, die das Publikum vor dem Anpfiff einstimmen und daraufhin die Mannschaftsaufstellungen vorlesen. Während der üblichen Aktionen vor dem Spiel oder während der Halbzeit werden mit sinnlosen „Halbzeit-Games“ Werbeartikel der Sponsoren verschleudert. Wie peinlich sich die meist männlichen Mikroträger dabei benehmen, ist kaum zu fassen. Bekannte oder unbekannte Bands, die neue Songs promoten oder zunehmender Autoverkehr auf den – in einigen Stadien noch vorhandenen – Laufbahnen gehören ebenso zum heutigen Stadionbesuch, wie die „Videowall“ mit dem als „Fan-TV“ getarnten, farbenprächtigen Werbeprogramm. Die einfarbige Glühlämpchen-Anzeigetafel ist da schon fast ein Anachronismus.

„Herthinho" als Pausenclown.

Neue Stadien bedeuten nicht nur weniger Stehplätze und – zugegebenermaßen – in einigen Fällen prinzipiell bessere Sicht, die Werbebanden der modernen Arenen sind jedoch inzwischen so hoch und breit, dass man in der ersten Reihe statt weit entfernt nun hoch über dem Rasen sitzt. In Fernsehübertragungen sind dann meist keine Zuschauer oder Fans mehr zu sehen, die Aufmerksamkeit soll neben dem Spiel eben nur noch den Werbebanden gelten. Falls der Blick der Zusehenden ihnen überhaupt ausweichen kann und den konzentrierten Blick aufs Spiel überhaupt zulässt.

eister

… Fernseher ist kein Stadionfenster

Wie Fußball im TV zubereitet wird

„Blöd an meinem Job. Ich muss arbeiten, wenn auf NDR 2 Fußball läuft."

Anthony Yeboah

Fußballfans gehen ins Stadion. Wobei dies nicht bedeutet, dass sie deshalb keinen TV-Kick anschauen. Manchmal tun die meisten Stadiongänger das in Gesellschaft sogar gerne. Die Frage ist aber: Muss Fernsehfußball peinlicher Firlefanz im Sat.1-ran-Kaliber sein? Ist die einzige Alternative ein „Zurück zu Hubertys Zeiten"? Das wäre heutzutage wohl ebenfalls peinlich. Ist es nicht möglich, mehr Bilder von Spiel und Umgebung auf die Mattscheibe zu bringen, die sich konkreter mit dem beschäftigen, was tatsächlich im Stadion passiert?

Schluss mit lustig ist für kritische Fans meist dort, wo Rechte-Inhaber nach Quoten- und Gewinnerwägungen Spiele gegen die Interessen eines Stadionpublikums verlegen. Wo die Flimmerkiste Regieanweisungen gibt, Verbände und Vereine abnicken und Fans nie zu Wort kommen. Wo Regeln des Sports modifiziert werden und das TV ganze europäische Wettbewerbe verschluckt. Und vor allem da, wo das Fernsehen von sich behauptet, besser und sogar realer zu sein als die Wirklichkeit.

Mit dem Waschbrettbauch „mittendrin"

Die Werbeagenturen haben für die TV-Werbung immer ausgefeiltere Strategien ausgebildet. So baut das Fernsehen rund um seine Produkte, mit Vorliebe dem Fußball, „Mythen" auf, entfernt sich vom Gegenstand, lässt im Spot „die Ware verschwinden" und „negiert sie", wie der Medienwissenschaftler Lorenz Engell 1989 feststellte.[1] Dabei wird vom beworbenen Produkt gerne das behauptet, was es nicht im Geringsten ist. Denn Bier zu trinken hat eher selten etwas mit Waschbrettbäuchen und sportlich-dynamischer Umgebung gemein. Nicht von Haus aus tropisch-sexy ist es, pullenweise Baccardi-Rum zu saufen, Duplo ist eben genau keine Praline, und eine schnell verschlungene Portion Erdbeer-Schokolade führt auf dem Centre-Court nicht zu Satz und Sieg.

Das DSF-Motto…

…und was das Bochumer Fanzine VfouL davon hält.

Interessant hierbei ist seit Jahren die Eigenwerbung für das rollende Leder. Da plaudern die Fußball-Werbeclips munter davon, was sie nicht sind. Bei Sat.1 fallen immer wieder die Begriffe: Action, live, alle Höhepunkte, hinein, Spannung, hautnah und selten dämliche Slogans wie „Bleiben sie ran“. Nebenher versuchte der langjährige Fußball-Hauptsender, die extrem teure und für sich genommen nicht refinanzierbare Fußball-Bundesliga zu nutzen, um Attraktivität auf sein schwächliches Restprogramm hinüber zu retten, was in schlechten Serien-, schlimmstenfalls Kliniktrailern daher kommt.

Beinahe unfreiwillig komisch ist das Motto „Mittendrin statt nur dabei“ des Deutschen Sport Fernsehens (DSF). Der Zuschauer am Fernsehschirm, so wird suggeriert, sei nicht nur unmittelbar am sportlichen Geschehen beteiligt, sondern stehe quasi als Handelnder neben Trainer Matthias Sammer an der Außenlinie, um schon mal die Auswechselspieler zum Warmlaufen zu schicken. Bei Licht betrachtet stimmt nicht einmal das „dabei“. Denn auf der Couch daheim ist der Fan eben genau eines: nämlich nicht dabei – im Fußballstadion.

Für die Bundesliga-Konferenz wirbt der Pay-TV-Sender Premiere mit dem nahezu sozialistischen Slogan: „Bundesliga für alle.“ Für alle? Alle, die zahlen, sich Schlüssel und einen Digitalreceiver leisten, muss ergänzt werden. Die Werbestimme säuselt: „Sie wären auf allen Tribünen gleichzeitig und immer da, wo es am spannendsten ist.“[2] Auch das ist weit gefehlt. Und wird durch Wiederholungen nicht wahrer.

Zeig' mir den Platz in der Kurve

Fußball im TV? Sicher ein Thema, bei dem sich Fans, die im Bündnis Aktiver Fußballfans organisiert sind, trotz unterschiedlicher lokaler Bezüge und Ausrichtungen einig sind: BAFF gibt schlicht und einfach dem Stadionbesuch den Vorrang und sah und sieht u.a. seine Ziele darin, das gesellschaftliche, kulturelle und soziale Ereignis „Fußball im Stadion“ zu erhalten. Vom Jugendlichen, der sich in seiner Clique auf den Stehplatzstufen platziert und sich für die Ereignisse auf dem Rasen oft nur am Rande, für die auf den Rängen dagegen immens interessiert, bis zum Rentner, dem es ermöglicht bleiben sollte, das Eintrittsgeld berappen zu können – denn das ist etwa in England keine Selbstverständlichkeit mehr – soll niemand ausgegrenzt werden. Auch deshalb kämpft BAFF um die Stehplatzbereiche einen Kampf, der leider schleichend verloren geht.

In den Stadion-„Kurven", die immer seltener gekrümmt sind, befinden sich schlicht die erschwinglichsten Plätze. Dort hat ein Fan die größte Bewegungsfreiheit. Dort war immer der Kern der Stimmung und damit der Kern der Fußball-Fankultur.

Zum Fußballsport gehört für manche auch Fluchen, Gemecker und Gebrüll oder Rauch mit italienischer Ultra-Optik. Für andere Fahnen und Schals, für dritte Freunde, Bier und Geplauder. Solche soziokulturellen Freiräume sollten genau dort erhalten werden. Vereine und auch Vermarkter müssen sich ihrer Verantwortung für diesen gesellschaftlichen Bereich, der ein neuzeitlicher Marktplatz für eine große Gruppe unterschiedlichster Menschen ist, bewusst sein und diesen bewahren. Eine Strategie, die auch im eigenen Verkaufs- und Imageinteresse nicht unbeachtet bleiben sollte.

Niemand pfeift Zeitlupe

Die Fankultur mit ihrer Kreativität, ihrem Austausch, ihrem Witz, ihrer Vielfältigkeit und eigener Kommunikation findet eben nicht im TV statt, sondern draußen und zur Not im wirklichen Regen. Grundsätzlich stellte *taz*-Redakteur Peter Unfried einmal klar: „Fußball-Freunde sind jene Menschen, die das Haus verlassen, um sich das Spiel anzusehen."[3] Das Fernsehen dagegen ist ein „One-Way-Medium", es sendet und sendet, bekommt aber nichts mit. Der Zuschauer daheim befindet sich nicht im Stadion, er sieht – etwa durch die anteilig häufig vorkommenden Wiederholungen, Nahaufnahmen oder Zeitlupen – schlicht Dinge, die es so zum ersten Mal gibt. Weder Spieler, Live-Besucher noch Schiedsrichter können diese Perspektive, jenen Zoom oder folgende Einstellung, wahrnehmen. „Ich pfeife live – nicht Zeitlupe", sagte Schiedsrichter Dieter Pauly mit seinen 174 Erst- und Zweitligaeinsätzen.[4] Welchem medientheoretischen Ansatz auch gefolgt werden mag, unstrittig ist, dass das Fernsehen nur (Halb-)Bilder produziert und aneinander fügt. Und dass dieses Produkt gesehen und mittels subjektiv angewandter Kenntnisse interpretiert wird.

„Je mehr das Fernsehen Dinge zeigt, die es ohne das Fernsehen nicht gibt, oder deren Vorkommen nicht nachprüfbar ist, desto deutlicher erscheinen seine Objekte als an sich selbst entdeckte Objekte", führt Lorenz Engell dazu aus.[5] Das Fernsehen schafft eine eigene Welt. Ist aber mitnichten – um beim Fußball zu bleiben – ein Fenster ins Stadion. Das ist simpel, wird aber immer häufiger verwechselt. Und selbst der beständig konservative und historisch gesehen technikfeindliche DFB hat sich längst mit seiner Sportgerichtsbarkeit (Videobeweis) der Strahlung und behaupteten Wahrheit der leuchtenden Pixel unterworfen. Irgendwann wird es vermutlich wirklich den Television-Oberschiedsrichter geben. Völlig außer Acht lassend, dass es verzerrende Winkelverhältnisse der Kamera gibt, schlechte Qualität der Auflösung und immer wieder Zeitlupen – eine Geschwindigkeit der Bewegung, die in der Natur nicht vorkommt. Oder einfacher begründet: Dass bei einer vermeintlichen Elfmeterszene nicht nur zehn befragte Fußballanhänger im Schnitt fünf verschiedene Meinungen haben und diese vehement vertreten würden – bei zehn befragten Schiedsrichtern sähe es genauso aus. Da hilft auch keine Technik. „Die wahren Geheimnisse des Fußballs werden immer Geheimnisse bleiben", schloss Daniel Theweleit 2003 in der *Süddeutschen Zeitung* über die aktuellsten „Mikrowellen-Versuche" zur Messung von Abseitspositionen per Sensoren an Fußballerbeinen.[6] Hoffentlich.

Der Zwang zum Erzählen

Um den Eindruck, der sich jedem aufmerksamen Fußballzuschauer beim Fernsehen aufdrängt – „Werbung mit ein bisschen Boulevard-Fußball" – zu belegen, untersuchte der Autor stichprobenhaft das öffentlich-rechtliche und private Fernsehen der vergangen zwölf Jahre. Exemplarisch wird hier die Betrachtung einiger Spielberichte vorgestellt, die nach den Kriterien der Bildinhalte abgestoppt wurden. Diese „private" Untersuchung ist eine punktuelle und willkürliche Auswahl, an der sich aber schon eine Tendenz feststellen lässt. Dabei macht es wenig Sinn, noch nach der Berichterstattung der 1960er bis 1980er Jahre zu fragen. Huberty & Co. mögen nun historischen Stoff liefern, manchmal gar verklärt und mythisiert dargestellt werden. Ihre Berichte, Kommentarformen usw. haben aber mit der aktuellen Technik nichts mehr zu tun. Allgemein ist eine Annäherung an die von Sat.1 *ran* geprägte Sendegestalt unverkennbar. Zieht man Anmoderationen, Interviews und Vor- und Nachgeplänkel ab, bleibt ein überschaubarer Korpus übrig. Die Prozentanteile in einem „normalen" Fußballbericht verdeutlichen die Gewichtung von Nah- und Zeitlupenszenen.[7]

	Länge (in Sek.)	(davon) Moderation	(...) Einstieg	(...) Nah/ Halbnah	(...) Zeitlupe	(...) laufendes Spiel	(...) Schluss (meist O-Töne)
Sep. 1989 RTL, Anpfiff[1]	598	41 7 %	27 4,5 %	177 30 %	102 17 %	188 31 %	63 10,5 %
Aug. 1992 ZDF, Sport-Extra[2]	505	26 5 %	44 9 %	94 19 %	83 16 %	210 41,5 %	48 9,5 %
Okt. 1997 Sat.1, ran[3]	794	74 9 %	– –	186 23,5%	246 31 %	234 29,5 %	54 7%
Aug. 2002 ARD, DFB-Pokal[4]	517	31 7 %	22 4 %	78 15 %	115 22 %	213 41 %	58 11%
Okt. 2002 Sat.1, ran[5]	650	42 6 %	–	194 30 %	147 23 %	245 38 %	22 3 %

Die häufigsten Motive sind „Schütze nach der Chance", „Torwart nach Parade", „Trainer und seine Reaktion". Zwar sind diese Bildfolgen eine technische Notwendigkeit, um Bildsprünge der „Totalen" zu vermeiden, jedoch hat *ran* diesen Bereich (in der Beispielfolge: Tor – Schütze nah – Torwart nah – Tribüne – Trainerbank – Schütze) unverkennbar stark ausgeweitet. Naheinstellungen sind dabei Hauptträger der Geschichte, die *ran* uns erzählen will. Gesten und Mimik der Kicker flimmern in die Wohnzimmer, manchmal gar als „Soap", wenn sie am kommenden Wochenende weitererzählt werden. Daraus entstehen Kurzgeschichten mit trivialen, wiederkehrenden Inhalten. Eben: „Sponsored by emotion." Mehrfache Wendungen, die ein wirkliches Fußballspiel oft nimmt und die im Stadion beobachtbar werden, sind im Fernsehen kaum zu transportieren. Deshalb erscheinen seit Jahren in der Fußballberichterstattung unverändert Motive wie etwa:
– der Stürmer, der soundso lange nicht getroffen hat,
– der Trainer, der unter Druck steht; bei dem „der Stuhl" wackelt,
– die beiden Spielmacher – z.B. Häßler gegen Balakov.

Schlimmstenfalls werden abseitige Boulevardpresse-Themen wie Oliver Kahns Wutausbrüche, Stefan Effenbergs Frau Strunz auf der Tribüne oder Rainer Calmunds Diät betrachtet.

Ran an die wahrste Wahrheit

Als weiteres Element tritt die „Slow-Mo" hinzu, die Zeitlupe oder bei *ran* in schier endlos gedehnter Form die „Super-Zeitlupe". Damit werden vor allem Fouls, Elfmeterszenen, Chancen und Tore gestreckt. „Wir wollen das aufdecken" oder „Die Auflösung" nennen es die Sat.1-

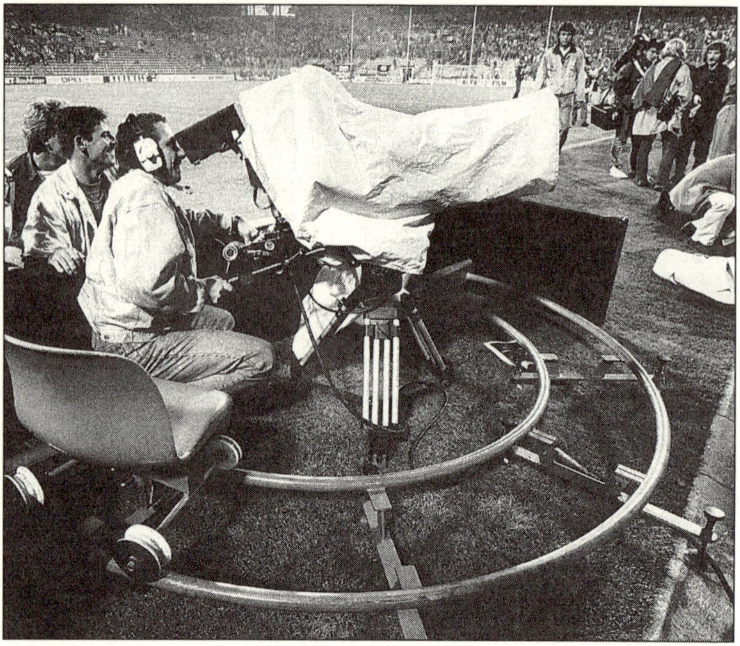

Trotz „modernster" Technik – Life is live.

Reporter, wenn eine Zeitlupen-Wiederholung ansteht. Dass diese Bilder schwer interpretierbar sind, scheint eine Geheimwahrheit zu sein.

„Jede Fernsehbotschaft", so der Kommunikationswissenschaftler Vilém Flusser, „hat einen fiktiven Charakter."[8] Doch nahezu kein Kommentator traut sich, einfach mal ein erfrischendes „schwer zu beurteilen" oder „nicht eindeutig erkennbar" in den Fernsehraum zu werfen. Stattdessen behaupten sie, im Mikrokosmos aus TV-Bildzeilen die wahrste der Wahrheiten vorliegen zu haben.

Auch werden die Elemente „Nah" und „Zeitlupe" miteinander gekoppelt, um die Erzählung zu füllen, die Bildgeschichte zu dramatisieren. Die Szenen, die den rollenden Ball und das Fußballspiel im Ausschnitt der Halbtotalen zeigen, machen vom Gesamtbericht bestenfalls 42 Prozent (ZDF 1992), schlimmstenfalls 29,5 Prozent (Sat.1 1997) aus.

Damit geht die Schere der Eindrücke, die man aus dem Stadion nach Hause trägt und die der zum Teil inszenierten, zum Teil gedehnten, zerstückelten oder vergrößerten Kurzgeschichten von *ran* immer weiter auseinander. Das eine, vormals „Spielbericht" genannt, hat mit dem Kick wenig gemein. Meistens stimmt nur das Ergebnis. Selbst der frühere RTL-Chef Thoma bekannte dazu: „Irgendwann hat das mit Realität gar nichts mehr zu tun, dann wird ein reiner Fernsehfußball kreiert."[9]

Für das *ran*-Sendekonzept, in dem neben Gewinnspiel, Studiogästen, Trailern, Werbung, Talk über den Screen, Analyse usw. die Spielberichte kaum noch auffindbar waren, hat Sat.1 des Öfteren massiv Kritik hinnehmen müssen. Genau wie beim kurzzeitigen Sendeplatzwechsel auf 20.00 Uhr im Jahre 2001 wurde am Publikum vorbeigedacht. Nach starken Protesten mussten die Sendechefs schon nach wenigen Sendungen einen Rückzieher machen. Das zeigte, dass den Konsumierenden nicht alles egal ist. Der Samstagabend wird von vielen eben doch anders gestaltet: Familie, Freunde, Kino oder Ausgehen. Außerdem ist in Zeiten hinreichender Ergebnisdienste von TV-Nachrichten bis hin zum schnellen Internet-Review für eine künstliche Spannungskurve der Abpfiff zu lange her.

Über weitere Elemente in der *ran*-Dekade – Product-Placement, nervige Doppelmoderationen, Unfugs-Datenbank und plappernde „Experten" vor einem aufgeheizten, unwirklichen Saalpublikum, schlechte Witze und Animationen, peinliche Zoten – ist viel zu Papier gebracht worden. Neben dem beschriebenen Zwang zu laschen Kurzgeschichtchen hat der Journalist Helmut Böttiger den Aufbau der Bilder treffend beschrieben: „Unchronologische, assoziative Kameraeinstellungen, keine in sich geschlossenen Information mehr über die Dramaturgie der Handlungsabläufe (...) keine Inhalte mehr, nur noch Firlefanz."[10]

Es ist kein Geheimnis, und die Werbeindustrie hat es auch gemerkt: Durch zu viel Geplänkel, Blödsinn und Werbung ließ sich *ran* nur sinnvoll unter Zuhilfenahme eines Videorekorders gucken. Ein paar Sekunden mehr bewegtes Leder (ganze 55 Sekunden im Vergleich der Sendungen vom 1997 und 2002) hatte Sat.1 tatsächlich – nach den Beschwerden und sinkender Quote – in die Berichte genommen. Und stark bei den O-Tönen gekürzt. Die Öffentlich-Rechtlichen hatten sich in den Jahren einiges abgeschaut, aber bei immerhin vierzig Prozent Fußball im Fußball eingependelt. Ein ganz anderes Konzept der Berichterstattung wäre zwar denkbar, wurde aber auch mit dem Verkauf der Senderechte an die ARD 2003 nicht verwirklicht.

Auch BAFF glotzt fern

Keine Frage: Ein Fan sammelt von Haus aus Informationen, Bilder, Gerüchte, Talk und Nonsens, der um seinen Club kreist. Und schaut auch Übertragungen, sei es nun, weil ein beruflich unmachbares Pokalauswärtsspiel in 400 km Ferne an einem Dienstag gespielt wird oder die Reiselust nach vielen Jahren auf Achse abgeklungen ist. Was aber nicht heißt, dass er den TV-Fußball so mag, wie er gemacht ist.

Wer das Fernsehen kritisiert, muss es schauen, wer den TV-Fußball kritisiert, ebenfalls. Denn trotz der Einwände, dass Senderechte große Macht bedeuten, einen großen Einfluss auf den Spitzenfußball haben, gar Regelveränderungen bewirken können, und dem, dass das Fernsehen seltsam oft mit der Wirklichkeit verwechselt wird, schauen auch kritische Fans Fußball im Fernsehen. Und das nicht nur bei der WM.

Die Wünsche sind schnell zusammengefasst: Spielberichte ohne Firlefanz, weniger „Talking Heads" von Trainern, Managern und Co. Weniger provozierte Skandälchen, Witze, Klimbim, no sex. Weniger peinliche Klischee-Bildungen wie „Das Freudenhaus der Liga. – Die graue Maus mit Grönemeyer. – Der Brasilianer zaubert wieder". Mehr rollender Ball und ein dem gesamten Spiel angepasstes Verhältnis der Wiedergabe der Torchancen. Weniger Erzählung, weniger Fokus auf immer gleiche Einzelspieler. Wenn das Fernsehen dann noch aufhört zu behaupten, die Wahrheit seiner Halbbilder aus den lächerlichen paar Leuchtpunkten sei eine höherwertige, als die Wahrnehmung mit den Augen, wäre schon einiges gewonnen. Fans vor dem Fernseher wissen, dass sie eben nicht beim Spiel dabei waren. Ein bisschen Echtheit und Emotion lässt sich vor der Röhre nur dadurch ins Spiel bringen, indem es gesellig wird. Mit Fans in einer Kneipe – Gebrüll, Freud und Leid, Mensch und Bier – ein paar der Dinge, die das „Erlebnis Fußball" ausmachen.

Auch diesem nur halben Vergnügen aus TV-Livespielen könnte bald ein Strich durch die Rechnung gemacht werden. Vieles deutet auf britische Verhältnisse hin: In voller Spiellänge wird es immer weniger der wichtigen Spiele für Normalsterbliche geben. Mit Premieres Pay-per-View wird sich das Fußvolk verstärkt in die Kneipe bewegen müssen. Nur den „oberen Zehntausend" tut das Bezahlfernsehen nicht weh. Die Vereine – mit Speerspitze Uli Hoeneß – suchen derweil neue Geldquellen. Die Untersuchung „Fußball 2002" der Frankfurter Gruppe „The shot that passed right through the net" fasste bestens zusammen: „Derzeit steuert der Fußball in Europa auf eine radikale gesellschaftliche Wandlung zu: Reichen-Fußball. Derart hohe Einnahmen und Steigerungen wie gegenwärtig lassen sich nur ermöglichen, wenn Hochpreis-Produkte beworben werden können, wenn Exklusiv-Fernsehfußball an zahlungskräftige Zuschauer geliefert werden kann, wenn teure Plätze in Stadien verkauft werden können.“[11]

„Ich verspreche Ihnen fünf Tore“

Ein Faktor großen Ärgernisses ist es, wenn das Fernsehen Einfluss auf das Reglement des Fußballs nimmt. Das wurde – mittelbar, denn DFB und DFL ziehen mit – schon mehrfach getan. Johannes Taubert formulierte in seiner Untersuchung 1996: „Sat.1 ist kein Berichterstatter, sondern Mitveranstalter der Bundesliga.“[12] Erst sollte in der Spielzeit 1995/96 die Drei-Punkte-Regelung für mehr Tore sorgen und für weniger Unentschieden. Zum Glück hat das schwer zu berechnende Runde seine Funktionäre Lügen gestraft: Die Torquote hat keine „3“ mehr vorne wie in den 1980er Jahren, sie ist stetig weiter gefallen – bei leicht steigender Anzahl der Unentschieden.

Dem Geschrei nach immer mehr Toren folgend, sollten die veränderte Abseitsregel und das Rückpass-Verbot Abhilfe schaffen. Auch das sorgte nicht für lauter 5:3-Spiele. Dabei bleibt ohnehin rätselhaft, warum die Fernsehmacher glauben, es ginge nur um Tore. Hätten sie die Fans gefragt: Die wissen, es gibt ähnlich großartige 0:0-Kicks, wie es auch schlappe und konfuse 4:2 gibt. Doch nach einem torlosen Spiel meinen unsere Beckmänner und Nachfolger weiterhin, sich gar beim Publikum entschuldigen zu müssen. Gefolgt werden solche Spiele zwangsläufig von der Moderation: „Versprochen, im nächsten Spiel nach der Pause fallen fünf Tore.“ Womit sich wenig später für den „besten Dank“ fluchenden Fußball-Liebhaber der Kick beim Stande von 3:0 hinsichtlich des Ausgangs und der Spannung erledigt hat.

Und es werden neue Änderungsvorschläge kommen. Kleinere und mehr Bälle, vielleicht mehrere Torkisten pro Team, mit genormt kleinen Keepern darin, die nicht mehr mit den Händen ran dürfen?

Das Fernsehen sagt, wo's langgeht

Ein Probleme, das ein Stadion-Fan mit der Flimmerkiste hat, ist ihre Einflussnahme, die sich auf ihn negativ auswirkt. Mit seinem Eintrittsgeld hat er schon seit einigen Jahren als zahlender Kunde immer weniger zu sagen, da der Anteil am Etat aus Zuschauereinnahmen sich stetig verringert hat. Die Fernsehgelder machen bei vielen Bundesligisten längst mehr als die Hälfte des gesamten Vereins-Budgets aus.

Bekommt der Fan die Macht der Medien auf das Gesamtereignis direkt demonstriert, reagiert er mit einigem Recht verärgert. Etwa, wenn Medienvertreter dem Schiedsrichter beim „Live-Spiel" auf dem Rasen eindeutig signalisieren, dass der Werbeblock noch nicht durchgeleiert ist. Oder eben weiter Werbung läuft, obwohl das Spiel längst wieder angepfiffen wurde. Wenn Fans ihre Spieler nicht feiern oder überhaupt nicht sehen können, weil Premiere mit seinen Mikrofon-Armeen über diese hereinbricht. Oder eben viel grundsätzlicher, weil es nach Abpfiff (z.B. sonntags) manchmal keinen Zug mehr nach Hause gibt. Der Sonntagstermin ist überhaupt nur als zusätzliche Übertragung für das TV gedacht. Er hindert viele Menschen am Stadiongang, die sonntags grundsätzlich anderes zu tun haben oder sich gar im kleinen Ortsverein engagieren. Dafür wurde der Freitagabend mit seinen beliebten und stimmungsvollen Flutlichtspielen geopfert. Nicht etwa, wie von Fernsehschaffenden gerne behauptet wird, weil Fans (Pro 15:30/Pro Fans) das so wollten, sondern einzig und allein, weil die TV-Quote und damit die Werbeeinnahmen am Freitag mehr und mehr absackten.

Die ersten Leichen im TV-Keller

Die Definitionsmacht der Medien, ihres Sendeplatzes und der Werbung hat dazu geführt, dass der zuvor wichtige europäische Vereinswettbewerb um den „Pokal der Pokalsieger" (1961 bis 1999) einfach abgeschafft wurde. Der UEFA-Pokal ist im Rahmenprogramm der nicht enden wollenden Champions League, in der längst nicht nur die jeweiligen Landesmeister spielen, auch schon auf dem besten Weg in die ewigen Jagdgründe.

Gleichzeitig wird durch die damit einhergehenden, ständigen Modus-Änderungen (Gruppenspiele, Qualifikationsspiele, gesetzte Lostöpfe und vieles mehr) die Spannung und Klarheit aus den vorher fesselnden europäischen Pokalwettbewerben gesaugt. Auch der DFB-Pokal hat wegen der allgemeinen Überfrachtung und den Terminsetzungen sichtlich an Bedeutung eingebüßt. In unseren Breiten ist in den vergangenen Jahren bis zu den Pokal-Halbfinalen ein neuer Zuschauerschwund zu verzeichnen. Es hat sich ausgeboomt. Bei Kicks, die vom TV übertragen werden, bleiben die Menschen, besonders in der Woche, lieber daheim.

Bleibt nur zu hoffen, dass es den Oberen der Verbände und Medien nicht irgendwann aus Versehen gelingt, den Karren so vor die Wand zu fahren wie im Eishockey 1994 geschehen.

Die dumme Masse der Schnittbilder

Widersprüchlich wird die Haltung des herrschenden Fußball-Mediums im Bezug auf die Fankultur. Das TV braucht sie. In den Berichten und selbst bei „Live-Spielen" scheint es dennoch ein ungeschriebenes Gesetz zu sein: Der Fan kommt nie zu Wort – nicht mal in Zeiten härtester Krisen und bei Fan-Demonstrationen. Es gibt das Stadion-Stammpublikum in der Regel nur in Sequenzlänge zwischen 1,5 und 4 Sekunden. Und zwar als nette, bunte Fahnen oder Schals wedelnde Menschenansammlung nach einem geschossenen Fernsehtor.

Die Fans sind immer Masse. Und höchstens Schnittbild. Dabei wissen viele in der Kurve über ihren Klub und die aktuellen Vorgänge ab und an mehr als die diensthabenden Journalisten. Gefragt werden sie nie. Sie werden zur dumpfen Masse Mensch reduziert. Mal freudig, mal erregt. So gibt es sie am Zaun rüttelnd oder mit wild verzerrten Gesichtern, als Brüller von „XY raus" oder Werfer von Gegenständen. Dann faselt der Kommentator etwas von „Radaubrüdern, Krawallmachern, das sind keine Fußballfans". Selbst bei außergewöhnlichen Choreografien, netten, humorvollen oder politisch engagierten Aktionen möchte das Sportfernsehen allgemein – wie am Umgang mit dem Bündnis Pro 15:30/Pro Fans abzulesen war – nichts davon wissen.

Im Gegensatz dazu benutzt und braucht das TV die Emotionalität und den Sound aus den Arenen. „Unverzichtbar ist (…) die Atmosphäre, die von den Fans in Szene gesetzte Dramaturgie der Parteilichkeit", schreibt Christoph Bausenwein in seinem Standardwerk „Geheimnis Fußball"[13].

In jedem Trailer vor der Sendung oder auf der „Studio-Wall" laufen die Kurvenbilder, um die Behauptung zu stützen: Hier ist was los, Riesenstimmung, Riesenspiel. Nicht abschalten daheim! Die Medien wissen: Nichts ist schlimmer als ein mit 13.000 Zuschauern gähnend leeres Olympiastadion beim Spiel der Bayern gegen Spartak Moskau. Der Fan bleibt dabei Schnittbild. An weibliche Füllsel dieser Art knüpfen Reporter dann noch gerne eine sexistische Dummheit.

Noch absurder wird es hinsichtlich so genannter Ordnungswidrigkeiten: Fans auf dem Zaun, Schubsereien, ein kaputtes Fenster – es wird immer draufgehalten, nie nachgefragt. Besonders liebt das Flimmer-Medium die bengalischen Fackeln, die wirklich telegen sind. Rotes, stimmungsvolles Licht – lauter Fahnen und heiße Atmosphäre. Auch der farbige Rauch aus den Kurven findet sich im Fernsehen in schöner Regelmäßigkeit wieder. Im Widerspruch dazu werden Bengalos und Rauchpulver, ja selbst Zaunfahnen und Doppelhalter einkassiert und aus dem Stadionrund verbannt. Und noch krasser: Fußballanhänger müssen bisweilen für Nichtigkeiten mit Festnahmen, Anzeigen und bundesweiten Stadienverboten rechnen. Dies gipfelte beim FC St. Pauli darin, dass ein Fan ausgesperrt werden sollte, weil er mit einer Bengalfackel in der Hand auf einem Werbeplakat des Hauptsponsors erkannt wurde. Erst auf Intervention des Sponsors, der erklärte, dies Bild sei gestellt gewesen, konnte das drohende Stadionverbot abgewendet werden.

DFB, DFL und TV sollten sich schon entscheiden: Wollen sie stimmungsvolle Ränge, muss die Spirale aus Eintrittspreiserhöhungen, Logenbau, Repressionen gegen Fans und Schwund der Stehtrassen noch einmal überdacht werden.

Ein letzter Blick ins Fußball-„Mutterland" stimmt nicht gerade zuversichtlich: Englands Premiere League lebt heute nur noch von ihrem Ruf, real wird wenig gerufen. Teile der Gesellschaft wurden mit Preisen (35 bis 80 Euro) hinausgekegelt, All-Seater, Firmenlogen mit Service samt Parkhäusern haben den „Roar" verdrängt, das Publikum still gemacht.

Wer Kulisse, Gesang und Emotion senden und verkaufen will, täte gut daran mit – und nicht gegen Fans – zu agieren. BAFF ahnte das schon vor vielen Lenzen: „You cannot sing when you're sitting." Sänger, Pfarrer, Kanzler, Pavarotti oder Demonstrant – wer die Stimme erhob, stand.

Anmerkungen

1 Lorenz Engell: Vom Widerspruch zur Langeweile. Logische und temporale Begründungen des Fernsehens, Frankfurt/Main, 1989, S.48.

2 Zitiert aus einem Werbeclip für Premiere, vom 19.10.2002 bei Sat.1.

3 Peter Unfried: Die neue Dimension. Das Format Reinhold Beckmann, in: Jürgen Roth, Klaus Bittermann: Wieder keine Anspielstation, Berlin 1996, S.32.

4 Zitiert nach Götz-T. Großhans: Fußball im deutschen Fernsehen, Frankfurt/Main 1997.

5 Engell, 1989, S.56.

6 Daniel Theweleit: Abseits der Mikrowelle, Süddeutsche Zeitung, 4.01.2003.

7 Gestoppte Sendungen/Berichte:

   1. 9. September 1989, VfL Bochum – Kaiserslautern
   2. 26. August 1992, VfL Bochum – Saarbrücken
   3. 17. Oktober 1997, VFL Bochum – 1. FC Köln
   4. 31. August 2002, Eintracht Trier – Nürnberg
   5. 5. Oktober 2002, Hannover 96 – B. Dortmund

8 Vilém Flusser: Medienkultur, Frankfurt/Main 1997, S. 108.

9 Johannes Taubert: Budenzauber. Fernsehen und Fußball, in: Hattrick Fußballmagazin, Nr. 6/1996, S.28.

10 Helmut Böttiger: Kein Mann, kein Schuss, kein Tor, München 1993, S. 42ff.

11 Fußball 2002: Visionen – Die Fernsehinteressen, aus dem Online-Magazin „The Shot That Passed Right Trough The Net“, *www.the-shot.com*

12 Johannes Taubert: 1996, S.32.

13 Christoph Bausenwein: Geheimnis Fußball. Auf den Spuren eines Phänomens, Göttingen 1995, S. 492.

Gerd Dembowski

Sitzen ist immer noch für'n Arsch

Wie Stadien zu Arenen werden

„Man muss sehen, dass man keine Pickel am Arsch kriegt und was unterschieben."

Joachim Hopp

Der Kampf für den Erhalt der Stehplätze ist vor allem ein Einsatz für den Erhalt einer mehrheitlich bewährten Fan- und Verabredungskultur. Aber auch eine Spielart von sozialen Fragestellungen, denn Sitzplätze bedeuten in vielen Stadien noch immer einen deutlichen Preisanstieg. Dies wiederum erschwert einen regelmäßigen Stadionbesuch von jugendlichen, niedrigverdienenden und arbeitslosen Fußballfans erheblich.

Der Stehplatzbereich ist ein traditioneller Ort von Fankultur, ein differenziertes Gebilde mit historisch gewachsenen, festen Standorten für bestimmte Fan- und Zuschauergruppen. Aus dem stehenden und somit beweglichen Fanpulk heraus wollen viele Fußballfans durch individuelle Kommentare und – mehr oder minder – organisierte Gesänge einen Einfluss auf das Geschehen auf dem grünen Rasen, aber auch auf die umherstehenden Fans ausüben.

Im Gegensatz zu den Sitztribünen, wo der Zuschauer durch nummerierte Plätze festgelegt ist, gibt es im Stehplatzbereich die Möglichkeit der Bewegungsfreiheit während des Spiels – und nicht nur in der Halbzeitpause. Fußballfans geht es neben dem Spielbesuch auch darum, weiter entfernt stehende Freunde und Bekannte zu treffen und neue Menschen kennen zu lernen. Auf Stehplätzen kann man den Standort verändern, wenn einem das Umfeld an einem Spieltag mal nicht gefällt. Im Gegensatz dazu werden nicht nur bei Spielen in der englischen Premier League Fans sogar von Ordnern ermahnt, wenn sie zu lange vor ihrem Sitzplatz stehen bleiben: Sichtbehinderung und angebliches Sicherheitsrisiko.

Mit einer Sitzplatz-Saisonkarte und festgelegtem Platz neben einem Unsympathen ist das nicht mehr so einfach. Ein spontanes Ausweichen ist auf einer Sitzplatztribüne, wo gesessen wird wie die Hühner auf der Stange, nicht möglich. Wenn jemand die Sitzreihe kurzzeitig verlassen möchte, müssen alle anderen in der Reihe – wie im Kino – aufstehen, um den Durchgang zu ermöglichen. Dieses Hühnerstangenprinzip macht eine Kommunikation zwischen Fans schwieriger bis unmöglich, während ein lockeres Umherstehen Kommunikation fördert. Platznummerierungen erschweren zusätzlich bei besser besuchten Spielen spontane Stadionbesuche. Denn es kann vorkommen, dass mitgebrachte Freunde bei Überfüllung am anderen Ende der Tribüne sitzen müssen.

Durch den Erhalt von Stehplätzen ist es möglich, gemeinsam und sich umarmend Siege zu feiern oder tröstend Niederlagen zu erleiden. Das Stadion mit seinen Stehplatzbereichen ist ein Ort zwischenmenschlicher Begegnung. Ein reines Sitzplatzstadion würde diese gewachsenen Fanstrukturen auseinander reißen und den nachwachsenden Fangenerationen diesen erhaltenswerten Weg abschneiden.

Fußball-Weltmeisterschaften sind immer – in sportlicher wie fankultureller Hinsicht – ein Wegweiser für die Entwicklung im Liga-Alltag gewesen. Es ist zu beobachten, dass Stadien im Vorfeld solcher Großveranstaltungen baulich oftmals dahingehend verändert werden, den Unterhaltungswert der Ware Fußball zu fördern. Dazu gehört auch die Gewährleistung von „Sicherheit" durch repressive Maßnahmen.

Die von der UEFA angeführte höhere Sicherheit auf Sitzplatztribünen erweist sich als Trugschluss. Denn es existiert bis dato keine Studie, die Sicherheit in diesem Fall empirisch nachweist. Im Gegenteil: Die Räumung eines mit Bedacht geplanten Stehplatzblocks geht im Panikfalle schneller und reibungsloser vonstatten als die eines Sitzplatzareals. Bei Panik werden die Sitzreihen zu gefährlichen Stolperfallen. In überfüllten Stehplatzblöcken können keine Menschen an Zäunen erdrückt werden, wenn die Käfighaltung hinter Zäunen abgeschafft würde und die Menschen auf den Rasen ausweichen könnten. Die Katastrophe von Guatemala 1996 z.B. fand in einem reinen Sitzplatzstadion statt. Ungeachtet dessen können Sitzschalen, die wie im Leverkusener Gästeblock aus Metall bestehen, zu tödlichen Waffen werden.

Karel Vertongen, Vizepräsident der UEFA-Stadionkommission, bestätigte bei der Veranstaltung „Arena 2000 – Vom Stadion zum multifunktionalen Erlebnispark" 1999 in Essen, dass es „gar nicht um sichere Plätze im Panikfall geht". Die Nummerierung der Plätze und Überwachungsvorteile seien „ausschlaggebend, um hinterher Täter zur Rechenschaft zu ziehen". UEFA und FIFA schreiben deshalb seit 1998 aus-

Versitzplatzung: Abriss von Arsenals North Bank.

schließlich Sitzplätze für internationale Begegnungen vor und bedrohen somit den Stehplatz als traditionellen Ausgangspunkt der bewegungsorientierten Fan- und Verabredungskultur. Langfristig etabliert sich ein Austausch bzw. eine „Umerziehung" des Publikums zur Salonfähigkeit des ehemaligen Schmuddelsports Fußball. Hooligans, die sich als selbst ernannte Form der Fanelite schon seit langem auf die teuren Sitzplätze zurückgezogen haben und Randale nicht mehr im Stadion austragen, sind als zuerst genannte Zielgruppe einer solchen Maßnahme überhaupt nicht von den Folgen betroffen.

Nach den Katastrophen von Heysel 1985 und Hillsborough 1989 hätte man sich auch damit beschäftigen sollen, wie man Stehplatzareale sicherer gestalten kann – und nicht nur an ihrer Abschaffung wirken. Stattdessen waren diese Katastrophen ein willkommenes Ereignis für UEFA, Verbände und Vereine, endlich auf die salonfähigeren, sponsorenträchtigeren und finanziell lukrativeren Sitzplätze umzusteigen.

Es ist zumindest für die Bundesligen falsch, wenn die UEFA immer noch behauptet, dass die Gewalt in Fußballstadien von den Stehplatzbereichen ausgeht. Die Erfahrung von Polizei, sozialarbeiterischen Fan-Projekten, Soziologen und BAFF bestätigen, dass sich Hooligans fast ausschließlich auf den Sitzplätzen befinden. Dazu hat sich Gewalt durch den fortgeschrittenen Sicherheitsapparat in Grünanlagen, auf Rastplätze und in Innenstädte verlagert. Den internationalen Beweis dafür lieferten z.B. die Ausschreitungen bei der WM 1998 oder der EM 2000.

Obwohl viele geplante Stadien vorrangig Sitzplatzcharakter haben sollen, gibt es im Zuge solcher Planungen mittlerweile einen Trend, der durchaus die Bedeutung der Stehplätze anerkennt und einbezieht. Vielen Vereinen wird auch durch die Öffentlichkeits- und Basisarbeit des BAFF mehr und mehr bewusst, dass der Stehplatzbesucher mit seinen nachwachsenden Generationen als „traditionelles Kundenpotenzial" zu berücksichtigen ist. Außerdem wird zunehmend erkannt, dass zum Fußball auch die Atmosphäre der Stehränge gehört. Sie ist nicht nur wichtig für den Fan selbst, sondern auch für ihren Konsumenten auf der Sitztribüne, für die damit um Sponsoren und Medienaufmerksamkeit ringenden Vereine und nicht zuletzt für die Spieler auf dem Feld.

So realisierte z.B. der FC Schalke 04 ca. 19.000 Stehplätze in der neuen Arena. Dortmund baute im Jahre 1999 Sitzplätze wieder ab, und in Bremen wurde zuvor beim Bau der Ostkurve das Stehplatzpotenzial der Werder-Fans berücksichtigt.

Dass eine fruchtbare Zusammenarbeit zwischen dem Verein und seinen Fußballfans in solchen Fällen tatsächlich funktionieren kann, zeigen vor allem die Beispiele Bremen und Schalke. Hier setzten sich beide Seiten zusammen und arbeiteten an einer konstruktiven Kompromisslösung.

Das Nürnberger Stadion könnte mit seinem vollständig mobilen Sitzsystem ein positives Beispiel für einen variablen Lösungsweg sein, da es in kürzester Zeit mit verhältnismäßig wenig Aufwand umrüstbar ist. Dort ist es nicht wie bei Klappsitzschalen, die zwar Stehmöglichkeiten lassen, aber die Sitzvorrichtung mit Stangen und anderen Hindernissen beibehalten. Auch das Freiburger Modell mit den Stehplätzen parterre und den Sitzplätzen auf den erhöhten Rängen wäre für manche Stadien denkbar.

In England soll die altbekannte Selbstinszenierung der Fans in „Singing Areas" zunehmend wieder ermöglicht werden. Die Stehplatzfrage wurde auf der Insel sogar so populär, dass die Labour-Partei im Wahlkampf in manchen Wahlkreisen mit dem Versprechen der Wiedereinführung von Stehplätzen antrat. Im Frühjahr 2001 begab sich eine Delegation der englandweiten Fanvereinigung Football Supporters Association (FSA) auf den Weg nach Deutschland, um den Erhalt der Stehplätze zu begutachten und anschließend Vertretern der Regierung, der Premier League und des Verbandes zu berichten.

Gefangen in Multifunktionsarenen

„Das ist eine Deprimierung".

Andreas Möller

Multifunktionale Arenen, wie sie mancherorts mit nur geringem Einfluss der Kommunen von privaten Betreibergesellschaften gebaut werden sollen, symbolisieren oftmals die Ängste von Fußballfans. Die Bauvorhaben liefern zwar äußerst geringe, aber dennoch auch Chancen der Einflussnahme. Fangruppen vor Ort könnten sich zusammenschließen, vielleicht mit der durch sie einzufordernden Unterstützung der örtlichen Fan-Projekte, um den jeweiligen Verein als späteren Mieter dieser „Halle" auf ihre „Kundenwünsche" aufmerksam zu machen. Auch auf die Stadt mit ihrer sozialen Verantwortung kann der Fan als Steuerzahler zugehen. Neben den „nur" 17 Heimspielen plus DFB-Pokal sollen in einigen Großarenen viele weitere Veranstaltungen á la David Copperfield, Hallen-Skispringen, Lord of the Dance oder Pop-Konzerte stattfinden. Diese machen laut renommierter Architekten eine komplett einfahrbare, so genannte Teleskop-Tribüne sinnvoll. Die Plätze hinter der entstehenden Bühne würden bei fußballlosen Veranstaltungen sowieso nicht verkauft. Deshalb könnten auf der Teleskop-Tribüne manifeste Stehplätze für Fußballfans entstehen.

Die Arenen in Amsterdam und Arnheim z.B. statuieren jedoch ein Exempel der Fanfeindlichkeit. Der Gelredome ist wie ein Ufo auf dem Arnheimer Asphalt gelandet, erinnert in seiner Konzeption aber eher an eine mittelalterliche Burg – und physiognomisch an ein stimmungstötendes Hallenbad. Die Festung ist umgeben von breiten Wassergräben und nur über eine einzige, fußweglose Zufahrt zu erreichen. Die moderne Zugbrücke ermöglicht totale Kontrolle über die nur mit gültigen Eintrittskarten zu erreichende Bannmeile. Durch getrennte Parkplätze wird separiert, bei Ligaspielen der Ehrendivision werden die Auswärtsfans in ihren Bussen sogar direkt in ihren Block gefahren. Drinnen erwartet die Fans 90 Minuten „Big Brother" wider Willen, mit modernsten Kameras, neonbehemdeten Stewards, eigener Stadionwährung und beweglichen Zwischenwänden. Anstatt einem „Herzlich Willkommen" entwickelte sich, beflügelt durch die Gewissheit von Schnellgerichtsverfahren, schon im Vorfeld der EM 2000 vielmehr der Unterton eines einschüchternden „Benehmt euch, sonst setzt es was". Selbstredend ist der Gelredome eine reine Sitzplatzarena.

In einigen Stadien der Niederlande und in England gibt es nur Saisonkarten oder – wie bei Millwall FC – einen Zugang nur für Vereinsmitglieder. Schon bei der WM 1998 in Frankreich hatte die unzulängliche Kartenvergabepraxis zahlreiche Fans vor verschlossenen Eingangstoren stehen lassen und zu regelrechten Jagdszenen auf den jeweiligen Schwarzmärkten geführt. Da letztendlich aber die Kasse stimmte, bewog es die dortigen Veranstalter nicht dazu, internationale Vergleichsturniere zugänglicher für Fußballfans zu machen, sondern etablierte eher die WM 1998 als willkommenen Wegweiser für die eigene Planung.

Folglich gelangte nur ein Bruchteil des Kartenkontingents für Spiele der deutschen Nationalmannschaft in den freien Verkauf. Darüber hinaus warfen Reisebüros die Tickets kombiniert mit Hotelbuchungen auf den Markt, über die die in der Fanszene so genannten „Neckermänner" herfallen durften. Erschwerend hinzu kamen die nicht jugend- und sozialverträglichen Preise zwischen 70 und 210 DM, ständig wechselnde Spielorte und die Tatsache, dass Fan beim DFB von vornherein maximal zwei Tickets für ausschließlich ein Vorrundenspiel ergattern konnte. Auf dem dazugehörigen Bestellformular musste Fan außerdem versichern, „noch nicht wegen Beteiligung an Auseinandersetzungen bei Sportveranstaltungen in Erscheinung getreten" zu sein – ein weiterer naiver Ausdruck der Hilflosigkeit, diesmal des DFB.

Bunt angemalt wurde die EM 2000 zum Event der Ausgrenzung mit zahlreichen Fressmeilen und Promotion-Ständen der meistbietenden Firmen. Sie ließen kurzberockte Damen Werbegeschenke an Fans verteilen, die viel lieber eine der heiß begehrten Eintrittskarten bekommen hätten. Mit einem begleitenden Kulturprogramm für Fans und Zaungäste hatte das nichts zu tun, da nicht einmal die selbst von der UEFA geforderten Großbildleinwände vorgesehen waren.

„Man hat nur Risiken im Blick und kümmert sich nicht um Fan- oder Kundenfreundlichkeit. Darunter leiden 99 Prozent der Fans", kommentierte Michael Gabriel von der Koordinationsstelle der Fan-Projekte (KOS) in Frankfurt die Haltung der Veranstalter. BAFF und das Netzwerk Football Against Racism in Europe (FARE) wehrten sich gegen diese Reduzierung von Fans zum Sicherheitsrisiko, die Pauschalisierung und Kriminalisierung aller Fans zu potenziellen Gewalttätern und Kunden. Vor dem Turnier war keinem deutschen Fan etwas über kulturelle Rahmenprogramme oder speziell ausgewiesene Übernachtungs- und Campingmöglichkeiten bekannt. Und das blieb auch so.

Bündnis Aktiver Fußballfans

Forderungskatalog für fanfreundliche Großveranstaltungen

Beim 3. bundesweiten BAFF-Fankongress 1998 wurde die WM in Frankreich in sportpolitischem und kommerziellem Sinne (z.B. Kartenproblematik oder Stehplatzverlust) als evtl. fanfeindlicher Wegweiser für die kommenden Großveranstaltungen gedeutet. Im Hinblick auf die EM 2000, die WM 2002 und 2006 sowie den deutschen Ligafußball, beschloss das Kongressplenum folgende fanfreundliche Forderungen:

1. Stadionum- und -neubauten für die Weltmeisterschaft 2006 in Deutschland dürfen nicht auf Kosten der Stehplätze für den anschließenden Liga-Alltag gehen.

2. Fans und Fanorganisationen müssen in die Planung der WM eingebunden sein, nicht nur die Fan-Projekte. Wer, wenn nicht die Fans, wissen was zu tun ist, damit Fans sich im Stadion und drumherum wohlfühlen.

3. Fußballfans sollen als Gäste empfangen und behandelt werden und nicht als potenzielles Sicherheitsrisiko. In die Inszenierung (Regie) der Spiele sollten diejenigen Fans eingebunden sein, die sensibel auf die Atmosphäre in den Stadien reagieren können.

4. Wir erwarten vom Organisationskomitee und den Sicherheitsbehörden ein differenziertes und abgestuftes Vorgehen. Sicherheitsaspekte sind wichtig, dürfen im repressiven Sinne jedoch nicht an erster Stelle stehen.

5. Die Eintrittskartenvergabepraxis muss gründlichst überdacht werden. Es muss für alle, die unabhängig von Reiseveranstaltern zur WM 2006 wollen, die gleiche Möglichkeit geben, Karten zum aufgedruckten Preis zu kaufen.

6. Die Kartenpreise müssen sozial verträglich gestaltet sein.

7. Die Anzahl der Karten pro Verband sollte sich u.a. an der Zahl der Fans orientieren, die die jeweilige Nationalmannschaft voraussichtlich unterstützen werden.

8. Die Zahl der Karten für die Sponsoren muss drastisch reduziert werden. Es gibt keinen Grund, warum sie ihre Karten nicht selbst bezahlen können.

9. Es sollte eine „Fanbotschaft“ geben, in der fanspezifische Informationen auch in der jeweiligen Landessprache angeboten werden.

10. Es müssen bezahlbare Unterkünfte oder ein zentraler Campingplatz für Fußballfans im oder am jeweiligen Veranstaltungsort geschaffen werden – gut ausgeschildert und leicht erreichbar.

11. In das Rahmenprogramm gehören Veranstaltungen, die sich an den Bedürfnissen von jungen Menschen orientieren, z.B. Rockkonzerte, Discos, Kontaktmöglichkeiten, etc.

12. Der Turniermodus sollte es erlauben, längere Zeit an einem Ort bleiben zu können. Das hätte zwei Vorteile: Erstens wäre die Organisation erleichtert und finanziell rentabler. Zweitens wäre es viel einfacher mit ausländischen Gästen in Kontakt zu kommen und so ihre Kultur und Mentalität besser kennen zu lernen.

Thomas „Tower“ Weinmann

Der Anwalt der Fans

Von „Pro 15:30“ über „Kein Kick ohne Fans“ zu „Pro Fans“

Als die Spieltage der Bundesliga anfingen, langsam zu Spielwochen zu werden, also ein Spieltag gerne mal von Donnerstag bis zum Dienstag der darauf folgenden Woche reichte, konnten viele Fans die Spiele ihres eigenen Teams nicht mehr verfolgen. Durch Fernsehgelder, Übertragungsrechte, internationalen Wettbewerb und andere Faktoren wurde der Spieltag in seiner eigentlichen Form aufgelöst und verzerrt. Vielen Fans, die u.a. über Foren im Internet solche Themen miteinander besprachen, war diese Entwicklung Anlass, eine eigene Initiative auf die Beine zu stellen und den Bundesliga-Fußball wieder auf den Samstagnachmittag, um 15:30 Uhr, zurückzuholen. Anfang des Jahres 2000 fand sich, hauptsächlich über die Internet-Seite *stadionwelt.de*, die Initiative Pro 15:30 zusammen.

Damals konnte noch niemand ahnen, dass sich daraus – ohne institutionellen Hintergrund – eine der schlagkräftigsten Fan-Initiativen in Deutschland entwickeln würde. Der verbindende Charakter der vereinsübergreifenden Probleme aller Fußballfans schweißte die vorerst noch virtuelle „Bewegung“ zusammen. Nun ging alles sehr schnell, und bald wurde in den Stadien in ganz Deutschland auf unsere Probleme hingewiesen. Bis heute handelt es sich bei der „Bewegung“ um eine völlig strukturfreie Initiative – frei nach Dieter Bott: „Wenn eine Bewegung erst einmal zu einer Partei oder aber zu einem Verein wird, ist die Bewegung tot.“ Ihre Stärke war und ist aber, auch wenn sie jetzt Pro Fans heißt, nicht institutionell angreifbar zu sein und sich nicht instrumentalisieren zu lassen. Konnte man bis dato gegenüber den offiziellen Fanbeauftragten, den Fan-Projekten oder anderen Fan-Institutionen Druck auf kritische Stadionbesucher ausüben und Gegenmaßnahmen über die Vereine entwickeln, so ist die Initiative erst einmal nicht direkt angreifbar. Die vor allem für viele Nicht-User immer noch nicht richtig durchschaubare „Grauzone“ des Internets stärkt der Initiative gegenüber den Institutionen DFL und DFB dabei den Rücken.

Die Umbenennung von Pro 15:30 in Pro Fans beinhaltet die gesamte Problematik der Initiative. Mit dem Namen Pro 15:30 verbindet

Erfolgreicher bundesweiter Fanprotest.

„jeder“ das Thema Spielansetzung um 15.30 Uhr als das Hauptziel der Fans. Fakt ist, dass auch wesentlich wichtigere Themen unter diesem Begriff subsummiert wurden, dies aber niemand sofort erkennen konnte. Aus dem Grund hat man sich entschlossen, den Fan, der schließlich im zentralen Fokus der Interessensvertretung steht, in den Namen aufzunehmen, sich somit zu einer Art „Anwalt“ der Fans und deren Kultur in Deutschland zu machen.

Aktionsfelder von Pro Fans

Pro Fußballverein ist mindestens ein Vertreter, meist mehrere, der örtlichen Fan-„Aktivisten“ in einer Mailing-Liste der Initiative. Dort werden die aktuellen Themen und Aktionen diskutiert. Vor Ort gibt es völlig unterschiedlich organisierte Aktionsgruppen, die je nach persönlicher Betroffenheit aktiv werden, oder aber sich grundsätzlich für Themenschwerpunkte stark machen. Ein Beispiel für grundsätzliches, gemeinsames Engagement sind Proteste gegen die „Datei Gewalttäter Sport". Eher lokale Themen diskutieren die einzelnen „Aktivisten" in ihrer Szene, planen daraufhin Aktionen, manche pflegen die Homepage *www.profans.de*, andere produzieren und vertreiben die eigene CD „Dein Verein", die Flyer und Fan-Briefmarken, um Geld in die „Kriegs-Kasse" zu bekommen und möglichst viele Fans aus allen Blöcken zu erreichen. Mit diesem Geld sollen in Zukunft wiederum Demos, Flyer und weitere Aktivitäten bezahlt werden.

Hauptärgernis für die Fans, aber auch für die Vereine und alle anderen am Spielbetrieb Beteiligten, ist und bleibt die kurzfristige Ansetzung der Spieltage. Alle paar Wochen werden immer nur einige Spieltermine im voraus genau terminiert. Das Problem dabei: Die Wochenendplanung jedes einzelnen Stadionbesuchers wird zum Lotteriespiel. Nicht jeder Fan kann einfach so zwei Wochen vor einem Auswärtsspiel Urlaub einreichen oder seine Schicht wechseln. Spiele an Werktagen kann man nur schlecht besuchen, wenn sie kurzfristig „angesagt" werden. Darum fordert Pro Fans eine Festlegung aller Spieltage mit genauen Anstoßzeiten zu Beginn jeder Halbserie. Notwendige Änderungen gibt es immer, aber die sollten mindestens vier Wochen vor dem „Kick off" feststehen. Bei Spielen, die nicht an Samstagen stattfinden, sollte die Entfernung zwischen den Spielorten nicht mehr als 300 km betragen. Die Bewegung fordert weiterhin die Abschaffung des Montag-Livespiels in der 2. Liga bzw. die Rückkehr zum Samstagsspiel. Spiele, die aus terminlichen, organisatorischen oder anderen Gründen an Wochentagen angepfiffen werden, sollten nicht vor 20.00 Uhr beginnen.

Pro Fans und das neue Profil des Kurvenprotests

Wie bereits erwähnt sind nicht nur die Spielansetzungen, die späte Terminierung oder die DSF-Montagsspiele brennende Themen. Mit dem Stichwort „Datei Gewalttäter Sport" deutet sich an, wo es im Moment in den Stadien der deutschen Ligen besonders brennt, nämlich im Sicherheits- und Repressionsbereich. Im Hinblick auf die WM im eigenen Land wollen die Verantwortlichen „saubere Spiele" und „liebe Fans", also keine Krakeeler und Proleten.

Nun, wer will das nicht? Nur sollte mit Augenmaß vorgegangen werden. Gerade das jüngste Beispiel von Willkür gegenüber aktiven

Fans beim FC Bayern reiht sich ein in eine unschöne Reihe von überzogenen Repressionsmaßnahmen. Die Gefahr, bei aller Besorgnis um die Sicherheit beim Fußball, ist doch, dass mit einem Riesen-Mähdrescher über alle Fans hinweggeschoren wird und die Szene insgesamt kriminalisiert wird, um sie im Endeffekt ruhig zu stellen. Für Pro Fans muss das heißen: Aufklärung tut Not! Die Fans sollen denken, dass sie bestimmte Verhaltensweisen nicht mehr an den Tag legen können, ohne dass darunter nicht nur der Einzelne, sondern alle Fans zu leiden haben. Ein Beispiel ist das Verbot von Pyrotechnik und Feuer- oder Rauchelementen bei Stadionchoreografien. Die Initiative sieht damit die Fankultur in Deutschland und mit ihr auch die langfristige Existenz der Fußballvereine gefährdet. Fans werden vielerorts im Stadionumfeld wie Schwerverbrecher auf dem Weg ins Gefängnis behandelt. Aber Fußballbegeisterung ist doch keine Straftat. „Fan" vermutet, dass der DFB im Hinblick auf die WM 2006 im eigenen Land die „Gunst der Stunde" nutzen will, seine Stadien „sauber" zu präsentieren und schon heute mit dem „Aufräumen" beginnt. Seit Mai 2002 beschäftigt sich Pro Fans vermehrt mit dem Thema „Stadionverbote" und der so genannten „Datei Gewalttäter Sport" und sucht den Dialog mit dem DFB.

Der rechtsfreie Raum Fußballstadion

Pro Fans sind der Überzeugung, dass Straftäter, Unruhestifter und Problemfälle im Stadion nichts, aber auch gar nichts zu suchen haben. Solche Leute tragen mit dazu bei, dass in der Öffentlichkeit die Fans ins schlechte Licht gerückt werden. Daher ist auch die Selbstregulierung in den „eigenen Reihen" ein wesentlicher Aspekt. Bestimmte Regeln und damit auch Pflichten sind einzuhalten, um nicht der Gesamtheit zu schaden. Dennoch werden mit vielen aktuellen polizeilichen Maßnahmen – und seien es „nur" erkennungsdienstliche – alle Fans über einen Kamm geschoren, viele „Unschuldige" werden zu „Schuldigen", viel zu viele Willkür-Opfer bleiben übrig. Damit wird noch mehr Unmut geschürt und die Gefahr einer Eskalation nicht verringert. Die Initiative setzt sich offensiv dagegen zur Wehr und möchten in Zusammenarbeit mit den Fanbeauftragten und den Fan-Projekten bundesweit versuchen, Gerechtigkeit in den rechtsfreien Raum Stadion zurückzubringen. Um die Öffentlichkeit, aber auch die Medien und die

Handlungsträger bei Politik, Vereinen und DFB sowie DFL für das Thema zu sensibilisieren, veröffentlicht sie laufend Erfahrungsberichte betroffener Fans auf der Homepage. Im Übrigen fordert Pro Fans, Stadionverbote nicht mehr aus einem bloßen Verdacht heraus zu verhängen – im Zweifel geht es auch vor Gericht für den Angeklagten.

Ohne Fans ist der Kick nichts wert

Die Häufigkeit der repressiven Maßnahmen in den letzten Jahren erscheint eben nicht als Zufall, sondern als Ausdruck einer Tendenz der DFL und des DFB, traditionelle Fankultur, vielleicht nicht mutwillig, aber sicher leichtfertig zu zerstören. Gerade diese muss erhalten und gefördert werden. Ohne Fans ist der Kick nichts wert. Leere Stadien bedeuten für die Macher und Vereine auch leere Kassen. Auch wenn die Zuschauer nicht mehr die wichtigste Einnahmequelle sind – wer wirbt gerne in oder überträgt gerne aus einem leeren Stadion? Die Fans brauchen weniger Verbote und mehr Freiräume sowie Meinungsfreiheit und Platz zur kreativen Entfaltung im Stadion, z.B. mit Choreografien, Spruchbändern oder Schwenkfahnen. Apropos Platz – natürlich muss es ausreichend Stehplätze für Heim- und Auswärtsfans geben, und wo es diese nicht mehr gibt, gehören sie wieder eingerichtet. Weder der DFB, die DFL oder die Vereine sollten solche Dinge einfach im Alleingang abschaffen. Auch darum sollte den Fans eine Stimme bei den Verbänden verliehen werden, vielleicht in Form von mehr Mitsprachemöglichkeiten und -rechten der Fanbeauftragten bei DFB- oder DFL-Tagungen zu fanspezifischen Themen. Oder durch die Installierung eines „Fansprechers" bei der DFL. Eins ist jedoch klar: Ohne Fans wird der Kick zum langweiligen Gekicke. Der Fußball lebt von seinen Fans. Durch sie wird er zum Ereignis, zum Kick, der Millionen in seinen Bann und an die Fernsehgeräte oder Kassen der Fanshops zieht. Die Fans im Stadion sind nicht nur zahlende Kunden, sondern Teil des Produkts Fußball.

Was hat Pro Fans bereits erreicht?

Schönen Reden folgen ja in der Regel keine schönen Taten. Dies ist nicht nur nach Wahlen so, sondern auch nach Gesprächen zwischen Fanvertretern und den Verantwortlichen der DFL. Es gab sogar mehrfach einen „runden Tisch", was allein schon als Erfolg bezeichnet werden kann, da die Initiative ja eben keine greifbare Größe war und ist. Dennoch: Diese Gespräche brachten nur Lippenbekenntnisse. Ob nun von DFL-Boss Werner Hackmann oder von Geschäftsführer Heribert Bruchhagen. Hackmann sicherte zu, dass Fans zu Spielen, die nicht samstags gespielt werden, nicht mehr als 300 km reisen müssen. In jeder Saison gibt es Spiele wie z.B. Rostock gegen Freiburg oder Borussia Mönchengladbach gegen Cottbus an Sonntagen, alles Vereine, die nichts mit dem UEFA-Cup zu tun haben. Anstatt hier, wenn überhaupt, nur auf Derbys zu setzen, werden die unsinnigsten Konstellationen gewählt.

Bruchhagen sprach gerne davon, dass er die Interessen der Fans sehr ernst nähme. Dann müsste schon längst das Versprechen eingelöst sein, die exakten Spieltermine frühzeitig bekannt zu geben. Anstatt alle Termine zu vergeben und nur die Partien der verbliebenen UEFA-Cup Aspiranten nachträglich zu verlegen (wie im Rest Europas üblich), warten die Vereine bis teilweise zweieinhalb Wochen vor dem Spiel auf die exakte Ansetzung. In der Saison 2003/04 wurde erst am 9. September der am 27. des Monats stattfindende 7. Spieltag festgelegt.

Angesichts der Tatsache, dass die Forderungen an den so genannten „Runden Tisch" nur in einem Bruchteil umgesetzt wurden – in puncto 2. Liga ist gar nichts passiert – müssen wohl erst wieder Reaktionen in den Stadien dafür sorgen, dass den Interessen der Fans Rechnung getragen wird. Das ist in dieser Sache das Einzige, aber unser wirkungsvollstes Mittel. Denn nichts stört die DFL und ihre Kunden, also das Fernsehen und damit die Werbewirtschaft, mehr als Fans, die in den Stadien auf ihre Probleme aufmerksam machen. Sei es durch Riesentransparente in bester und nicht zu umgehender Kameraposition, sei es durch Spruchbänder, oder sei es durch Störung der Interviews im DSF nach den Montagsspielen. Erst so fällt auf, dass etwas nicht stimmt. Die Strategie war und ist, Punkte zu suchen, an denen sich die Interessen der Vereine mit denen von Pro Fans überschneiden.

Pro Fans ist auf diesem Weg nur eine Zwischenlösung, die im Ergebnis starke Fanvertretungen bei allen Vereinen installieren hilft, um im Erfolgsfall von außen zu koordinieren und ihre Themen weiterhin hoch hält, kommuniziert und Aufklärungsarbeit leistet.

Denn nur wenn in den Vereinen starke Fanvertreter sitzen, werden sich in Zukunft die Probleme der Fans mit ihren Vereinen, den Institutionen des Fußballs und der Gesellschaft als Ganzes abbauen lassen.

Wo ist der so genannte „Königsweg“ ?

Wie kann den Interessen der Vereine und den Interessen der Fans gleichermaßen Rechnung getragen werden? Die Antwort liegt schon in der Formulierung der Frage, denn um wen dreht es sich beim Fußball denn in Wirklichkeit? Nur um Vereine und um deren Fans! Alle anderen „Mitstreiter“ sind nur mittelbar beteiligt und sollten sich deren Interessen anpassen. Sicher haben die „Geldgeber“ und damit die TV-Anstalten Interessen zu vertreten, doch dies ist sekundär: Geht's den Fans gut, geht's den Vereinen gut. Geht's den Vereinen gut, geht's auch den Vermarktern (und damit dem TV) gut.

Daher muss die Strategie der Fans in Zukunft sein, über starke Interessenvertretungen in ihrem eigenen Verein soviel „Macht“ aufzubauen, dass der jeweilige Verein sie ernst nimmt, oder zur Not auch ernst nehmen muss. Nur dann lässt sich bundesweit etwas bewegen. Nur dann haben alle Fans die gleiche Basis, die gleichen Grundvoraussetzungen in ihren Vereinen, und nur dann werden die Vereinsvertreter in der DFL und beim DFB sich dem Thema „Fan“ ganz anders annehmen müssen.

Dass dies funktionieren kann, zeigen heute leider nur wenige Vereine. Es muss erst bei allen die Basis geschaffen werden, um richtig stark zu sein. Jeder Verein hat allerdings andere Grundvoraussetzungen, angefangen von „alten“ etablierten und über Jahrezehnte entwickelten Fan-Gemeinschaften und -Kulturen, bis hin zu Vereinen, die sich gerade über viel Geld und neue Stadien etablieren und erst jetzt „ihre“ Fan-Gemeinschaft aufbauen. Dennoch sind die Ur-Interessen der richtigen Fans bei jedem Verein gleich.

Und bis zu dem Tag, wo nicht bei jedem Verein starke Interessenvertreter aktiv werden, ist die Initiative Pro Fans der „Anwalt“ dieser Fans!

Michael Eichener

Der Decoder-Boykott

Die Kommunikationsguerilla kitzelte Kirch

„Wenn es so weiter gemacht wird, merkt der Zuschauer wirklich, dass er verarscht wird."

Rudi Assauer, Manager des FC Schalke 04

Und es rumorte gehörig in der Gang um Medien-Mogul Leo Kirch: Ausstehende Raten, die Kollegen Murdoch und Berlusconi im Nacken, Insolvenz, Abtritt. Krisensommer 2002 – sogar ein schwarzer Bildschirm stand kurzfristig zur Debatte. Die Besserwisser vom Bündnis Aktiver Fußballfans hatten es immer gewusst: Leo Kirch, seines Zeichens TV-Rechte-Mogul, musste früher oder später seinen Hut nehmen, denn niemand wollte mehr auch nur einen Cent in ihn werfen.

Das Beigbeder-Modell und sein Effekt

Schon ein Jahr vorher sparte BAFF nicht mit solchen Prognosen. Animiert durch den Roman „39,30" von Frédéric Beigbeder, der von der luftblasenleeren, aber wirksamen Slogansprache der Werbung handelt, erstellten einige BAFFler eines nachts in Berlin die Presseerklärung: „BAFF ruft Fans zum Boykott gegen Premiere-Decoder auf – ran gucken muss auch nicht sein." Nach kurzer Rücksprache mit der BAFF-E-Mail-Group wurde sie an über 200 Journalisten und Zeitungen gefaxt. Auf diesem Weg verließ alle drei Monate eine Fan-Erklärung das ächzende Faxgerät und fand nur selten Beachtung. Aber vielleicht konnte das Beigbeder-Modell, gemischt mit ein wenig Kommunikationsguerilla, doch etwas bewirken.

Und tatsächlich erzeugte es diesmal Telefonlawinen und E-Mailfluten aus allen Kabeln im privat untergebrachten BAFF-Büro. In nur fünf Tagen folgten über hundert Gespräche mit Journalisten aus ganz Europa. Gefilmt von Kamerateams der ARD nahmen BAFF-Mitglieder unterschiedlicher Vereine Peter „Abschalten!" Lustig beim Wort und zerstörten symbolisch einen Premiere-Decoder. Beim Kick mit dem Wrack demonstrierten sie im Berliner Jahn-Sportpark, dass man mit einer eckigen Gerätschaft unmöglich Bananenflanken schlagen kann.

BAFF beim Kick mit dem Wrack.

Von der *Süddeutschen Zeitung* bis zur französischen Nachrichtenagentur *AFP* titelten Blätter und Ticker vom „Decoder-Boykott“ der Fußballfans gegen den „Medien-Hooligan“ bzw. „média-hooligan“ Leo Kirch und sein Imperium. Dabei war das Vordringen in die *dpa-* und *AP*-Ticker die Initialzündung. Die Redaktionen reagierten scheuklappenbestückt auf die monopolistische Macht der Agenturen, die bestimmen, was überhaupt erst eine Nachricht ist.

„Wo ein Mann wie Dembowski [BAFF-Sprecher, d. Verf.] das Wort führt“, gipfelte es im *Spiegel*, „können auch die Politiker nicht schweigen. Genervt vom wochenlangen Hickhack meldete sich sogar der Kanzler aus seinem Italien-Urlaub zu Wort.“

„Zahl per Guck“ am Ende!?

Wie einfach es doch war, eine Kampagne zu starten, wenn die Keywords stimmten und die hohe indirekte Mitgliederzahl ihr Übriges dazu tat. Zwar sind nur ca. 25 Initiativen und 150 Einzelpersonen BAFF-Mitglied, aber die einzelnen Initiativen zusammen kommen immerhin schon auf über 4.000. Die Medien hatten angebissen. Das Inhaltliche kam dann strategisch erst in den langatmigen Journalistengesprächen und den Live-Interviews in Rundfunk und TV.

Anlass der erwähnten Presseerklärung war die Tatsache, dass das Kirch-Imperium verfügt hatte, keine Bundesliga-Kurzberichte mehr im öffentlich-rechtlichen TV am Samstagabend zuzulassen und sein Sat.1-Börsenmagazin mit Fußballtarnkappe *ran* bis 20.15 Uhr hinauszuzögern. Dahinter verbarg sich die schrittweise Verknappung der Ware und der Wille, neue Käufer für das eigene Bezahlfernsehen zu werben: „Für den Premiere-Decoder", so BAFF, „sollen immer mehr Wohnzimmermittelstürmer die Kirch-Steuer entrichten." BAFF sah einen weiteren „Mosaikstein im kommerziellen Kampf des Medien-Hooligans Leo Kirch für den Ausverkauf des Fußballs". Bis dahin hatte die Kirch-Gang über fast ein Jahrzehnt dem Fußball ihre ganz eigene Version übergestülpt.

Die überhöhte Kommerzialisierung und Eventisierung des Fußballs hin zu mehr Bezahlfernsehen bedeutet eine fortschreitende Privilegierung der finanziell besser Gestellten. Damit Fußball als TV-Spektakel funktioniert, muss er fernsehgerecht zugerichtet werden. Die Show soll kunterbunt und starfixiert sein. Für Stadionfans bedeutet das im übelsten Fall neue Hochsicherheitskäfige ohne Stehplätze, so genannte Arenen. Die Disziplinierungsmaßnahmen erwecken auch bei Auswärtsfahrten zunehmend das Gefühl, als gebe der Fan als Restrisiko mit dem Lösen des Zugtickets seine Grundrechte ab. Im TV werden seine ansonsten verbotenen Bengalfackel-Aktionen aber gern als optisches Antlitz des mittelständischen Wirtschaftsunternehmerfußballs gezeigt. Die Auf- und Überbewertung des TV-Fußballs und seiner Fans bedeutet bislang die gleichzeitige Abwertung der Stadionfans. Der Fan – auf der einen Seite des Bildschirms Kunde, auf der anderen Komparse.

So gesehen interessierte die ins Stadion gehenden Fans von BAFF die ARD-Kurzberichterstattung und die Verlegung von *ran* relativ wenig. Dies wurde zum Anlass, um über den Tellerrand zu schauen, mehr Fans wach zu rütteln und den aktuellen Aktionen der Fans um Pro15:30 zuzuarbeiten. So fragten diverse Journalisten nach der erfolgreichen Rückverlegung der tranigen *ran*-Sendung auf 18.30 Uhr bei BAFF an, ob denn nun die Sektkorken knallen. Nachdem die öffentliche Debatte die Einschaltquote über Wochen in ein Rekordtief manövriert hatte, hatte sich Sat.1 dem Zuschauerboykott gebeugt. Zum Erstaunen der Journalisten jedoch erklärten BAFF-Sprecher, dass dies lediglich Systemkosmetik sei. *ran* verwurstete den Fußball jenseits seiner ursprünglichen Dramaturgie zu einer eventlastigen Showberichterstattung, inszeniert von den Kommentatoren des Grauens um Jörg Wontorra. Wenn eine Begegnung mit Slowmotion-Lawinen, penetranten Sensationskommentatoren und verdeckenden Telefonwerbe-Clustern „verschönert wird", dann sieht man im Fernsehen einen ganz anderen Spielverlauf als im Stadion. Kommt heute ein von *ran* verseuchtes und vom DSF-Stammtisch angetrunkenes Kid zum ersten Mal ins Stadion, muss es wohl oder übel feststellen, wie erschreckend langweilig 90 Minuten Fußball in Echtzeit doch sein können. Spätestens seit dem Fankongress 1997, der dortigen Podiumsdiskussion mit dem damaligen Sat.1-Pressesprecher Jost Samson und *ran*-Journalisten Daniel Günther, fordert BAFF eine sportjournalistisch überarbeitete Fassung der monoton showhaften Quetschkommodenversion. Manchmal ist eben weniger mehr.

ran zeigt, überspitzt formuliert, wie sich der Durchfall von Baslers Ehefrau auf dessen Zweikampfverhalten auswirkt, wie Beckenbauer einen Kaugummi unter den Logentisch klebt – und wenn mensch mal den Fußball sieht, ist schon wieder Werbung. Mit der TV-Übersättigung haben Kirch & Co die Leidenschaft der Fans aufgegriffen und auf die Spitze getrieben.

Aus den Erfahrungen des BAFF in den Fankurven und den Zuschriften zum Decoder-Boykott geht hervor, dass viele Fans nicht mehr um jeden Preis die teuren Stars sehen wollen, die ohnehin nur bei den sechs großen Vereinen landen. Die Verpoppung von Stars zu *Bravo*-Posern hat ihren Zenit überschritten und taugt nur noch als Anhimmel-Dandyismus für Jaulkids. Die überdrehte Kommerzspirale bewirkt eine Zentrierung auf die großen Vereine und erhöht die Kluft zu den kleineren. Über sechzig andere Profiklubs gehen dabei zunehmend leer aus.

Die Großen müssen auch gegen die kleinen Mannschaften spielen können – in diesem modernen Zirkus muss es auch Gegner geben – in einem ausgeglichenen Wettbewerb. Fußball braucht die Überraschung. Der Fokus auf Bayern & Co. bewirkt ebenso einen „Kunden"-Run auf diese Vereine. Seit Jahren stehen Bayern München, Borussia Dortmund und Bayer Leverkusen oben – das wird langweilig, und die meisten Stadionfans betrifft das ohnehin nicht. Und gelangen die Großen mal wieder in die Champions-League, werden sie für ihren bislang erspielten Kontostand auch noch mit mehr immensen Zuwendungen bedacht. Der Markt regelt eben doch nicht alles. Erhebliche Mitschuld tragen die Vereine und der DFB, die immer mehr zur Nebensache ihres Handelns werden lassen. „Wenn es so weiter gemacht wird," meint Schalke-Manager Rudi Assauer mit gespaltener Zunge, „merkt der Zuschauer wirklich, dass er verarscht wird."

Längst bestreiten TV-Rechteeinheimser einen großen Anteil der Fußball-Vereinsetats und meinen deshalb ohne Einschränkungen herrschen zu können. Die Röhrengucker sollen sich exklusiv einschalten – so genanntes Zahl per Guck bei Premiere, und viel Geld zahlen, um den existierenden Decoder-Boykott zu brechen. Denn nicht genug Leute wollen diese Kiste wirklich, dementsprechend bleiben die Verkaufszahlen weit hinter den Erwartungen zurück. Diesen Überwachungskick für Geldbeutelprivilegierte, dessen Kamera-Armada zusätzlich zu aufgestellten Werbebanden den real anwesenden Besuchern die freie Sicht nimmt, um der Sesselpupsfraktion selbige zu ermöglichen.

Zehn Monate nach dem eher satirischen Aufruf zum Decoder-Boykott jedenfalls war Kirch insolvent. Da halfen ihm auch seine Bank-Beziehungen, seine Nähe zu bayerischen Landesgrößen und Geheimverträge mit dem FC Bayern München und DFB-Größen nicht viel. Die *taz* gratulierte BAFF sogar zur erfolgreichen Pleiteankurbelung.

Kohl und Kirch – lange Jahre hatten sie zuvor eine Allianz des „Werwolfkapitals" gebildet. Auch während der Decoder-Kampagne versuchten sich Politiker wahlförderlich in Szene zu setzen – und traten in Fettnäpfe: Kanzler Schröder sprach von steuerlichen Hilfen, weil er fälschlicherweise meinte, damit den Nerv der TV-Fans zu treffen.

„Der Ball ist rund, nicht eckig"

Sicher gibt es kein Fan- oder Menschen-Recht auf Fußball im TV. In Zeiten der Informationsbombe mit SMS-Ergebnisdienst, Videotext und Internet-Livetickern ist schließlich auch die Informationspflicht gewährleistet. Dass Fußball massenzugänglich oder wie Politiker es dann nennen – Volkssport – sein muss, entscheidet sich nicht durch das Fernsehen. Fußball ist so gegenwärtig, weil ihn so viele Menschen aktiv betreiben. Bevor populistische Politiker und benachteiligte Sender „Fußball, Fußball – Menschenrecht!" krakeelen, sollten zunächst existenzielle, gesellschaftliche Bedürfnisse wie z.B. soziale Versorgung, Bildung, medizinische Behandlungsmethoden, der öffentliche Platz als frei zugänglicher Treffpunkt, Zuwanderung oder Reisefreiheit wieder gesichert werden.

Doch es wird immer so weiter gehen, weil immer neue Unternehmen kommen. Die Ehe zwischen Fußball und Wirtschaft hatte bis zur Kirch-Firmenpleite, die die größte der deutschen Nachkriegsgeschichte wurde und den Baulöwen Schneider wirklich zu Peanuts degradierte, eine steile finanzielle Karriere gemacht. Da täuscht die erste und deswegen drastische Konjunkturschwankung nicht drüber hinweg.

Wenn man privat über seine Verhältnisse lebt, hat man vermutlich auch gute Seiten genossen. Entsprechend muss man auch dafür gerade stehen, seinen Standard zurückschrauben. Nach seinen Verkalkulationen um Premiere World musste das sogar Leo Kirch einsehen, der in einem Spiegel-Interview sagte: „Der Herr hat's gegeben, der Herr hat's genommen." Aber bei der Bundesliga wird das nicht der Fall sein: „Es gibt weiter Idioten, die da Geld reinbuttern", weiß BAFF.

Letztendlich sind die Vereine mitschuldig, da sie den Ausverkauf mit offenen Armen aufgenommen haben. Auch die Fans lassen sich ruhig stellen mit der zweischneidigen Wahrheit „Geld schießt Tore" oder dem national durchtränkten Ticket, dass „Deutschland" doch international mithalten müsse. Im übelsten Fall werden sie zur WM 2006 ihre neuen Turnhallen freiwillig mit Filzschuhsohlen betreten, um den Glamour nicht zu stören – falls genügend von ihnen überhaupt an Tickets gelangen.

Leo Kirch ist da nur eine austauschbare Figur. Er kommt davon, wie alle Kapitalhengste, die nur den Nichtsinn der Geldanhäufung zu ihrem Lebensfieber machen. Deshalb gilt weiter, was BAFF schon im Sommer 2001 formulierte: „Was nicht gekauft wird, wird irgendwann auch nicht mehr produziert. Geht ins Stadion, hört Radio, schnorrt Kirch-TV in Kneipen und Gaststätten! Wenn Fußball im TV, dann muss es Alternativen geben neben der *ran*-Verfälschung und seligschnarchigen Sportschau-Zeiten. Der Ball ist rund, nicht eckig." Deshalb wünschen nicht wenige Kirch und all jenen, die sich ihm als Nachfolger an seinen schleimigen Hals werfen werden, Dauerdurchfall, eitrige Pusteln und schuhresistente Schweißfüße mit den Namen Coco und Chanel. „Ballbesitz ist Diebstahl", meint BAFF, „vielleicht sollte der Fußball enteignet werden."

Gerd Dembowski

Vom Homeground zum Heimwerkermarkt

Der Kampf der Brighton-Fans

„As bulldozers close in upon our old, beloved home
and those who stand to profit rub their hands
so we gather here together in sad, angry disbelief
and for one last time our voices fill the stands.
This is no happy parting, but a battle-scarred farewell
though victory hopes are mingled with the tears.
And I, like you, will stand here as the final whistle blows
with memories which echo down the years…"
Attila the Stockbroker

Nach dem letzten Saisonspiel im April 2002 verdichtete sich die Illusion endgültig zur Realität: Brighton & Hove Albion FC hatte die rasanteste Veränderung hinter sich, die je ein englischer Fußballverein zurückgelegt hatte. Von der vierten Liga in die zweite am Stück durchzustarten, das haben schon einige geschafft. Aber eine Geschichte wie Brighton & Hove hat kein anderer Klub. Es handelt sich um ein Musterbeispiel für das, was einem Fußballklub passieren kann, wenn er im Zuge der Durchkapitalisierung des Fußballs aus der Bahn gerät.

Die tragische Geschichte des Brighton & Hove Albion FC, seit über achtzig Jahren in den englischen Profiligen vertreten, begann 1993. Zehn Jahre nach dem größten Vereinserfolg, dem Erreichen des Pokalfinales gegen Manchester United, war der Klub mit den Seemöwen im Vereinswappen in die Drittklassigkeit abgerutscht und stand mit rund drei Millionen Pfund Schulden kurz vor dem Konkurs. Zudem war das vereinseigene Goldstone-Stadion veraltet und genügte nicht mehr den Sicherheitsauflagen.

Wie aus dem Nichts tauchte ein vermeintlicher Heilsbringer namens Bill Archer auf, Direktor einer großen Heimwerkermarkt-Kette. Im Handstreich erwarb er zusammen mit seinem Partner Greg Stanley die Mehrheit im Klub für den Spottpreis von 56,25 Pfund – und plante „Großes". Es schien eine Ironie des Schicksals zu sein, dass Archer 400 Kilometer entfernt in Nordengland wohnte. Denn ein Fußballfreund war er nicht, schon gar nicht einer des Klubs von der berühmten Ferien-Seaside.

Der neue Präsident gewann David Bellotti, einen ehemaligen Parlamentarier aus dem nahen Eastbourne, als Generalmanager und verlängerten Arm vor Ort. Archer, Stanley und Bellotti versprachen den Fans, ein neues Stadion an der Peripherie zu errichten. Zwei Jahre später war immer noch nichts passiert.

Wem gehört das Stadion?

Dann förderte die lokale Zeitung *Evening Argus* schier Unglaubliches zu Tage: Das Präsidium hatte das Stadiongelände gegen die Bestimmungen des englischen Fußballverbandes (FA) und ohne Mitgliederbefragung für 7,4 Millionen Pfund an das mit Archer verbundene Konsortium Chartwell Development Properties verkauft.

Damit stand der Traditionsverein plötzlich ohne Spielstätte da. Das versprochene neue Stadion erwies sich als Lippenbekenntnis, als Seifenblase in einem von vornherein abgekarteten Spiel. Dann wurde ausgerechnet der Fratton Park des sportlichen „Lokalfeindes" Portsmouth FC als Ausweichplatz vorgestellt. Nicht verwunderlich, dass die Saison 1995/96 mit einer so genannten „Pitch Invasion" endete: Überzeugt davon, gegen York City zum Abstieg aus Liga Drei auch noch das letzte Heimspiel der Vereinsgeschichte im Goldstone-Stadion gesehen zu haben, stürmten die Fans den Rasen, rissen die Tore nieder und brachten so all ihren Unmut zum Ausdruck.

Drei Tage später und eine Stunde vor Ablauf eines neuen Ultimatums des Stadioneigners Chartwell Development willigte der Vorstand doch noch in ein neues Mietverhältnis für ein weiteres Jahr ein.

Das war nur ein Aufschub. Denn Archer und Bellotti hatten einen Passus aus der Vereinssatzung gestrichen, nach dem sämtliche Überschüsse aus einer Vereinsauflösung karitativen Zwecken zugute kommen mussten. Spieler wurden 1996/97 quasi weggeekelt, um den Verein zum Abstieg aus der vierten englischen Profiliga in die Amateurklasse zu schieben. Die Abwicklung eines Amateurklubs wäre rechtlich einfacher und mit weniger öffentlicher Beobachtung verbunden gewesen. Die Seagulls fielen also auch sportlich ans Ende der Division ab – wie eine lahme Taube, die vom Himmel trudelt.

Nun war endgültig klar, dass der Klub in die Hände von „Geschäftemachern" geraten war, die ihn absichtlich absteigen lassen wollten, um sich mit dem Profit aus dem Staub zu machen. So machten sie nur Scheinangebote, z.B. ein absurdes Stadionausweichprojekt in Toad's Hole am nördlichen Rand des Stadtteils Hove. Dazu kamen die vom Verein geforderten 480.000 Pfund Jahresmiete des alten Goldstone Grounds für die Saison 1996/97.

„Es ist unser Spiel!"

Die Fans protestierten zunächst mit Gesängen, Flugblättern und Leserbriefen in der lokalen Presse über ihre Brighton Independent Supporters Association (BISA). Sie vereinigte unabhängige Fans mit den örtlichen Fanklubs und setzte sich für ihre Mitbestimmung ein. Es begann eine Zeit, die der Verein auf seiner Homepage *www.seagulls.co.uk* im Rückblick als regelrechten „Krieg" bezeichnet.

BISA-Mitgründer Attila the Stockbroker alias John Baine sah 1997 zwar Reaktionen in der Öffentlichkeit, aber kaum den Willen zur Veränderung: „Die Football Supporters Association" (FSA) hält sich raus, die Football Association (FA) kümmert sich nur um die Premier Division und die Bewerbung Englands um die WM 2006", ärgerte er sich, „während ihre Verbandsregeln für Brighton nicht angewendet werden."

Eine neuerliche „Pitch Invasion", bei der mehrere Fans mit Transparenten während eines Spiels im Oktober 1996 auf das Spielfeld liefen, führte am 13. Februar 1997 per FA-Beschluss zu Punktabzug. Auch eine zeitweilige Besetzung des FA-Gebäudes in London durch Brighton-Fans konnte diese zusätzliche Schwächung nicht abwenden. Es folgten Protestaktionen vor dem Haus Archers im 400 Kilometer entfernten Mellor/Lancashire. Der Gesang „We want Archer out!" entwickelte sich schnell zum Gassenhauer.

Zum Spiel gegen Mansfield Town gab es einen Zuschauer-Negativrekord in der Vereinsgeschichte: Nur 1.933 Menschen kamen, weil die BISA zu einem Boykott aufgerufen hatte. Doch die Fans boykottierten nicht das gesamte Spiel: Irgendwann enterten sie die Ostseite des Stadions, um Manager David Bellotti wenig freundlich zu vermitteln, sofort das Stadion zu verlassen. „Es herrschte Anarchie", schreibt der Klub rückblickend auf seiner Homepage, „und der gehasste Bellotti wurde noch bei so einigen anderen Gelegenheiten vertrieben." Bellotti wurde nicht nur im Stadion mit scharfen Gesängen unter der Gürtellinie beschimpft, sondern sah sich eine Zeit lang auch im Alltag bedroht. Die BISA distanzierte sich von solchen Ausdrucksformen, „aber viele Fans können ihre Wut nicht zurückhalten", versucht Baine die Beweggründe der Fans zu verstehen. So sammelte er mit seiner Band Barnstormer auf Konzerten für einen Fan, der Bellotti in betrunkenem Zustand am Telefon bedroht hatte und dafür ins Gefängnis musste.

Die Frau des Vorsitzenden Archer, der nie ein Spiel im Goldstone-Stadion besucht hat, erlitt angesichts des öffentlichen Drucks einen schweren Herzanfall – dennoch gab er nicht auf. Er reagierte zunächst nicht auf das Konzept einer Oppositionsgruppe von Fans sowie einflussreichen Unternehmern und lehnte die Beauftragung eines Schiedsgerichts ab. Obwohl auch die Stadtadministration, Polizei und Medien landesweit seinen Alleingang verurteilten, stand das Schicksal des „Traditionsklubs" scheinbar unwiderruflich fest.

Nach dem Verlassen eines Spiels 15 Minuten vor dem Schlusspfiff und dem Boykott eines weiteren in der Saison 1996/97 wurde der Fall Brighton in den englischen Fußballfanszenen zu einem Symbol der gnadenlosen Kommerzialisierung des Fußballs, dem Sicherheitswahn und der Nichtbeachtung der Zuschauer.

Wenig später riefen BISA, das gewichtige Fanzine *Gulls Eye* und der weltweit verstreute, virtuelle Fanklub Internet Seagulls zum Fans-United-Day am 8. Februar 1997 auf. Aus ganz Großbritannien, Irland, Polen und Spanien kamen rund 11.000 Fans, um vor und während eines Heimspiels ihren Protest mit dem spontanen Slogan „Fans united – we'll never be defeated" zum Ausdruck zu bringen. Auch das Bündnis Aktiver Fußballfans (BAFF) war mit neun Vertretern aus Bochum, Darmstadt, Duisburg, Köln, Frankfurt und Mainz dabei. Überschwänglich wurden sie auf den „Terraces" begrüßt: „Eines Tages werden wir uns dafür revanchieren."

Zwischen Benefiz-Konzerten am Freitag- und Samstagabend, den Kundgebungen im Hove Park und vor dem Stadion folgte eine symbolische Menschenkette um das Stadionrund, bevor die Fans zum lautstarken Protestgesang in die Fankurven zogen. Um Präsident Archer

Der vielfältige Protest der Seagulls.

nicht unverhoffte Mehreinnahmen einzubringen, durchbrachen ca. 2.000 Fans spontan einen Zaun und kamen ohne Eintrittskarten gegen Hartlepool United ins Stadion. „It's our game, not theirs", war das Motto der BISA – bewusst wählte man nicht das bekanntere „Reclaim the game", der aus politstrategischen Gründen im Hintergrund gebliebenen Fanvertretung FSA. Im Stadion bot sich ein buntes Bild mit zahlreichen Transparenten, spontanen Gesängen und einer Choreografie aus hunderten von „Archer out"-Plakaten.

Auch das Brightoner Team reagierte auf die Kulisse und gewann zum ersten Mal seit fünf Jahren mit 5:0 – und das ausgerechnet gegen den direkten Konkurrenten um den Klassenerhalt Hartlepool United. Goalgetter Craig Maskell verewigte sich nicht nur mit einem Hattrick, sondern auch mit einer symbolischen, für Brighton-Fans unvergessenen Aktion. Nach dem Spiel lief er vor den heimischen North Stand, küsste den Ball und schoss ihn in den Fanblock – und erfüllte ihren fordernden Gesang: „We want our ball back."

„Wir werden weitermachen, denn Brighton ist nur der Anfang. Die Menschen hier haben nicht allein für Brigthon demonstriert, sondern für den Fußball, der den Fans gehört", resümierte Baine auf der Abschlussparty zwischen seinen Songs, Poems und dem eigens für diesen Tag gebrauten Fans-United-Bier. Zu der Zeit standen bereits sechs englische Profiklubs vor einem ähnlichen Schicksal.

Nach diesem Spiel begannen Team und Fans wieder sportlich an den Klassenerhalt zu glauben. Glichen die Heimspiele wegen des nahen Aus des altehrwürdigen Stadions und Klubs bis dato eher einem Begräbnis, entstand durch dieses Spiel und den Fans-United-Tag ein lauter neuer „Roar“ in den Fanreihen. Bis zum Ende der Saison verloren die Albions auf dem heimischen Goldstone Ground kein einziges Spiel mehr und gaben dort nur noch zwei Punkte ab. Das Tor zum 1:1 im letzten Spiel bei Hereford United bedeutete den so wichtigen Last-Minute-Klassenerhalt. Es ist äußerst fragwürdig, ob der Klub ohne dieses Tor durch den eingewechselten Robbie Reinelt heute noch existieren würde.

Doch zunächst blieben langfristig stabilisierende Bemühungen erfolglos. Zwar hatte sich das Team im letzten Spiel der Saison nach zehn Heimsiegen in Folge noch auf einen Nichtabstiegsplatz gerettet, aber der Verlust des Heimstadions konnte nicht verhindert werden. Nach 95 Jahren Fußball im Goldstone-Stadion wurde nach dem letzten Spiel am 26. April 1997 mit dem Abriss des 1902 erbauten Stadions begonnen.

Und der Klub musste ins „Exil“. Heimspiele fanden mit Beginn der Saison 1997/98 nicht mehr vor der eigenen Haustür statt, sondern 130 Kilometer entfernt an der Themse-Mündung, im Priestfield Stadion in Gillingham/Kent, das nur über Umwege von Brighton aus zu erreichen ist.

Der Vorschlag eines oppositionellen, fannahen Konsortiums um den lokalen Werbefachmann Dick Knight, im problemlos per Bahn zu erreichenden New Den von Millwall zu spielen, wurde aus Sicherheitsgründen von der Metropolitan Police verhindert. Immerhin verpflichtete die FA den Klub, innerhalb von drei Jahren eine Rückkehr zu bewerkstelligen.

Die Seagulls müssen ins Exil

Das erste Heimspiel der Saison 1997/98 in Gillingham geriet zu einer eindrucksvollen Demonstration. In der Vorsaison hatten noch durchschnittlich 5.500 Zuschauer das Team unterstützt. Nun, hin- und hergerissen zwischen der Entscheidung, entweder ihrer Mannschaft den Rücken zu stärken oder die Heimspiele zu boykottieren, machten sich rund 3.000 Fans auf die zweistündige Zugfahrt nach Gillingham. Statt der üblichen Gesänge herrschte vor dem Stadion, wo die Fans von einem massiven Polizeiaufgebot erwartet wurden, Totenstille.

Nach dieser Aktion beschlossen die größten Fangruppen von Brighton & Hove, die Spiele in Gillingham zu boykottieren. „Eigentlich wollten wir das erste Spiel ja auch schon boykottieren", sagte John Baine, „doch das konnten wir der Mannschaft nicht antun. Aber es wird das einzige Spiel hier in Gillingham sein, zu dem Brighton-Fans kommen. Erst wenn Archer und Belotti weg sind, kommen wir wieder. Solange werden wir nur noch zu Auswärtsspielen fahren." Sinnbildlich konnte nur ein einziges Spiel in dieser Saison „zu Hause" gewonnen werden.

Am 2. September 1997 gelang es der Interessengemeinschaft um Dick Knights Opposition, 50,5% der Anteile am Klub zu erstehen, wodurch die Macht des Bill Archer gebrochen wurde. Knight sicherte den Fans Zusammenarbeit zu und verhandelte mit der BISA, um eine Rückkehr der Spiele nach Brighton einzuleiten.

Inzwischen hatte die Chartwell Development das Grundstück des zerstörten Goldstone-Stadions für 24 Millionen weiter verschoben, worüber die renommierte Zeitung *The Guardian* schrieb: „Sogar bei veranschlagten Entwicklungskosten [für den Heimwerkermarkt, d. Verf.] von fünf Millionen Pfund wird der Nettoprofit bei zehn Millionen Pfund liegen."

Die Zusammenarbeit zwischen Dick Knight und den protestierenden Seagulls fruchtete, so dass der Bau eines neuen Stadions beim Stadtrat beantragt werden konnte. Als Übergangslösung schlug die Interessengemeinschaft vor, zur Saison 1998/99 provisorisch in das Leichtathletik-Stadion Withdean zurückzukehren. Die Kampagne „Bring home the Albion" war ins Leben gerufen und wollte im Falle leerer Versprechen sogar eine eigene kommunale Partei gründen, die Seagulls Party. Angesichts der anstehenden Kommunalwahlen 1999 und der Fan-Lobby in der Brightoner Bevölkerung waren die alteingesessenen Parteien gewarnt.

Unterdessen war eine Fangruppe zur Organisation günstiger Fahrten nach Gillingham entstanden, und der Besuch der auswärtigen Heimspiele setzte wieder ein. John Baine wurde als Attila the Stockbroker neuer Stadionsprecher, berichtete am Mikrofon über den aktuellen Stand der Vereinsentwicklung und ermutigte die Fans zur Aufrechterhaltung ihrer Aktionen.

Die Spiele in Gillingham lockten indes auch solidarische Interessierte aus dem Umkreis an. Baine unterlegte seine Ansagen mit Punkrock von The Clash über Jam bis Chumbawamba – und es ist bis heute ungewöhnlich für Fußball, wenn im Stadion z.B. „Anarchy in the UK“ von den Sex Pistols erklingt. Als offizieller „Poet in Residence“ machte er es sich darüber hinaus zur Aufgabe, die aktuelle Geschichte des Vereins und der Menschen drum herum lyrisch zu verpacken, was man in seinem Gedichtband „Goldstone Ghosts“ seit 2001 nachvollziehen kann.

Am 14. Februar 1998 spielte Brighton in Gillingham gegen Doncaster Rovers, die in diesem Jahr ähnlich bedroht waren wie Brighton zuvor. Ein Vorstandsmitglied hatte dort sogar versucht, die baufällige Tribüne des heimischen Stadions anzuzünden, um die Versicherungsprämie abzukassieren. Gemeinsam organisierten Rovers- und Brighton-Fans einen zweiten „Fans-United-Day“ an eben diesem Valentinstag. Zum Valentinstag schenken sich die Menschen in England Herzen aus Schokolade und Pappmaché und so hieß das Motto dieser Veranstaltung: „Das Herz des Fußballs“. Während die Brighton-Fans ihr Gegenüber mit blauen Pappherzen beschenkten, erwiderten die Doncaster-Anhänger dies mit Herzen in ihrer roten Vereinsfarbe. Als ironischen Hinweis auf den Feuerteufel im eigenen Vorstand trugen viele Rovers außerdem gelbe Feuerwehrhelme.

Durch diesen zweiten englandweiten Protesttag, zu dem abermals 27 Delegierte des Bündnisses Aktiver Fußball Fans von Hamburg bis Saarbrücken anreisten, wollten die Betroffenen in einer pressewirksamen Aktion auf die Bedeutung des Fußballs jenseits der medien- und geldbombardierten Premier League hinweisen. Es sollte deutlich gemacht werden, dass bedeutend mehr Menschen die Spiele in den Ligen unter der Premier League besuchen. Der Protesttag richtete sich aber auch gegen die überhöht kommerzielle Unterwanderung der Klubs, da – betrachtet man die Entwicklung in den Ligen jenseits der Eliteliga – Brighton nur der Anfang dieses Ausverkaufs des Fußballs war.

Zurück im eigenen Nest

Nach zwei Jahren im „Exil“ gelang es nach Brighton zurückzukehren – ins für englischen Fußball ungewöhnliche Withdean Stadion. Es wurde in den 1930er Jahren für Davis-Cup-Spiele (Tennis) gebaut und hatte sich nun vielmehr zu einem Leichtathletik-Stadion inmitten eines Vorort-Parks von Brighton entwickelt. So mancher Gegner, der zum ersten

„Attila the Stockbroker – ein Leben für die Seagulls."

Mal in Withdean ein Ligaspiel bestritt, verglich das Ganze spöttisch mit einem UI-Cup-Spiel irgendwo ganz weit draußen in Norwegen. Aber die Seagulls waren zu Hause. Und wie sehr sie sich zu Hause fühlten, das sollte sich in den folgenden zwei Saisons eindrucksvoll herausstellen.

Zunächst galt es, die Anwohner zu beruhigen, die es gar nicht gerne sahen, dass nun alle zwei Wochen eine Horde chaotischer Fußballfans über ihre Withdean-Anlage herfallen sollte. Unermüdlich, wie die Fans von Brighton & Hove Albion zu sein scheinen, schufen sie auch hier Abhilfe und organisierten eine eigene Aufräumkolonne. Dann war der Weg zur Rückkehr endgültig frei:

„We stood together, and together greet this happy day:
for all the small clubs in distress, our struggle points the way.
It's our game, let's reclaim it: give the profiteers the sack.
We did it – you can do it too. The Albion are back!"

Dies dichtete Attila the Stockbroker zum ersten wirklichen Heimspiel seit langer Zeit im August 1999. Und die Seemöwen gewannen nicht nur dieses Match gegen Mansfield mit 6:0, sondern Spiel um Spiel – und wurden prompt Meister der vierten Profiliga. Ein unglaubliches Geschenk pünktlich zum hundertsten Klubgeburtstag. Der große

Hoffnungsträger wurde der junge Stürmer Bobby Zamora mit 31 Saisontoren, der es in die U21-Auswahl Englands schaffte und trotz vieler Angebote erst Mitte 2003 zu Tottenham Hotspurs wechselte.

Und dem nicht genug: In der Saison 2001/2002 schafften die Albions das, was Fußballfans einen „Durchmarsch" nennen und die Gebrüder Grimm nicht besser hätten daherfabulieren können: Brighton wurde ohne große personelle Veränderungen nach dem Aufstieg auf Anhieb erneut Meister, nun der dritten englischen Profiliga. In der zweiten Liga, der First Division, entschied erst der letzte Spieltag den sofortigen Wiederabstieg.

Nach einer Investition von zwei Millionen Pfund durch den Verein konnte die Zuschauerkapazität immerhin auf etwas über 7.000 erhöht werden. Da das Besucherinteresse im Umkreis höher und Withdean auch servicetechnisch nicht ausbaufähig ist, war allen Beteiligten von Anfang an klar, dass dies nur eine provisorische Übergangslösung sein konnte.

Schon seit 1998 gab es Pläne für ein neues Stadion, das 25.000 Menschen fassen sollte. Das multifunktionale Konzept soll nicht nur den Fußballfans, sondern möglichst vielen Einwohnern Brightons zugute kommen. Multifunktional bedeutet hier nicht eine reine Eventhalle für Brot und Spiele, sondern auch Kombinationsprojekte mit nahen Schulen und Universitäten, ein Ärztezentrum, Konferenzräume oder Kindergärten. Mit dem Musiklabel „Skint" des weltberühmten Brighton-Fans DJ Norman Cook, alias Fatboy Slim und ehemaliges Bandmitglied der Housemartins, hatte Brightons Präsident Dick Knight 1999 einen verlässlichen Haupttrikotsponsor gefunden, der an einem längeren Klubinvestment und dem endgültigen Aus für die Baulöwen-Chimäre Bill Archer interessiert war.

Aus vier Vorschlägen wählte sich die Bevölkerung Brightons Falmer heraus, ein Gebiet im Südwesten Brightons. Da aber auch hier die Pläne immer wieder in der Schublade verschwanden, konnten die Fans immer noch nicht zur Ruhe kommen und sammelten sich unter dem Motto „Falmer for all" auf ein Neues. Bis zum Redaktionsschluss dieses Buches kämpften Fans, Verein und Stadt noch immer für das Community Stadium: „*It's onwards now and upwards / So, Council, listen here!*", schrieb Attila the Stockbroker nach der zweiten Meisterschaft, „*We need a proper stadium. / Now get your arse in gear!*" Den Fußballfans wäre es nach all der Odyssee und den Gefühlsbädern mehr als zu wünschen.

Mittelfeld

Gerd Dembowski / Ronald Noack

Am Tatort Stadion

Neonazistische Beschleuniger in Deutschlands Fußballfanszenen

Wenn Rassismus keine Meinung ist, sondern ein Verbrechen, werden auch Fußballstadien und ihr Umfeld kontinuierlich zum Tatort. Neben Torjubel und Tränen werden die Zuschauerränge für eine aktive Minderheit häufig zur Bühne ihres neonazistisch orientierten Lifestyles. Sie nutzt Fußball als Ventil für diskriminierende Strömungen, die im alltäglich tolerierten Rassismus verwurzelt sind. Auch Antisemitismus und Sexismus sind gesamtgesellschaftliche Realitäten, die im Fußball wie durch eine Lupe an Schärfe gewinnen.

Je nach Situation, Stimmgewalt und gegnerischem Team, aber auch je nach Nichtverhalten und fehlender Positionierung des eigenen Vereins, kann die aktive Minderheit von Rechtsaußen entsprechend große, anonyme Massen mitreißen.

Kein Wunder also, dass neonazistische Gruppierungen spätestens seit Beginn der 1980er Jahre versuchen, Fan- und Hooliganszenen zu unterwandern, um Nachwuchs zu rekrutieren. Im Fußballumfeld handelt es sich nicht nur um irgendwelche „Nazi-Aliens“, die sportsfremd im Stadion landen, um „unseren schönen“ Fußball zu missbrauchen – wie es von Vereinen bis Regierung bisweilen gern gepredigt wird. Mindestens seit den 1980er Jahren bildet sich eine Kontinuität rechter Fußballfankultur heraus. Dabei sollte nicht der Fehler fortgeschrieben werden, den oftmals Medienberichte transportieren. Sie werfen Hooligans gern per Handstreich mit Neonazis, neonazistischen Skinheads (nachfolgend Boneheads genannt) bzw. rechten Jugendlichen in einen Topf. Solche Pauschalisierungen verfehlen die Realität. Generell gilt gar nichts: Nicht alle Hooligans sind Neonazis, Boneheads oder rechte Jugendliche. Und: Neonazis, Boneheads oder rechte Jugendliche gehören nicht per se zu den örtlich etablierten Hooligan-Gruppen. Sicher existieren personelle Überschneidungen. Die Zusammensetzung der Szene unterscheidet sich jedoch von Ort zu Ort, je nach Entwicklung des Vereins und der örtlichen Fan- oder Repressionskultur.

Hooligans sind in erster Linie gewaltorientiert, und ihnen geht eine übermäßige Betonung von politischen Inhalten, zumindest vordergründig, gegen den Strich. Sicher gibt es auch Hooligans, die sich offen als „Rechte" bezeichnen würden – und latent rechts sind viele, auch wenn sie sich auf den ersten Blick selbst nicht so einordnen würden. Viele stehen – zumindest unterschwellig – für typische Eigenschaften ein, die besonders zum rechten, neonazistischen Weltbild gehören. Es gibt Überschneidungen bei klassisch männlichen Haltungen: Männerbündelei, Chauvinismus, „hart sein" als absolutes Ideal. Darin treffen sich Hooligans inhaltlich und in ihren Ausdrucksformen mit Neonazis, Boneheads bzw. rechten Jugendlichen. Auf rechtsorientierte Jugendliche übt dieses harte Auftreten einen starken Reiz aus: Sie können mit relativ leichtem Aufwand Überlegenheit und Stärke simulieren.

Beide Gruppierungen verbindet eine Brutalität, die oftmals durch die gewaltförmige Sprache der Presse und des Fernsehens oder durch das Verhalten einzelner Spieler, Trainer und Funktionäre gespiegelt wird.

Viele setzen sich mit ihren Mitteln, Möglichkeiten und einfachen „Wahrheiten" gnadenlos gegen potenzielle Konkurrenten durch, im Notfall bis zu ihrer „Vernichtung". Bestätigt wird dies durch die Doppelmoral des Fußballimperiums, die auch bei Fußballfans ähnlich zweischneidig diskutiert wird: Einerseits brauchen die Fußballmacher das Geld, um zum Mithalten im sportlichen Wettbewerb Spieler aus „dem Ausland" zu bieten, andererseits brodeln verkürzt geführte Debatten über so genannte „Ausländerbeschränkungen" zum Wohle des deutschen Nachwuchses. Nach einer Gesetzesänderung ist es Dritt- und Viertligisten seit Februar 2002 nicht mehr erlaubt, Spieler aus Nicht-EU-Ländern zu verpflichten. Eine Ausnahmeregelung gibt es aber für Sportler aus Australien, Island, Israel, Japan, Kanada, Malta, Neuseeland, Schweiz und Zypern. Nicht-EU-Ausländer, die vor der Inkraftsetzung in Deutschland spielten, durften bleiben, vorausgesetzt sie wechselten nicht ihren Verein. Wozu das führen kann, bekamen 2003 Constant Ikollo und Ibrahim Salifou aus Kamerun zu spüren. Weil ihr Verein SG Höchst Insolvenz anmeldete, liebäugelten sie mit einem Wechsel zu Viktoria Aschaffenburg. Schon von der Abschiebung bedroht, durften sie kurzfristig nach Eschborn (Ikollo) bzw. Oberhausen (Salifou) wechseln. Weniger „Glück" hatte der afrikanische Spieler Bachir Kaba von den Offenbacher Kickers. Laut *Bild* vom 10. Oktober

2003 konnte er nicht einmal seinen Heimflug bezahlen, so dass seine Mannschaftskameraden für seinen Rückflug sammelten. Es bleibt also nicht bei der „schnöden Theorie".

Nicht nur Medien, Funktionäre, Trainer und Spieler können als Beschleuniger von rechten Ressentiments und Gewalt wirken, sondern auch die Akteure der Tagespolitik. Es entsteht eine Wechselwirkung. So wie die Beschneidung des Asylrechts unter Innenminister Manfred Kanther Ende der 1990er Jahre, kann auch ihre rigorose Fortführung durch seinen Nachfolger Otto Schily einen nationalistischeren Umgang mit der eigenen Identität befördern.

„Ausländer" werden zunehmend danach beurteilt, ob sie nützlich für „dieses" Land sind. Solche standortnationalistische Politik ist das Schmierfett im Getriebe der Fremdenfeindlichkeit und des Rassismus in Deutschland. Mitläuferische, vor allem jugendliche Fußballfans können sich so als vollstreckende Speerspitze der Gesellschaft fühlen. Dazu kommt bei Jugendlichen oftmals der Wunsch, sich von den Eltern abzugrenzen, indem man z.B. „eine Spur heftiger drauf" ist. In vielen Fällen können sie sich rechtfertigen, lediglich das offen auszusprechen oder gar umzusetzen, was „die da oben" oder sogar die Familie am Küchentisch verbreiten.

Vom „Kühnen-Gruß" zur „Borussenfront"

Auf die Frage, wo er rechte Gesinnungsgenossen rekrutiere, antwortete schon 1983 der mittlerweile verstorbene Bundeswehrleutnant Michael Kühnen, zuerst Anführer der heute verbotenen Aktionsfront Nationaler Sozialisten/Nationaler Aktivisten (ANS/NA), danach der Freiheitlichen Arbeiterpartei (FAP): „Unter Skinheads und Fußballfans, die uns sehr helfen, aber politisch noch nicht ganz zu uns gehören." In der fünften Nummer seines Rundbriefes „Die Innere Front" rief er zum Kampf um die Stadionkurve auf. Die Hamburger ANS-Kameradschaft hatte den Auftrag, „den Einfluss unserer Bewegung auf Skinheads, Fußballfans usw. auszudehnen".

Anlässlich des ersten toten Fans bei Fußballausschreitungen in Deutschland (Adrian Maleika, Werder Bremen, nach Steinwürfen von HSV-Fans, 1982) diagnostizierte der Spiegel: „Immer häufiger erweist sich Gewalttätigkeit als politisch motiviert, sind auf den Rängen Rechtsextremismus und Rassenhass im Spiel." In einem Zwischenbericht bestätigte das Fanprojekt Bremen 1983: „Nazistische Problemlösungsmodelle scheinen viele Jugendliche heute zu faszinieren; auch die Fußballfans sind hiervon nicht ausgenommen."

In den 1980er Jahren folgten im Umfeld von Fußballspielen immer mehr Fangruppen den Aufrufen der politischen Ultrarechten, AusländerInnen zu jagen. In einigen Städten stellten Fans gelegentlich den Saalschutz für neonazistische Versammlungen oder Ordner für Nazidemos. Eine breite Medienöffentlichkeit erreichten Berichte über rechte Rekrutierung in der Dortmunder „Borussenfront" – mit ihrem mehrfach verurteilten Anführer Siegfried „SS-Siggi" Borchardt. Auf einer Demonstration 2000 in Berlin gegen Reisebeschränkungen für Hooligans, trat er noch immer als Respektsperson unter den so genannten „Althauern" auf.

Die „Borussenfront" verteilte NPD-Propaganda für die „Aktion Ausländerstop", schmückte sich mit Naziabzeichen, eröffnete ihre Clubtreffen mit „Sieg Heil!"-Rufen und einer eigenen Version des verbotenen „Horst-Wessel-Liedes": „Borussenfront marschiert mit festem Schritt und Tritt!" Es blieb nicht bei Drohungen. Permanente Angriffe gegen AusländerInnen feierten sie in internen Schriften als Heldentaten.

Einige große und viele familiäre Fanklubs – mit den von Aufnähern übersäten „Kutten" als Erkennungszeichen – dominierten in den

Die Dortmunder „Borussenfront" in Aktion.

1980ern das Kurvenbild. Versuche gezielter Einflussnahme auf führende Fanklubs bildeten auch andernorts die Strategie neonazistischer Unterwanderung.

Einige Mitglieder der Fanklubs „Adlerfront" und „Presswerk" der Frankfurter Eintracht standen zeitweise in Verbindung mit der terroristischen „Wehrsportgruppe Hoffmann", verteilten Flugblätter und Einladungen zu Schulungsvorträgen über die „Auschwitz-Lüge". Beim Karlsruher SC spielte der Fanklub „Phönix" eine vergleichbare Rolle, bei Hertha BSC Berlin sprachen Fanklubnamen wie „Endsieg", „Zyklon B" oder „Wannseefront" für sich. In Stuttgart nannte sich ein Fanklub ganz offen „NF", benannt nach der neonazistischen „Nationalen Front", die auch beim KSV Hessen Kassel rekrutierte. Vorsitzender des Aachener Fanklubs „Alemannia Supporters" war Norbert Metzen, bundesweiter Vertreiber deutschnationalen Merchandisings. In seinem Umfeld fand laut *taz* 1985 in Aachen ein Fanturnier als Rekrutierungsveranstaltung statt. Heute ist Metzen mit seiner Firma „Metzen Athletic" ein angesehener Geschäftsmann, der auch Teams der Eishockey-Bundesliga einkleidet.

Im Fachblatt *Kicker* outete sich ein Mitglied der Mönchengladbacher „Sturmtruppen" als „nicht gerade ausländerfreundlicher" NPD-Sympathisant. In Hannover trugen die „Roten Wölfe" die Hakenkreuzfahne ins Stadion, beim Hamburger SV waren dafür die Fanklubs „Löwen" und „Savage Army" mit Verbindungen zu Kühnens ANS zuständig. Ehemalige Mitglieder der „Savage Army" sind laut *Hamburger Morgenpost* 2001 in der persönlichen Schutztruppe des damaligen Hamburger Innensenators Ronald B. Schill untergekommen.

Die Liste ließe sich ergänzen. Wenn es auch kaum gelang, ganze Fangruppen längerfristig und komplett an feste Neonazi-Strukturen zu binden, so waren doch in jedem Standort der Bundesliga Auffälligkeiten zu beobachten. Rassistische Provokationen und überhöhter Nationalismus gehören seit den 1980ern fest zum Fußballalltag.

Über Rechtsaußen durch die 1990er

Während es in den 1980er Jahren zu Überschneidungen mit Fanklubs kam, etabliert sich seit Mitte der 1990er eine sich fortwährend erneuernde, rechte Jugendkultur als Auswirkung eines allgemeinen Rechtsrucks in der Gesellschaft. Dass die Dschungellaute gegen dunkelhäutige Spieler Mitte der 1990er Jahre verhallten, bedeutete nicht, dass der Rassismus aus den Stadien verschwand. Einige Gesänge, Symbole und ein martialischer Kleidungsstil überdauerten. Rassismus und Nationalismus passieren verdeckter bzw. sind in mancher Spielart mittlerweile gesellschaftlich sanktioniert oder gar legitimiert – in einem neuen, selbstbewussteren Deutschland nach der Wiedervereinigung und dem Hauptstadtumzug von Bonn nach Berlin.

Die Nationalmannschaft stabilisierte sich als der Anziehungspunkt schlechthin für Fans, die diskriminierende Parolen brüllen und Nazi-Symbolik ins Stadion tragen. Eine Mischung aus Provokation, Gewaltbereitschaft und rechten Strukturen nutzte die Plattform Länderspiel öffentlichkeitswirksam für ihre Interessen. Situationsabhängig fanden und finden neonazistische Gruppen und Provokateure, die der Fanszene durchaus nahe stehen, in Teilen des Publikums Zustimmung und Mitläufer. Hooligans verschiedener Ligavereine schließen zu Länderspielen ihren Burgfrieden, um gemeinsam zu agieren. Exemplarisch für die Qualität der Ausschreitungen stehen die Ereignisse von Zabrze 1996 und Lens 1998.

Fast genau zum 57. Jahrestag des deutschen Nazi-Überfalls auf Polen, wenige Kilometer vom Ausgangspunkt des Krieges und nur ca. 30 Kilometer von Auschwitz entfernt, wurde das Freundschaftsspiel in Zabrze, dem ehemaligen „Hindenburg", angesetzt. Das Stadion trug früher den Namen „Adolf-Hitler-Kampfbahn". Neonazis waren es, die auch ein halbes Jahrhundert später den Auftritt der deutschen Fans in Polen dominieren sollten.

Bei der Anreise grölten rechte Hooligans volksverhetzende Parolen, die sich klar auf historische Verbrechen der Deutschen bezogen: „Hindenburg liegt gleich bei Auschwitz", „Heute gehört uns Deutschland und morgen die ganze Welt", „Wir fahren nach Polen, um Juden zu versohlen" etc. Angeführt wurde der deutsche „Mob" von Berliner Kadern. Bei der Nationalhymne hob ein großer Teil des deutschen Fanblocks den rechten Arm zum Hitlergruß und stimmte anstatt der dritten, die erste Strophe „Deutschland, Deutschland über alles..." an. Zu Beginn der 2. Halbzeit wurde TV-gerecht ein Transparent entrollt: „Schindler-Juden – Wir grüßen euch". Die Anspielung auf Oskar Schindler, der Juden vor dem Holocaust rettete, offenbarte eine neue Qualität neonazistischer Propaganda. Während des gesamten Spiels wurden Hasstiraden gegrölt, Bänke aus der Verankerung gerissen, Wurfgeschosse geschleudert, polnische Ordner und Polizisten angegriffen. Flankiert von Sicherheitskräften zog der deutsche Mob im stampfenden Gleichschritt und unter Absingen des „Horst-Wessel-Liedes" zum Bahnhof. Das Spiel zeigte Parallelen zum Spiel Niederlande – Deutschland 1996 in Rotterdam, das wegen massiver rassistischer Sprechchöre deutscher Hooligans in der Halbzeit kurz vor dem Abbruch stand.

Auch zum Länderspiel gegen Jugoslawien bei der WM 1998 in Frankreich mischten sich ca. achtzig Neonazis „mit der Reichskriegsflagge in der Hand", so die *Süddeutsche Zeitung* unter die fast 700 deutschen Hooligans. Schon Wochen vor dem Spiel gaben Neonazis des „Siegener Bärensturms" auf ihrer Homepage bekannt: „...freuen uns auf gepflegte Games anlässlich des Frankreich-Überfalls" – ein klarer Bezug zum Angriffskrieg der deutschen Wehrmacht unter Nazi-Führung im Zweiten Weltkrieg. Solche Parallelen hatten auch schon andere Fanklubs zur Europameisterschaft in Frankreich 1984 szenewirksam hergestellt.

Vor Ort steigerte man das Zusammengehörigkeitsgefühl über Sprechchöre wie: „Wir sind wieder einmarschiert." Kaum jemand distanzierte sich. In Lens fanden randalegeile Hooligans, rechte Hooligans, organisierte Boneheads und diverse Mitläufer ihren kleinsten gemeinsamen Nenner: Gewalt.

Am Spieltag begannen organisierte Neonazis auf der „Straße des Friedens" in der Innenstadt von Lens offensiv damit, deutsche Fans anzustacheln: „Jetzt könnt ihr beweisen, dass ihr Deutsche seid..." Nach gemeinsamen Aufmärschen mit Neonazis verletzten deutsche Hooligans den französischen Polizisten Daniel Nivel lebensgefährlich. Einer der Täter, Frank Warnecke, war als Neonazi in Hannover stadtbekannt.

Besonders seit 1996 verzeichnen Fanprojekte und Polizei wieder verstärkt Jugendliche mit rechter Symbolik und Parolen in den Fankurven. Vor allem im Bundestagswahlkampf 1998 fielen rechte Parteien und Gruppierungen um die NPD und DVU in verschiedenen Stadien durch das Verteilen von Wahlkampfmaterial auf. In Duisburg wurden jugendliche rechtsgerichtete MSV-Fans zu Kameradschaftsabenden mit Reden und Neonazi-Merchandising eingeladen. 1996 stand im Jugendschutzbericht der Duisburger Polizei: „Seit ca. drei Monaten fällt eine neue Fußballgewaltgruppierung auf: ‚Die Glatzen'.

Die Mehrheit der Mitglieder hat extrem kurze Haare und kleidet sich mit schwarzen Bomberjacken und Springerstiefeln. Es dürfte sich um eine rechte Gruppierung handeln." Die drei verurteilten Mörder Oliver Pauckstadt (damals 21), Stefan Eminger (damals 20) und Gordon Biberger (damals 17) des 1999 getöteten Egon E. in Duisburg-Walsum, waren zu diesem Zeitpunkt Boneheads aus dem Umfeld des MSV Duisburg, hatten sich dort kennen gelernt und wurden Tage nach der Tat vor einem Heimspiel des MSV gegen den SC Freiburg auch gemeinsam verhaftet.

In Siegen fasste die neonazistische Aufbauorganisation „Sauerländer Aktionsfront" (SAF) Fuß. Sie organisierte über den „Siegener Bärensturm" den deckungsgleichen Fanklub „Siegener Bären" und das Fanzine Bärenruf. Im örtlichen Leimbach-Stadion forderten diese Siegener Fans 1995 mit einem Transparent die Freilassung von Gerhard Lauck, Führer der NSDAP/Auslands- und Aufbauorganisation.

Der Hamburger Verfassungsschutz berichtete 1999: „Ein weiterer Anziehungspunkt für Skinheads aus Hamburg und dem gesamten norddeutschen Raum sind nach wie vor die Spiele des HSV. (...) Zugenommen haben dagegen Versuche von Neonazis und politisch aktiven Skinheads, durch Verteilen von Propagandamaterial (Probeexemplare von Zeitschriften, Flugblätter, Aufkleber, u.a.) und Einladungen zu Demonstrationen unter den jugendlichen Fußballfans Interesse für ihre rechtsextreme Ideologie zu wecken." In ihrem Jahresbericht 1999/2000, bestätigte die Zentrale Informationsstelle Sport (ZIS) der Polizei die Präsenz rechter Fußballfans im Bereich der Bundesliga mit einem Anstieg von 8%, in der 2. Bundesliga gar um 115%.

Mit Codes ins neue Jahrtausend

„Es ist ‚in' rechts zu sein", stellte der Düsseldorfer Fanprojektler Dirk Bierholz in einem Interview mit der *Neuen Ruhr-Zeitung* im August 2000 fest. „In Hannover", so Gewaltforscher Gunter A. Pilz am 6. April 2001 zu *Die Woche*, „sind bei Demonstrationen gegen die Wehrmachtsausstellung oder Konzerten von Skinhead-Bands Leute aus der Fankurve anzureffen."

Hierbei drückt sich rechte Symbolik nicht mehr nur in martialischem Auftreten aus, sondern auch in ständig wechselnden Codes, um z.B. die Stadionordner zu täuschen. Aber auch eindeutige Parolen sprechen weiterhin für eine eindeutige, z.B. antisemitische Ideologie und eine Vernetzung mit organisierten Strukturen: „Wir bauen eine U-Bahn von XY nach Auschwitz“ oder „Hier marschiert der nationale Widerstand“.

Doch im Alltag der oberen Ligen ist die Ausdrucksform der Neonazis und ihrer zumeist jugendlichen Mitläufer subtiler, verdeckter geworden. Nicht ohne Grund investiert die Bekleidungsfirma „Lonsdale“ regelmäßig in antirassistische Kampagnen, um ihr Image aufzupolieren, für das sie nichts kann: Jahrelang hatten Hooligans und Neonazis sie getragen, um bei offener Jacke nur noch die Buchstaben „NSDA“ zu präsentieren.

Eindeutige Symbolik oder Rufe wurden abgelöst durch Kleidung der Marken „CoNSDAPle“ oder „Walhall“. Shirts haben den Aufdruck „Hatecrime“ oder „Masterrace“ und paaren sich oft mit Flammen und so genannten „Tattoo-Tribals“ aus der Rockerszene. Schals verarbeiten

Die Ausdrucksformen der Nazis gestalten sich immer subtiler.

Einzelelemente der verbotenen Reichskriegsflagge zu neonationalistischem Patchwork. Ständig neue Embleme und Codes erschweren die Strafverfolgung, viele Abzeichen und Gesänge treffen oftmals die Lücken im Gesetz. Nicht mehr nur wo Nazi draufsteht ist auch Nazi drin. Da sind z.B. Berliner Fans, die statt „Sieg Heil“ die klangverwandte Biermarke „Schultheiß“ brüllen. Als einschlägige Formel gilt die „88“. Dabei steht „8“ für den achten Buchstaben im Alphabet, das „H“. Also bedeutet „88“ = „HH“ = „Heil Hitler“. „18“ steht so für „Adolf Hitler“. Auffällig ist außerdem das Ersetzen des Vokales „eu“ durch die Buchstaben „oi“ („Froide“ statt Freude“) – benutzt als deutsch-tümelndes Erkennungszeichen, entliehen aus der Oi!-Skinhead-Szene. Im World-Wide-Web grüßen die „Kameraden“ mit verklausulierten Zahlen- und Buchstabenkombinationen oder stellen ihren Gedankenaustausch auf so genannten Blindseiten ins Netz, die für Außenstehende unauffindbar bzw. unzugänglich sind.

Vieles findet in der Grauzone statt, wie z.B. provisorische Verkaufsstände vor zahlreichen Stadien der 1. und 2. Bundesliga. Dort bieten Verkäufer mit Lizenz Fanschals an. Durch ihre gewiefte Kombination von anti- bzw. vordemokratischen, schwarz-weiß-roten Farbkombinationen mit Sprüchen wie „Ehre, Treue, Vaterland“ oder „Gelobt sei unser Vaterland, unser aller Stolz“, zählen sie nicht zu den verfassungsfeindlichen Symbolformen. Aussage und Bedeutungskraft bleiben aber erhalten. Auch das Verwenden von NSDAP-„Reichs“-Adlern und der verbotenen Reichskriegsflagge in Verbindung mit dem Schriftzug „Heimat“ kann auf Schals erworben werden. Die Vereine fühlen sich dafür nur selten zuständig, weil dieser Verkauf vor dem Stadion stattfindet. Bei Union Berlin gab es 2002 einen solchen Schalstand bei mehreren Spielen auch im Stadion – auf ein Protestschreiben von BAFF reagierte der Verein nicht. Selbst die eingetragene, von Hooligans bevorzugte Marke „Pitbull“ vertrieb 2002 ein schwarzes Shirt mit einem Pitbull-Hund auf weiß-rot angedeuteter Triskele oder auch einen Thorshammer als Glücksbringer an der Halskette. Die Triskele wird in runder oder eckiger Version als dreiarmiges Hakenkreuz verwendet. Der Thorshammer ist ein nordisch-heidnisches Symbol und wird von Neonazis als Zeichen des Hasses gegen die christliche Religion getragen. Der Gott Thor steht für eine „reinigende Kraft“, die mit dem Hammer „die arische Rasse“ gewaltsam von christlichem „Ungeziefer“ befreien soll.

Insgesamt ist davon auszugehen, dass nicht nur Neonazis versuchen ihre Inhalte in bestehende Jugendkulturen zu tragen. Denn mit Beginn des neuen Jahrtausends ist zu beobachten, dass typisch rechte Vorurteile und neonazistische Inhalte außerhalb von Bomberjacken und innerhalb der Jugendkulturen selbst, wie z.B. in den Bereichen Rap, Dark Wave, Gabba Techno, Metal, Hardcore und eben auch im Fußball entstehen. Das Gefühl, einer bestimmten Musikrichtung anzugehören, kann sich dabei auch mit dem Interesse für Fußball vermengen.

Auch junge Neonazis werden in einer kommerzialisierten Welt groß, in der Marken und Hip-Sein eine große Rolle spielen. Deshalb sind Hakenkreuze im Alltag eher „unsexy" und lediglich das letzte Mittel, wenn keiner zuguckt. Lieber werden z.B. schwarz-rot-weiße Hemden der Marke „Fred Perry" getragen. Was bei anderen Menschen als Modeerscheinung gelten kann, wird bei Anwendung durch einen Rechten mit nationalistischer und rassistischer Bedeutung und Aussage aufgeladen. Nur selten wird es so offen, wie im Netzforum bei *www.tatort-stadion.de* am 30. Februar 2002: „Es müSSen noch mehr rechte in die stadien und die nigger und alis aus den doitschen manschaften jagen. heil hitler", schrieb jemand, der sich als St. Pauli-Skinhead ausgab.

Das Internet hat die Spielberichtsfanzines der späten 1980er und beginnenden 1990er „revivalt". Dort tauchen heute immer wieder rechtsgerichtete Anspielungen, diesbezügliche Schimpftiraden und Losungen auf. Der vereinsübergreifende, sich als unpolitisch verstehende Fanklub „Ruhrpottadler" nahm 2002 einen Vereinsausschluss aus dem BAFF durch eigenen Austritt vorweg. Eines seiner Mitglieder hatte im Stadion eine Fahne präsentiert, die an das Layout der Reichskriegsflagge erinnerte. Ein weiterer „Ruhrpottadler" designte seine Homepage im Layout des militant rassistischen Ku-Klux-Klans. Die „Ruhrpottadler"-Homepage verlinkte zu dieser Zeit außerdem die faschistoide Ultra-Fangruppe „Irriducibili" von Lazio Rom.

Die Gruppe „Braunschweig 88" spielt nicht nur in ihrem Namen auf ihre Gesinnung an, sondern bot 2002 im Downloadbereich ihrer Netzseite auch Songs der Neonazi-Band *Skrewdriver* an. „Der Lokführer", ein siebzehnjähriger Fan des VfB Leipzig verband 2003 das Vereinslogo des VfB mit einem Sticker des Ku-Klux-Klans, baute es anstelle des Hakenkreuzes ins Reichsadleremblem der NSDAP ein und äußerte sich in Spielberichten entsprechend zu „den vielen Polacken“ in den anderen Teams.

Ein Foto der „Kategorie Magdeburg“ im Internet zeugte mit einer schwarz-weiß-roten Fahne mit altdeutscher Aufschrift zum Spiel gegen Oldenburg von der politischen Ausrichtung ihrer Urheber. „Skinheads Ribnitz“ und „Skinheads Rostock“ glorifizierten im World-Wide-Web die neonazistischen Ausfälle von Fans und Hooligans seit den 1980er Jahren und outeten sich als Rostock-Fans, die auch mal „einige Lieder, die mit 'ner U-Bahn zu tun haben“ singen. Ein Fan von Rot-Weiß Erfurt forderte im Mai 2002 in einem Gästebuch „Zyklon B dem FCC“ und die „Hertha Harlekins“, eigentlich eine Ultragruppierung, die sich nach Selbstauskünften zur so genannten unpolitischen Fanszene zählt, nutzte auf ihrer Homepage Songs der Neonazi-Band *Landser* zur Verfassung ihres eigenen Liedguts. Im Gästebuch ihrer Kurvennachbarn „Hertha Fanatics“ fand sich ein Aufruf zum Überfall eines besetzten Hauses in Potsdam nach dem DFB-Pokalspiel beim SV Babelsberg 03, der dann auch von Hertha-Boneheads und Unterstützung aus dem gesamten Berliner Umland erfolgte. Das alles, um nur einige Beispiele zu nennen…

2002 existierte auch die Dortmunder „Borussenfront“ im Umfeld des BVB wieder und war auch im Mai 2002 auf der Fandemonstration gegen Kommerzialisierung und Repression in Berlin zugegen. Zuvor scheiterte ihr Versuch, ein Konzert mit der Band *Kategorie C* anlässlich des Jubiläums „20 Jahre Borussenfront“ in Dortmund zu organisieren. *Kategorie C* bezeichnet sich zwar als unpolitische Hooligan-Band, fungiert jedoch als fußballszenischer Andockpunkt zur rechten (Musik-) Szene.

Die vorwiegend von so genannten unpolitischen, jungen Ultra-Fangruppierungen organisierte, begrüßenswerte Demonstration gegen Kommerz und Repression im Fußball fand insgesamt 1.500 Teilnehmende und sehr viel Beachtung in der bundesweiten Presse. Doch auch hier mischten sich einige Neonazis unter die Demonstrierenden, z.B. Mitglieder der „Kameradschaft Berlin-Treptow“, die z.T. deckungsgleich mit der „Gruppe 9“ beim 1. FC Union Berlin sind. Neonazis und ihre Sympathisanten treten ebenso gegen die voranschreitende Kommerzialisierung, Repression und für den Erhalt von „Tradition“ ein. Hier wird die Zukunft zeigen, wie sich die begrüßenswerten Kampagnen der jungen Fanszenen von solchen neonazistischen Strömungen abgrenzen.

Doch auch Rekrutierungsversuche halten an. Im Bundestagswahlkampf 2002 traten Rechtsaußen- bzw. Neonazi-Parteien wieder mit Propagandamaterial an die Stadionumfelder heran. Couragierte HSV-Fans verhinderten nach wiederholtem Aufbau eines NPD-Standes vor der AOL-Arena im Frühjahr 2002 die weitere Verteilung von Flugblättern und Werbegeschenken der rechten Partei. In Hannover waren beim Spiel gegen Eintracht Frankfurt nicht nur antisemitische Beschimpfungen zu hören, sondern beim ersten Heimspiel in der ersten Bundesliga im August 2002 fand man auch hunderte von NPD- und Rudolf-Hess-Aufklebern rund um das Stadion. Zuvor hatte der FC Schalke 04 wegen des Logos der neonazistischen Band *Skrewdriver* auf einer S04-Fanfahne im Stadion vier bundesweite Stadionverbote eingeleitet. Beim Derby gegen Dortmund empfingen einige Schalker im Februar 2003 die Gästefans am Bahnhof mit „Wir bauen eine U-Bahn von Dortmund bis nach Auschwitz". Die Dortmunder antworteten zur Melodie von Mike Oldfields „Moonlight Shadow" mit „Gelsenkirchener Juden". Beim Länderspiel Deutschland – Israel 2002 in Kaiserslautern kamen Deutschland-Fans mit schwarz-weiß-rotem und verfassungsfeindlichem Outfit ins Stadion und konnten kurzzeitig ihre „88"-Fahne platzieren.

Die *Saarbrücker Zeitung* berichtete am 22. Oktober 2002 vom angetrunkenen CDU-Bürgermeister Manfred Horf, der sich beim Spiel SF Bietzen/Harlingen – Fatihspor Merzig mehrfach mit rassistischen Äußerungen hervorgetan hatte. Dass sich dies nicht nur auf Fans beziehen muss, berichtete auch das Internet-Magazin Telepolis 2002, als es über Neonazis in Security-Firmen berichtete, die z.B. auch beim 1. FC Kaiserslautern im Ordnungsdienst auftauchten.

Auch von Neonazi-Freizeitfußballteams ist die Rede. Anfang 1998 befand sich in Neumünster ein solches Team im Umfeld des inzwischen geschlossenen „Club 88" im Aufbau. In Königs-Wusterhausen hatten militante Boneheads der „United Skins" ihr eigenes Team namens „Koma Kolonne", und in Waiblingen spielten JN-Teams bei Hobbyturnieren. Die Recklinghäuser Jungsozialisten (Jusos) ließen ihrerseits die „SG Walhalla" des NPD-Kreisverbandes an ihrem Turnier teilnehmen.Vorfälle und alltägliche Rechtskultur, die auch Spieler zu spüren bekommen: Am 8. September 2002 griffen drei Passanten den neuen Spieler des Chemnitzer FC, Cesar M'boma, aufgrund seiner dunklen Hautfarbe tätlich an. George Mbowando wurde kurz zuvor bei Alemannia Aachen von den eigenen Fans rassistisch beschimpft. St. Pauli-Profi Babacar N'Diaye wurde am 9. April 2003 der Zutritt zu einer Kiezkneipe verwehrt, weil er schwarz ist und allein deshalb Drogendealer sein könnte, befand jedenfalls der Türsteher der Kneipe. Hier erinnert man sich an das Zitat des Stürmers George Weah, der einmal sagte: „Wenn ein Weißer in einem Mercedes sitzt, gilt er als Geschäftsmann. Setzen sie einen Schwarzen in dasselbe Auto, wird er sofort als Drogenhändler angesehen."

Wie gedankenlos auch internationale Firmen agieren können, zeigte 2002 der Ausstatter des englischen Nationalteams „Umbro", als er einen neuen Laufschuh „Zyklon Beige" nannte und erst nach Protesten des Simon-Wiesenthal-Zentrums eine Umbenennung vornahm. Laut Presseerklärung von „Umbro" hätten sich die Entwickler nicht vor Augen geführt, dass das Schädlingsbekämpfungsgas Zyklon B von den Nazis zur Vernichtung von Millionen Juden eingesetzt wurde. Auch die Sportbekleidungsfirma „Target" nahm nach Protesten Shorts und Baseball-Kappen aus dem Handel, weil sie die Insignien „88" trugen. Der Firma war nach eigenen Angaben nicht bekannt, dass dies aktuell gern als Klausel für „Heil Hitler" verwendet wird.

Was bleibt

Trotz alledem scheint für die Öffentlichkeit Rassismus in den Stadien weniger direkt „auffällig" geworden zu sein – da die bürgerliche und verkürzte Klausel „rechtsextrem" immer daran zu messen ist, wie rechtsorientiert sich die Gesellschaft momentan formiert. Bestärkt z.B. durch Zero-Tolerance-Politik, nationalistische Parolen von CSU/CDU-Kanzlerkandidat Edmund Stoiber im Wahlkampf 2002, die faktische Abschaffung des Asylrechts durch beide großen Parteien, den Krieg gegen Serbien, finanzielle Repressalien mit Generalverdacht gegen Arbeitslose, die Wahl der so genannten „Schill-Partei" in die Hamburger Regierung, die Debatte um „Ausländerregelungen" im Fußball etc. fallen rechtsorientierte Meinungen und Fans im Stadion genau wie im Alltag einfach weniger auf, weil eine solche Kultur etabliert ist, und in weiten Teilen zum Mainstream wurde. Wenn dazu die „Ich bin stolz ein Deutscher zu sein"-Debatte neu akzentuiert wird oder Kanzler Schröder Sexualstraftäter für immer wegschließen will, fühlt die Speerspitze sich bestärkt und ruft aus der Sicherheit der anonymen Masse heraus: „Wir bauen eine U-Bahn von XY bis nach Auschwitz" oder „Hoch auf dem gelben Wagen, sitz ich beim Führer vorn". Oftmals befinden es rechtsorientierte Jugendliche im Alltag gar nicht mehr für notwendig, sich als bomberbejackte Springerstiefel-Nazis in den Stadtteilen zu behaupten. Auch sie können sich der allgegenwärtigen Popkultur mit neonazistischem Einschlag zuwenden.

Ganz zu schweigen von Sexismus (Frauenfeindlichkeit und Homophobie) und Antisemitismus, die sich auf den Stadionrängen eines breiten, sanktionierten Konsenses erfreuen. Dies wird unterstützt durch sexistische Werbekampagnen vieler Vereine, die mit nackten Frauen und mit entsprechender Betitelung ihre Produkte an den „Mann" bringen wollen.

Rassismus in Deutschlands Fußballstadien ist als Seismograph für die Gesellschaft so aussagekräftig und aktuell wie eh und je. Mit der WM 2006 steht ein möglicher Transmissionsriemen für eskalierenden Nationalismus vor der Haustür. Reichskriegsflaggen und Hitlergrüße, während der Feierlichkeiten nach Spielen der DFB-Elf bei der WM 2002, haben nur einen sehr geringen Eindruck von Richtungen der national-selbstbewussten „Berliner Republik" vermittelt. Ähnlich wie der Autor Martin Walser zuvor reklamierte auch der Sprecher des damaligen Zweitligisten FC Schweinfurt 05 „eine Zeit des Vergessens" und wehrte sich gemeinsam mit den Stadträten gegen eine Umbenennung des Stadions, das nach wie vor nach seinem Stifter, dem NSDAP- und SS-Mitglied Willy Sachs benannt ist und 1936 von Heinrich Himmler und Hermann Göring eingeweiht wurde. Das Testspiel gegen den damaligen Champions-League-Teilnehmer Maccabi Haifa fand dann aber doch auf einem Nebenplatz statt, um laut *Welt* am 23. Juli 2002 „die israelischen Spieler nicht in Gewissenskonflikte zu bringen".

Der Glaube an die eigene Nationalität knüpft sich an die trügerische Hoffnung, dass man zu denen gehört, die auch in der Zukunft versorgt sind. Als „Zugehöriger" zur eigenen (deutschen) Familie – bzw. durch das Einklagen einer solchen Mitgliedschaft – erwartet man bevorzugte Behandlung gegenüber Fremden, die draußen vor der Tür bleiben sollen – „Das Boot ist voll". Selbst mit deutschem Pass, aber „falscher" Hautfarbe ist es schwierig, anerkannt zu werden: „Ich mag in der deutschen Nationalmannschaft keine Schwarzen haben", sagte DFB-Fan Dirk zu einem *taz*-Journalisten bei der WM 2002 und meinte den aus Ghana stammenden DFB-Auswahlspieler Gerald Asamoah.

„Die anderen Fans denken genauso. Nur darf es nicht ausgesprochen werden. Wegen der Vergangenheit." Miroslav Klose sei „ne ganz andere Mischung. Der ist halt weiß", polterte es aus einem ansonsten stinknormalen Fan. Auch die Medien bauten Klose zu dem Migrantenkind auf, das deutschlandverträglich ist: Eine demütig knechtselige Aushilfskraft; bescheiden; team- und lernfähig – ein Sonderschichten schiebender „schmächtiger Schlesier" (*Bunte*) mit „Sieger-Gen" (*Bravo-Sport*), ein „guter" Ausländer eben.

Der französische Fußball-Weltmeister von 1998, Lilian Thuram meinte im April 2000 gegenüber *World Soccer*: „Diese Leute meinen, dass wir Schwarzen wie Affen sind, und deswegen müssen wir uns diese ‚Uh-Uh'-Rufe anhören. Dieses Verhalten gibt es überall in der zivilisierten Welt. Um die Wahrheit zu sagen: Bis vor 100 Jahren haben renommierte weiße Intellektuelle argumentiert, dass die Schwarzen den Weißen unterlegen sind. Europäische Länder haben ihre industrielle und wirtschaftliche Macht auf dem Rücken der Schwarzen aufgebaut. Die ‚Uh-Uh-Uh'-Rufe, die Fans heute von sich geben, sind die logische Folge dieser Kultur." Deshalb ist das häufig vorkommende Statement „Das ist doch nur Provokation" als Rechtfertigung für Stadionausschweifungen nicht zu akzeptieren. Denn jede „Provokation" offenbart verborgene, persönliche Richtschnüre.

Es gibt Umfelder bei einigen Vereinen, die schon traditionell seit mehreren „Fan-Generationen" ein gefestigtes rechtes Fan-Potenzial vorweisen. Dennoch soll durch eine mögliche Nennung von Städten an dieser Stelle nicht zu Pauschalisierungen verleitet werden. Ganz im Gegenteil ist klar, dass rechte Tendenzen an jedem Ort immer wieder auftauchen, vermehrt in den unteren Ligen. Nicht jede rechte Parole kann dokumentiert und belegt werden. Aber alle, die regelmäßig im Stadion oder auf dem Weg dorthin sind, können von zweifelhaften Gesängen à la „Wir sind deutsch" oder „Fenerbahce, Galatasaray – Wir hassen die Türkei" eigene Erfahrungen mitnehmen. Vorausgesetzt, Augen und Ohren sind dafür offen.

Bündnis Aktiver Fußballfans

Forderungskatalog gegen Lesben- und Schwulenfeindlichkeit im Fußball

Immer wieder kommt es in deutschen Fußballstadien aller Spielklassen auf den Rängen wie auch auf dem Spielfeld zu massiven schwulenfeindlichen Aktionen. Alle kennen die unsäglichen homophoben Sprüche von einer großen Anzahl von Fußballfans in Stadien. „Schwule, Schwule XY", ist da nur einer von vielen.[1] Aber auch Spieler und Trainer fallen immer wieder durch Sprüche auf.

Am 12. Dezember 2002 stellte deshalb das Bündnis Aktiver Fußballfans in einer Diskussionsrunde im BIS Kulturzentrum in Mönchengladbach, im Rahmen der dort gezeigten Ausstellung Tatort Stadion, den weltweit ersten Forderungskatalog gegen Homosexuellenfeindlichkeit im Fußball vor. Ben Baks von der European Gay & Lesbian Sport Federation (EGLSF), Karl-Heinz Schmidt vom schwulen Fußballteam Cream Team Cologne im SC Janus Köln diskutierten mit BAFF und interessierten BesucherInnen über mögliche Ansätze zum Abbau homosexuellenfeindlicher Einstellungen. Das Bündnis Aktiver Fußballfans fordert den DFB, die DFL und die dort organisierten Vereine auf, nicht mehr zu schweigen, sondern aktiv zu handeln.

Konkret fordert BAFF:

1. Nicht nur den antirassistischen, sondern gleichzeitig einen antisexistischen Satzungsparagrafen in jede Stadion- und Vereinssatzung aufzunehmen, in dem festgehalten ist, dass niemand wegen seiner sexuellen Orientierung und seines Geschlechts diskriminiert werden darf, ähnlich wie es z.B. beim FC St. Pauli und MSV Duisburg in der Stadionordnung bereits geschehen ist.
2. Es genügt nicht, diesen symbolpolitischen Paragrafen lediglich einzuführen. Um darauf explizit hinzuweisen, sollte diese Einführung von aktiver Öffentlichkeitsarbeit der Vereine wie z.B. Podiumsdiskussionen, Flugzetteln am Stadion oder Stellungnahmen von Spielern flankiert werden.

3. Eine kontinuierliche Aufklärung über Homosexualität durch die Vereine – v.a. bei den Jugendmannschaften –, um Vorurteilen vorzubeugen und ihnen die Grundlage zu entziehen.

4. Von jedem und jeder StadionbesucherIn gegen schwulenfeindliche und sexistische Sprüche in Stadien vorzugehen, indem mensch direkt die entsprechenden Personen anspricht und darauf hinweist.

5. Schwul-lesbische Fußballvereine nicht auszugrenzen, sondern aktiv in die Arbeit mit einzubeziehen und Wege zu finden, um Vorurteile schrittweise abzubauen.

6. Die Etablierung eines Projektes durch den DFB und die DFL, in dem Schwulenfeindlichkeit im deutschen Fußball dokumentiert und untersucht wird, um eingehende Lösungsansätze zur Zurückdrängung zu erarbeiten und umzusetzen. Hier empfiehlt sich die Gründung eines Netzwerkes mit anderen gesellschaftlichen Kräften unter Federführung des DFB/der DFL.

7. Aktive Beteiligung des DFB und der DFL an der Organisation der EuroGames 2004 in München.

Anmerkungen

1 Weiterführendes hierzu: Gerd Dembowski: Von Schwabenschwuchteln und nackten Schalkern. Schwulenfeindlichkeit im Fußballmilieu, in: Gerd Dembowski / Jürgen Scheidle (Hg.): Tatort Stadion. Rassismus, Antisemitismus und Sexismus im Fußball, Köln 2002, S. 140-146.

Gerd Dembowski

Ballbesitz ist Diebstahl

Stichworte zum Bündnis Aktiver Fußballfans

„Wenn man links keinen aufstellt, dann kann links auch keiner spielen."

Yildiray Bastürk

Antworten auf fanfeindliche Entwicklungen im Fußball versucht seit der Saison 1993/94 das Bündnis Aktiver Fußballfans (BAFF) zu finden. Seit der Gründung setzen sich Fans verschiedener Vereine gemeinsam gegen Rassismus und Diskriminierung in Stadien, gegen eine überhöhte Form der Kommerzialisierung des Fußballs und für den Erhalt der Stehplätze ein. Das Bündnis steht jedem Fußballfan offen, der sich mit diesen Zielen identifiziert. Mitglieder und Interessierte treffen sich zweimal im Jahr in wechselnden Städten, um sich über örtliche Fanszenen und Entwicklungen auszutauschen und zu vernetzen. Das BAFF, seit 1998 ein eingetragener Verein, ist derzeit eine bundesweite Fan-Organisation mit ca. 40 Gruppen (Fan-Initiativen, Fan-Magazine, Fan-Projekte) und über 100 Einzelmitgliedern, die in ihren jeweiligen Fanszenen aktiv sind oder als Multiplikatoren fungieren.

Antirassismus als Urknall

Einerseits beängstigt von nationalistischen und neonazistischen Entwicklungen nach der „Wende", andererseits jedoch euphorisch über ein kritisches Fanpotenzial im Umfeld des FC St. Pauli, entstanden erste, ungebündelte Aktionen. Nach dem Fankongress 1994 mit dem Motto „Reclaim the Game – Wir holen uns das Spiel zurück!", mit 150 Teilnehmenden von 30 Fanklubs im Düsseldorfer ZAKK, befand sich das Bündnis Antifaschistischer Fußballfans und Fanklubs in Gründung.

Zu ersten Aktivitäten zählten Konzerte gegen Rechts, Flugblattproduktionen, Transparente im Stadion und Aktionen zur Verhinderung des Länderspiels Deutschland – England am 20. April 1994 – Hitlers Geburtstag – in Berlin: „Falsche Zeit, falscher Ort". Bei einem St. Pauli-Heimspiel demonstrierten Fans mit 7.000 hoch gehaltenen roten Karten ebenso gegen ein B-Länderspiel, das einen Tag vor dem brisanten Datum stattfinden sollte. Durch den Protest wurde der Aufforderungscharakter für Neonazis, aber auch die fehlende Sensibilität der Verbände deutlich gemacht.

Über die alternative, ironisch-distanzierte Fanzine-Bewegung konnten BAFF-Inhalte transportiert werden. Je mehr Fanzines sich gründeten und weiterentwickelten, je mehr Menschen sich in Fanläden, progressiven Fanklubs, Ultragruppen usw. organisierten, desto mehr verwirklichten sich auch fanpolitische Ideen, die nicht zuletzt BAFF formulierte. Wenn auch oft nicht explizit BAFF draufstand, war BAFF doch meistens irgendwie mit drin und sendete eine Flaschenpost nach der anderen aus, die irgendwann und irgendwo in den Fanszenen angespült wurde.

Doch nur selten drangen bundesweite BAFF-Aktionen mit bleibender Wirkung jenseits der gemeinsamen Treffen an die Oberfläche. Ebenso gab es keinen ständigen Informationsfluss, wodurch die Gruppe schwer zugänglich war.

Mit der Namensänderung von „antifaschistisch“ in „aktiv“ wollte die Mehrheit im BAFF Ende 1995 allen Fans vor Augen führen, dass sich das Aktionsfeld der örtlichen Initiativen und Fanzines inzwischen ausgedehnt hatte. Zum Beispiel auf die ansteigende Kommerzialisierung und den Kampf gegen den Abbau von Stehplätzen, wie die BAFF-Demonstrationen 1994 in Frankfurt beim DFB und 1995 in Genf bei der UEFA anzeigten. Ohne inhaltlich den antirassistischen Widerstand im Fußball außer Acht zu lassen bzw. sich inhaltlich zu sozialdemokratisieren, wollte das „neue“ Bündnis Aktiver Fußballfans seine Positionen greifbarer und zugänglicher machen. Es sollte versucht werden jeden aktiven Fußballfan, der Ideen einbringen oder an vorhandenen Aktionen mitarbeiten wollte, in die wackelige Struktur eines bundesweiten Fan-Netzwerks einzubinden.

Doch es gab auch andere Stimmen. „Eine Umbenennung völlig ohne Not. Es gab keinen bürokratischen Druck, kein Geld, für das man sich hätte verbiegen müssen“, bestärkte Mitgründer Theo Weiß seine Kritik an der Namensänderung und forderte noch 2003 eine Rückbenennung.

Dennoch ist es wohl falsch, über die Umbenennung von einer Entpolitisierung zu sprechen. Ein Blick auf die Inhalte und Diskussionskultur von BAFF beweist das Gegenteil. Ein damaliger Befürworter der Umbenennung reduzierte die Diskussion um den Namen einmal salopp so: „Find’ erst mal ein anderes, aussagekräftiges Adjektiv mit ‚A‘

am Anfang – das geht gar nicht. Wir wollten die markante Buchstabenkonstellation nicht aufgeben."

Es folgten Mitgliederzuwachs, das Fanzine-Festival 1996 und größere Fankongresse 1997, 1998 und 1999 im westfälischen Oer-Erkenschwick. Die Treffen wurden als Motor von Kampagnen, für inhaltliche Workshops oder auch einfach nur zum Informations- und Meinungsaustausch genutzt. Weiterhin gab es Unterschriftenaktionen gegen DSF-Montagsspiele im TV und die anwachsende Verteilung der Spiele über die ganze Woche, eine Erhebung zum Abbau der Stehplätze 1996, Beteiligung an Aufrufen zu antirassistischen und Anti-Atomkraft-Demonstrationen, Besuche der Fans-United-Days 1997 und 1998 zur Unterstützung der arg gebeutelten Fans von Brighton & Hove Albion FC, die Verabschiedung eines Antirassismuskataloges sowie Forderungen für fanfreundlichere Fußball-Großveranstaltungen wie EMs und WMs 1998, eine bundesweite Aktion für den Stehplatzerhalt beim Länderspiel Deutschland - Kolumbien 1998 sowie 1999 die bundesweite Aktion „Vier Wochen WM – Ein Leben lang sitzen" gegen den Stehplatzabbau und überhöhten Kommerz anlässlich der offiziellen DFB-Bewerbungsübergabe für die WM 2006 in Köln.

Seit der Umbenennung forciert BAFF außerdem die Öffentlichkeitsarbeit als effektivstes Mittel, um mit wenig Aufwand möglichst großes Aufsehen zu erregen. Dabei geht es meist darum, Fans und Medien für fanpolitische Interessen und Entwicklungen zu sensibilisieren. Höhepunkte waren bislang die Etablierung der Stehplatzfrage in den Printmedien, die bundesweite Nachberichterstattung zu den Fankongressen, eine Kampagne gegen eine WM 2006 als „Geldmeisterschaft" 1997 und eine Medienkampagne gegen Premiere-Decoder und das Fußball-Pay-TV 2001. BAFF resümierte 2000 in einem Mitgliederrundbrief: „Vergleichen wir auch die Presseberichterstattung von heute mit der von 1995, so lässt sich sagen, dass eine Sensibilisierung einzelner Journalisten in Sportredaktionen auch durch die Mithilfe des BAFF passiert ist." BAFF konnte Mitte der 1990er Jahre Kreativität und Selbstregulierung der Fanszene gegen dumpfes Neonazi-Gebrüll, Rekrutierungsversuche bis hin zum rechten Mainstream zur Alternative stellen. Dies fruchtete parallel zur Hochzeit der alternativen Fanzine-Bewegung, bis deren einsetzendes Aussterben 1998 begann. Eine Entwicklung, die die aufkommende Internetgeneration nicht vollständig auffangen konnte.

Zwischen örtlicher Arbeit und bundesweitem Netzwerk

Bundesweite (Massen-)Aktionen und die regelmäßigen Regionaltreffen der BAFF-Westgruppe blieben Ausnahmen, was in der dem Fußballfan zugrunde liegenden Orientierung am örtlichen Stammverein und den von Stadion zu Stadion unterschiedlichen Problemlagen begründet ist. Bei den bundesweiten Treffen entwickelten sich viele Ideen für antirassistische Kampagnen, die sich nach anfänglicher Motivation jedoch in den vielen alltäglich notwendigen Arbeiten vor Ort verloren – Fanzine, Fanklub, unterschiedlich ausgeprägte, ortsspezifische Interessen. Um authentisch zu agieren, fanden ortsspezifische Aktionen im Stadion nie unter dem BAFF-Namen statt, sondern stets unter dem etablierten Namen der jeweiligen örtlichen Fangruppe. Mit der Zeit wussten viele Journalisten mit BAFF etwas anzufangen und Insider-Informationen abzuschöpfen. Die meisten Fans in der Kurve aber fragten sich nach wie vor, wo all die BAFFler denn nun aktiv bzw. als solche im Stadion präsent sind. Die Verständnisschwierigkeit, dass BAFF ein dachverbandliches Netzwerk ist, das sich als Austauschorgan zweimal im Jahr trifft und ansonsten vor allem über die Aktionen seiner Mitglieder präsent ist, konnte durch die Umbenennung nicht beigelegt werden. Ganz im Gegenteil: Im neuen Jahrtausend mit den hyperaktiven Ultras (Choreografien, Papptafeln, Leuchtaktionen, Spruchbänder, u.ä.) und der vereinsübergreifenden Stadion-Aktion Pro15:30/Pro

3. Bundesweiter BAFF-Fankongress 1998.

Fans, gegen die Verzerrung der Spieltage, wirkt das „aktiv“ im Namen BAFF für viele Stadionfans missverständlich.

Im BAFF sollen offene Fragen gestellt und aufgegriffen werden, stets neue Impulse ihren Einfluss finden. Deswegen konnte und sollte eine einheitliche BAFF-Meinung niemals das Ziel sein. Unterschiedliche örtliche Szenen und Entwicklungen bieten und erfordern ebenso unterschiedliche Möglichkeiten und Handlungsformen. Diese vielfältigen Ausprägungen eines Bündnisses, das sich manchmal wie ein Pudding nicht an die Wand nageln lässt, führen bei vielen Fans zu Miss- und Unverständnis. Subjektive Einschätzungen über Erfahrungen einzelner BAFF-Mitglieder mit Rassismus in der eigenen Fanszene, werden oft von außenstehenden Fans verallgemeinert wahrgenommen und machen BAFF zum Buhmann.

BAFF ist als Diskussionsforum der Selbstverständnisse und Ideen gedacht, die vor Ort entwickelt und ausgebaut werden. So kann z.B. der 1998 in Mainz verabschiedete, wenn auch nur symbolpolitische Katalog gegen Rassismus und Diskriminierung erst einen Sinn bekommen, wenn einzelne BAFF-Mitglieder u.a. ihren Verein und andere Institutionen vor Ort damit konfrontieren und die geforderten Punkte ständig nach ihren Erfahrungen überarbeiten. Ohne diese Reaktionen jedoch verbliebe BAFF reduziert auf einer Protestinsel in einem Meer aus Konsumpaketen. Inzwischen ist ein dem BAFF sehr ähnlicher Forderungskatalog vom DFB als Empfehlungsschreiben (und leider nicht als Lizenzauflage) an die Vereine verschickt worden. Es handelt sich hier um einen Katalog, den BAFF bereits 1994 in ähnlicher Form diskutierte. Damals scheiterte er als Gesamtresolution, da die Vollversammlung es ablehnte, einen Antisexismus-Paragrafen zu integrieren.

Ein bundesweites Netzwerk aus antifaschistischen, aktiven Fußballfans hat auch organisatorisch von vornherein einen schwierigen Stand. Trotz der übergeordneten Ziele erweist sich eine rein ehrenamtliche Organisation bundesweiter Aktionen und Verwaltung „über den eigenen Szenesumpf hinaus“ als äußerst schwierig. Es sind zumeist immer die selben Leute, die etwas in die Hand nehmen und dabei im ständigen Koordinationswirrwarr zu ersticken drohen. Allein einen gemeinsamen Termin z.B. für den Fankongress zu finden, gestaltete sich jeweils schwierig, weil die meisten entweder beteuerten, sie könnten auf keinen Fall ein Spiel ihres Teams verpassen oder eben kein Treffen in der Sommerpause wollen, um auch mal frei zu haben.

Mit den Jahren entwickelte sich unter vielen BAFF-Mitgliedern eine Konsumhaltung bei den Kongressen bis hin zum Vorwurf ein lahmer Haufen zu sein, der nichts mehr macht. Ein Vorwurf, der zumindest jedem im Halse stecken bleiben müsste, der dies sagt, während er selbst durch Passivität glänzt. In einem Mitgliederrundbrief 2000 hieß es: „Wenn von den Gruppen und Personen nichts mehr kommt, kann BAFF nicht leben. So einfach ist das." Waren die ersten Fankongresse noch Produkte gemeinsamer Arbeit, entstand spätestens beim Treffen 1999 bei vielen Anreisenden die Erwartung, ein Happening serviert zu bekommen.

Gerade im Fußball fällt die Aufrechterhaltung eines überregionalen Bündnisses besonders schwer. Denn Fantum setzt eine Bindung zu einem Stammverein voraus. Wenn darüber hinaus nicht einige ihre örtliche Arbeit zugunsten eines überregionalen Bündnisses aufgeben, geht nicht viel. BAFF bleibt somit ein loses Netzwerk mit allen Stärken und Schwächen. Ein wuselndes Wurzelgebilde, das in unberechnend viele Richtungen wächst, agiert und andocken kann. Es ist als Gruppe nicht greifbar, weil es aus vielen kleinen Gruppen besteht, die durchaus unterschiedliche Herangehensweisen an gleiche Aufgabenstellungen haben oder denen temporär unterschiedliche Dinge gegen das Fankonzept gehen. BAFF lebt über den Gedanken der Kommunikationsguerilla, die mit möglichst wenig Mitteln viel Wirbel erzeugen kann. Schließlich müssen viele BAFF-Mitglieder zuallererst ihre eigene örtliche Initiative bewältigen.

BAFF und FARE

Mit dem Eintritt in die Welt der Institutionen über das europaweite Netzwerk Football Against Racism in Europe (FARE) wagte BAFF sich 2001 auf den schmalen Grat zwischen fester eigener Position und speziellen Anforderungen der Geldgeber. Seit 1999 ist BAFF Gründungsmitglied von FARE. Zum engeren Arbeitskreis um einen gemeinsamen Finanzierungsantrag bei der Europäischen Kommission gehörten dabei „Kick it out" aus London, „Show Racism the Red Card" aus Newcastle, „Football Unites – Racism Divides" aus Sheffield, „Fairplay" aus Wien, „Progetto Ultra" aus Bologna, „Unione Italiana Sport Per Tutti" aus Rom, „Never Again Association" aus Warschau und nicht zuletzt die „European Gay & Lesbian Sports Federation" mit Sitz in Rotterdam. In diesem Rahmen stellte BAFF 2000 seine antirassistische Arbeit im Europäischen Parlament in Brüssel vor und 2001 beim FIFA-Weltkongress in Buenos Aires, auf dem alle Fußballverbände der Welt eine Resolution gegen Rassismus verabschiedeten.

Nach acht Jahren ehrenamtlicher Arbeit hatte die EU über einen FARE-Antrag BAFF 2001 die Verwirklichung der Wanderausstellung „Tatort Stadion. Rassismus und Diskriminierung im Fußball" ermöglicht. Sie wurde in zwanzig Städten gezeigt und ist Teil eines europaweiten FARE-Aktionsprogramms, genau wie z.B. die antirassistische Fan-WM mit über 100 Teams im italienischen Montecchio oder die FARE-Action-Week gegen Rassismus und Diskriminierung, an der sich jährlich über 100 Fangruppen aus ganz Europa beteiligen.

Die BAFF-Wanderausstellung wurde in Berlin von den Schirmherren Bundestagspräsident Wolfgang Thierse und Fußballprofi und Vizepräsident der Spielergewerkschaft VdV Michael Preetz sowie dem Konfliktforscher Gunter A. Pilz im November 2001 eröffnet und war auf eine Wanderung durch fünf bis zehn Städte Deutschlands angelegt. Nach dem Rücktritt von Pilz aufgrund inhaltlicher Differenzen zur Präsentation von Mayer-Vorfelder-Zitaten und des DFB, konnte BAFF den Tübinger Rhetorik-Professor Walter Jens als Schirmherr gewinnen. Walter Jens ist Fußballfan und fiel durch seine Festrede zum 75. Jubiläum des DFB auf, in der er diesen zur schonungslosen Aufarbeitung seiner Vergangenheit aufforderte.

Zielgruppe der stets aktualisierten Wanderausstellung sind nicht nur regelmäßige Stadionfans, sondern vor allem Schulklassen und Gelegenheitsfans, die sich nicht so stark mit den Fanszenen beschäftigen. „Tatort Stadion" gibt auf 30 Schautafeln, Computerpräsentationen und durch etliche Originalexponate einen Überblick über rassistische und diskriminierende Vorfälle, Übergriffe und Entwicklungen in deutschen Stadien seit den 1980er Jahren. Außerdem wird versucht, Licht in Verbindungen von Hooliganszenen und rechten Fangruppierungen zu neonazistischen Ideologien und politischen Gruppierungen zu bringen. Die BAFF-Ausstellung stellt zur Diskussion, dass nicht nur Funktionäre, Trainer und Spieler als Beschleuniger von rechten Ressentiments und Gewalt wirken können, sondern auch die Tagespolitik oder unsensible Berichterstattung in den Medien. Ohne Anspruch auf Vollständigkeit ist die Ausstellung ein erster Versuch, Rassismus und Diskriminierung im deutschen Fußball in ihren Tendenzen, Kontinuitäten und Militanz nachzuzeichnen. „Tatort Stadion" wurde zum Beginn sozialhistorischer Aufarbeitung, die eine ständige Fortschreibung erfordert.

Auch die Gegenbewegungen in den Fanszenen, bei den Vereinen und Verbänden werden miteinbezogen. „Tatort Stadion" präsentiert somit auch Alternativen, wie antirassistische und antidiskriminierende Arbeit in Stadien aussehen kann.

Als 2001 der DFB-Sportförderverein 10.000 DM und ein Grußwort für die Ausstellung zusagte, stellte er dieses Angebot nach der Eröffnung wieder in Frage. BAFF konfrontierte auf einer Schautafel über den DFB die Öffentlichkeit mit einem Sammelsurium äußerst fragwürdiger Zitate ihres Präsidenten Gerhard Mayer-Vorfelder und mahnte seiner Vorbildfunktion. Dazu kam ein kritischer historischer Part über die Geschichte des DFB mit längst bekannten Passagen, z.B. zum vorauseilenden Gehorsam des DFB bei der Gleichschaltung des Sports durch die Nazis oder zur Hofierung von Hitlers Lieblingssoldaten Oberst Rudel durch den DFB bei der WM 1978 in Argentinien. Ebenso wurden die DFB-Aktionen „Friedlich miteinander – Mein Freund ist Ausländer" (1992) und die Aktion „Kein Platz der Gewalt" (2000) als folgenlos kritisiert. BAFF zitierte den Gewaltforscher Gunter A. Pilz, der befand: „Überwindung von Gewalt und Rassismus ist kein einmaliger Akt (…) Solche Aktionstage laufen leicht Gefahr, dass

Noch mehr „nette" Post zur Ausstellung.

Keine „bequeme" Ausstellung für DFB, DFL & Co.

man sehr schnell wieder zur Tagesordnung zurückkehrt, sich aber nichts ändert. Das bewirkt auf Dauer überhaupt nichts." Eine solche Präsentation schien dem DFB zu einseitig und unvollständig. Aber BAFF ließ sich nicht darauf ein, die Tafel „Tatzeugen Vorbilder" abzuhängen, bevor Ergänzungen fertig gestellt werden konnten.

Der DFB reagierte dann endgültig mit dem Entzug der Fördergelder und mit einem Schreiben an die Deutsche Fußball-Liga (DFL), in dem die Vereine aufgefordert wurden: „Vielfach agieren die örtlichen Fanprojekte als Ausrichter – zumindest aber als unmittelbar Beteiligte. Unsere Bitte geht deshalb an die DFL, sich einzuschalten, wenn die Ausstellung in Ihrem Bereich gezeigt werden soll, und dann von einer Unterstützung abzusehen, wenn die erwähnten Tafeln weiterhin gezeigt werden. Gegebenenfalls wäre auch eine Intervention über die Trägervereine bzw. Beiräte der Fanprojekte ratsam." Die DFL leitete diesen Brief mit der Anmerkung: „Ohne das Vorhaben im Übrigen zu behindern, bitten wir darum, dem Teil der Ausstellung, der die Person des DFB-Präsidenten diskriminiert, keinen Raum einzuräumen" umgehend an alle Vereine der 1. und 2. Bundesliga weiter.

Dies alles führte dazu, dass die vergleichsweise kleine BAFF-Ausstellung zu einem bundesweiten Politikum wurde. Es hagelte Solidaritätsbekundungen der Medien, diverser Parteivorstände, Universitätsprofessoren und anderer Personen des öffentlichen Lebens. Aber auch zahlreiche Fußballfans forderten zur Standhaftigkeit auf.

Während der Tour durch mehr als zwanzig Städte bröckelte die DFB-Mauer immer wieder über die Vereine, die Werbungen über Stadionlautsprecher zusagten, Vertreter zu Diskussionsrunden bereit stellten oder – wie z.B. in Mönchengladbach, Hannover und Bremen – ihre Präsidenten als lokale Schirmherren beriefen. Wenn die Ausstellung im Sommer 2004 wieder in Berlin landet, werden ca. 60.000 Menschen die Ausstellung Tatort Stadion besucht haben, ein Fünftel davon werden Schulklassen gewesen sein.

Im August 2001 gewann FARE den UEFA-Charity-Preis, ebenso eine Würdigung des BAFF und seiner Ausstellung. Es folgte die Auszeichnung „Botschafter für Toleranz" 2002 des Bündnisses für Demokratie und Toleranz, wobei dem SPD-Innenminister Otto Schily wegen seiner Repressionspolitik und der Beschneidungsversuche für Zuwanderer bei der Übergabe symbolisch der Handschlag verweigert wurde. Am Ende stand der gemeinsame Preis des TV-Musiksenders MTV „Free your Mind" 2002 und die inhaltliche Mitorganisation der Londoner UEFA-Konferenz „Unite against Racism" im März 2003, die europaweit Aufsehen erregte. Im Juni 2003 reiste ein BAFFler als FARE-Delegierter nach Kopenhagen zu den EuroGames der EGLSF, um den weltweit ersten Forderungskatalog gegen Lesben- und Schwulenfeindlichkeit vorzustellen, den BAFF im Dezember 2002 veröffentlicht hatte. Ebenfalls Thema war die Unterstützung der EuroGames 2004 durch BAFF in München mit der dortigen Präsentation der Ausstellung.

BAFF wird einen solch schmalen Grat zwischen antirassistischer Basisarbeit in Fankreisen und institutionellen Kampagnen mit FARE weitergehen. Und verspricht weiterhin wachsam zu sein, um nicht von irgendwelchen Umarmungen erdrückt zu werden.

Michael Fanizadeh / Markus Pinter

Ein Netzwerk baut auf

Football Against Racism in Europe (FARE)

Rassismus ist im europäischen Profifußball allgegenwärtig. Das Spektrum der Übergriffe reicht von diskriminierenden Verhaltensweisen gegenüber „ausländischen“, oftmals schwarzen Spielern im Stadion – z.B. so genannten „Monkey Chants“, rassistischen Transparenten und Sprechchören – bis zu mannigfaltigen Übergriffen und Diskriminierungen im Amateur- und Hobbysport, die sich im deutschsprachigen Raum vor allem gegen die türkische und ex-jugoslawische Community richten.

Ein Klub, der sich einen Sammy Kuffour in die Abwehr oder einen Ailton in den Sturm stellt, ist noch längst nicht vor Rassismus gefeit. Dabei ist der „Football Drain“ von Afrika nach Europa beachtenswert. Bei diesen Ausbeutungsverhältnissen geht es „um die Machenschaften betrügerischer Agenten aus Italien, Belgien, Holland, Deutschland und anderen europäischen Fußballländern. Sie überweisen den Eltern der minderjährigen afrikanischen Spieler eine Handvoll Dollar, und es gelingt ihnen dadurch, die Teenager mitzunehmen und ihnen einen Vertrag über sieben bis zehn Jahre unterzujubeln. Die Spieler bekommen sehr geringe Gehälter, bevor sie teuer weiterverkauft werden.“[1] Die angebotenen Spieler werden dabei immer jünger und landen oft bei unterklassigen Amateurklubs, wo sie ohne jegliche soziale und häufig auch ohne sportliche Betreuung ein Leben als fußballerische „Boat People“ fristen. Die von der FIFA 1994 eingeführte Lizenzierung von Spielervermittlern hat wenig an der Situation geändert. Im Gegenteil: Junge afrikanische Spieler, die oft notgedrungen bzw. aus Naivität die Dienste von nicht lizenzierten Agenten in An-

Das nächste potenzielle „Drain-Opfer“?

spruch nehmen, sind von einer einjährigen Sperre bzw. einem Bußgeld von 50.000 Franken (ca. 33.000 Euro) bedroht.

Dramatischstes Beispiel für diesen Fußballimperialismus war der Skandal um minderjährige Fußballer in Italien, der 1999 den italienischen Fußball erschütterte und sogar im Parlament zur Sprache kam. In den italienischen Amateurligen spielten nach Schätzungen des italienischen Fußballverbands zu dieser Zeit etwa 5.000 Jugendliche unter 16 Jahren – importiert vor allem aus Westafrika, Marokko, aber auch aus Albanien. Sie träumten davon, wie der Liberianer Georg Weah zu werden, der 1997 zum Weltfußballer des Jahres gewählt wurde. 90 Prozent dieser Fußballmigranten-Kinder verschwanden innerhalb kurzer Zeit; sie mussten sich z.B. als Tomatenpflücker oder Fensterputzer ohne legale Aufenthaltserlaubnis verdingen.

Die Fußballbeziehungen zwischen Afrika und Europa sind so alt sind wie der moderne Fußball selbst. Der Ghanaer Arthur Wharton sorgte etwa schon in den 80er Jahren des 19. Jahrhunderts als Torhüter des Preston North End FC, einem damaligen britischen Spitzenklub, für Aufsehen und wurde 1889 der erste afrikanische Profifußballer in Großbritannien. Der Algerier Ali Benouna spielte 1935 in der französischen Nationalmannschaft, und „Frankreichs Star 1938 war Larbi Ben Barek, der aus Casablanca kam“[2]. Doch ab dem Jahr 1958 haben sich die Verhältnisse für afrikanische Fußballer in Europa rapide verändert. Denn seit dieser Zeit spricht man von „richtigen“ Nationalspielern und „Ausländern“ im Fußball. Der Anlassfall für diese Entwicklung spielte sich vor dem Hintergrund der dekolonialen Befreiungsbewegungen in Afrika ab, genauer gesagt vor dem französisch-algerischen Krieg. Kurz vor der WM 1958 in Schweden wurden die Spieler Rachid Mekhloufi von AS St. Etienne und Mustapha Zitouni von OGC Nizza in das französische Team einberufen. Sie verweigerten jedoch die Einberufung und formierten ihrerseits eine algerische Auswahl. „Alle bekannten, professionellen algerischen Spieler haben in der Folge ihre europäischen Clubs verlassen, um bei dieser berühmten algerischen Auswahl dabei zu sein.“[3] Die Reaktion der europäischen Vereine blieb nicht lange aus, und bis zum Jahr 1962 führten alle (west-)europäischen Klubs und Ligen Beschränkungen ein oder verzichteten gänzlich auf afrikanische Spieler.

Rassismus im Fußball ist spätestens seit diesen Jahren ein stetiger Begleiter der zunächst nur wenigen afrikanischen Spieler in Europa.

Die rassistischen Verhältnisse sind vor allem durch Ausschluss, vertragliche Diskriminierung, Exotisierung schwarzer Spieler als „Perlen“ oder „Panther“ und letztendlich durch Gewalttätigkeiten in und außerhalb der Stadien gekennzeichnet. Diese Formen der Diskriminierung haben jedoch im Zuge einer verstärkten Einbindung Afrikas in den globalen Fußballmarkt ab den 1980er Jahren noch einen zusätzlichen Antrieb bekommen.

Antirassismus im europäischen Fußball

Zu Beginn der 1990er Jahre traten in einigen Ländern Europas offizielle Antirassismus-Initiativen im Fußball hervor, denen bei der Stigmatisierung von Hooligan-Gruppen und bei der Erschließung neuer Publikumsgruppen eine besondere Rolle zukam. Indem manche Antirassismus- u.ä. Initiativen den Fokus auf die unerwünschten Hooligans legten, wurden einige zu Partnern der nationalen Fußballverbände und Vereine. Für England konstatierte etwa Tim Crabbe vom Londoner Goldsmith College: „Das Engagement der FA (Football Association/englischer Fußballverband, d. Verf.) in diesem Bereich war nicht nur von der Notwendigkeit der Konfliktvermeidung getragen, sondern von dem wesentlich weitergehenden Wunsch, einem Fanverhalten vorzubeugen, das als medial sehr sensibel und als schädlich für das öffentliche Image des Sports betrachtet wurde. Infolge dieser Betrachtungsweise waren die Strategien der FA von einer Interpretation von Rassismus als Produkt von Fankulturen, insbesondere der kaum zu kontrollierenden Hooligan- oder Neonazi-Fankulturen, dominiert.“[4] Die Resultate einer solchen Antirassismusstrategie waren klar. Durch die einseitige Zuweisung der Verantwortung an die Fans wurden die rassistischen und sexistischen Strukturen und Ideologien des Sports von jeglicher Diskussion ausgenommen. Das Unternehmen Sport konnte so geruhsam seine Umstrukturierung fortsetzen, entledigte sich nebenbei der unzivilisierten Störenfriede und konnte auch noch die allgemeinen Vorurteile gegen die „ungebildeten“ Klassen befriedigen.

Doch diese Antirassismus-Initiativen im Fußball haben aus dieser anfänglichen Einseitigkeit gelernt und zusehends versucht, die Vereine und Verbände selbst in die Verantwortung zu nehmen. Als ein Beispiel mag hier die FIFA-Konferenz gegen Rassismus anlässlich der U

20-WM in Argentinien 2001 dienen, an der Antirassismuskampagnen des Netzwerkes Football Against Racism in Europe (FARE) maßgeblich mitgearbeitet haben.

Im Juli 2001 waren alle 204 FIFA-Verbände geladen, um Maßnahmen gegen Fremdenfeindlichkeit im Fußball zu beschließen. Letztendlich wurde eine Resolution verabschiedet, in der die ganze Fußball-Community aufgefordert wird, „inner- und außerhalb des Fußballs am gleichen Strang zu ziehen, damit Rassismus zum Verschwinden gebracht werden kann. […] jede Gelegenheit wahrzunehmen, um den sozialen Einfluss des Fußballs auszubauen und die soziale Eingliederung und die Verbannung des Rassismus aus der Gesellschaft voranzutreiben“, so die FIFA im Jahre 2001. Die FIFA verlangt in der Resolution des Weiteren, dass die Fußballverbände sozialen Gruppierungen größere Unterstützung zukommen lassen sollen. Mit der FIFA-Resolution gegen Rassismus machte die FIFA einen wesentlichen Schritt: Der Weltfußballverband manifestierte damit erstmals in einem offiziell von allen Fußballverbänden verabschiedeten Papier, dass die FIFA selbst, aber auch die Kontinental-, Landes- und Regionalverbände, die professionellen Ligen und Vereine eine Verantwortung im Kampf gegen Rassismus haben.

Auch wenn es schon vor der Verabschiedung dieser Resolution Antirassismus-Initiativen oder Verbandsbestimmungen – z.B. in England, Deutschland oder Italien gab –, waren diese jedoch meist nur einmalige Aktionen, oder die geforderten antirassistischen Maßnamen wurden nicht umgesetzt. So hat der Deutsche Fußball-Bund (DFB) im Oktober 1998 alle deutschen Vereine zur Umsetzung eines zehn Punkte umfassenden symbolpolitischen Maßnahmenpakets gegen Rassismus, Fremdenfeindlichkeit und Rechtsradikalismus aufgerufen. Dabei wurden etwa die Aufnahme eines Antirassismus-Paragrafen in die Stadionordnung angeregt – und später zur Auflage gemacht – oder regelmäßige Aufrufe und Bekenntnisse der Vereine gegen Rassismus gefordert. Passiert ist nicht viel, bei den meisten Vereinen ist dieses Schreiben des DFB in der Schublade abgelegt worden. Auch die Spielordnung des DFB vom Herbst 2001 erhielt einen neuen Passus, wonach Klubs bei rassistischen Ausfällen ihrer Fans, mit Spielen unter Ausschluss der Öffentlichkeit bestraft werden können. Konsequenzen hat es bis dato noch keine gegeben. Zusätzliche Aktionen wie z.B. „Mein Freund ist Ausländer“ 1993, für die sich sämtliche Teams an einem

Bundesliga-Spieltag in entsprechend bedruckten T-Shirts aufwärmten, blieben einmalig und waren meist nur auf einen konkreten Anlass bezogen. Hervorzuheben sind allerdings der Hamburger FC St. Pauli und der Gelsenkirchener FC Schalke 04. Beide Vereine haben sich vor allem durch die Initiative der Fanklubs klar gegen Rassismus positioniert und kontinuierliche, bis heute vor allem ehrenamtliche Aktionen etabliert. Der FC Schalke 04 hat die „Integration ausländischer Mitbürger" als Vereinszweck in seinen Statuten festgeschrieben und der FC St. Pauli in seiner Stadionordnung entsprechende Punkte hinzugefügt. Außerdem ist der FC St. Pauli der einzige Verein Deutschlands, der sich freiwillig an den „Entschädigungszahlungen" an die während des Nationalsozialismus ausgebeuteten Zwangsarbeiter beteiligt hat.

Der italienische Verband fügte seinen Regularien vor etwa zwei Jahren Bestimmungen hinzu, die Schiedsrichter ermächtigen, Spiele abzubrechen, wenn Fans gegnerische Spieler oder Fans rassistisch beschimpfen. Trotz fortlaufender rassistischer Vorfälle in italienischen Stadien wurde bis dato noch kein Spiel abgebrochen, allerdings immer wieder Vereine wie etwa Lazio Rom zu Geldstrafen verurteilt.

Das europäisches Netzwerk FARE

Nicht nur aus diesem Grund sind antirassistische Fußballkampagnen und Fußballfans selbst aktiv geworden, und im Februar 1999 organisierte die österreichische Kampagne „FairPlay. Viele Farben. Ein Spiel." das Seminar „Networking Against Racism in European Football – NAREF".

Die Sportinitiative FairPlay wurde 1997 vom Wiener Institut für Entwicklungsfragen und Zusammenarbeit (VIDC) im Rahmen des Europäischen Jahres gegen Rassismus gestartet. Ziel dieses ersten und einzigen österreichweiten, interkulturellen Projekts im Bereich des Sports ist es, die Popularität und die integrative Kraft des Fußballs zu nutzen, um Rassismus und andere Diskriminierungen auf unterschiedlichen Ebenen des Sports und der Gesellschaft zu bekämpfen. Die FairPlay-Aktionsprogramme sind sehr stark darauf ausgerichtet, die österreichische Fußball-Community – Verbände, Medien, Spieler, Fans, Funktionäre – für die Sinnhaftigkeit von Antirassismus im Sportbereich zu sensibilisieren. Einerseits setzt FairPlay auf eine zielgruppenorientierte Öffentlichkeitsarbeit, andererseits auf konkrete Maßnahmen, mit denen die Fußball-Community zur aktiven Partizipation animiert wird. Beim bereits erwähnten NAREF-Seminar 1999 trafen sich über 40 Mitglieder von Fanklubs, Faninitiativen und antirassistischen Organisationen aus 13 Ländern, um Erfahrungen auszutauschen, Probleme und Strategien zu diskutieren sowie relevante Zielgruppen für weitere Kampagnen und Aktivitäten auszumachen. Das Resultat des dreitägigen Seminars war die Gründung des bereits erwähnten Netzwerkes Football Against Racism in Europe (FARE). Gleichzeitig wurde der Wiener Aktionsplan verabschiedet, in dem sich die Mitglieder von FARE 1999 dazu bekannten, „Rassismus im Fußball nicht zu tolerieren: weder in den Stadien, noch auf dem Spielfeld, noch in der Fußballadministration, im Fußballtraining oder in der fußballerischen Erziehung". Von den institutionellen Körperschaften im Fußball wurde gefordert, anzuerkennen, dass Rassismus und andere Formen der Diskriminierung auch im Fußball ein Problem darstellen. Es wurde dazu aufgerufen, Verantwortung zu übernehmen und das integrative und interkulturelle Potenzial des Fußballs zu nutzen. Außerdem verpflichteten sich die Mitglieder von FARE, alle Formen rassistischen Verhaltens in den Stadien und in den Vereinen sowie strukturellen Rassismus zu bekämpfen, rassistische Vorfälle publik zu machen und mit Verbänden, Vereinen und Spielergewerkschaften zusammenzuarbeiten bzw. diese mittels Lobbying zur Kooperation zu bewegen.

Im Juni 2000 konnte FARE sein Engagement offiziell im Brüsseler EU-Parlament präsentieren. Vor hochrangigen VertreterInnen von Fußballverbänden, der Europäischen Kommission, des EU-Parlamentes, des Europäischen Rates und zahlreichen Medien konnten die FARE-Mitglieder das Netzwerk, ihre Anliegen und Forderungen sowie den Wiener Aktionsplan präsentieren und über ihre Erfahrungen in antirassistischer Kampagnenarbeit im Fußball berichten. Diese Medienpräsentation stellte den Startschuss für gemeinsam organisierte und im Namen von FARE durchgeführte Aktivitäten dar, in denen sich die Vielschichtigkeit des Rassismusproblems widerspiegelt.

Mondiali Antirazzisti – Ein WM-Turnier für Fußballfans

So organisiert das italienische Fanprojekt Progetto Ultrà *www.progettoultra.it* die Mondiali Antirazzisti, die im Juli 2003 zum siebten Mal stattgefunden hat. Dabei kommen jedes Jahr Teams aus mehreren europäischen Ländern nach Italien, um gemeinsam mit dort lebenden MigrantInnen- und Fanklubmannschaften beim Turnier anzutreten – insgesamt über 120 Teams. Neben den Infoständen, bei denen die anwesenden Gruppen und Organisationen ihre Materialien anbieten, werden Workshops und Diskussionsrunden über Rassismus im Fußball organisiert, die einen Austausch zwischen Fußballfans und MigrantInnen ermöglichen. Progetto Ultrà ist Teil von Unione Italiana Sport Per Tutti (UISP), eine der größten italienischen Sportorganisationen, und betreibt Sozialarbeit an der Basis, also bei Fußballfans und Fanklubs. Progetto Ultrà sammelt zudem in seinem Dokumentationszentrum Berichte über rassistische Vorfälle und antirassistische Aktionen aus ganz Europa, hat aber auch schon mehrmals bei internationalen Fußballgroßveranstaltungen so genannte Fan-Botschaften als Anlaufstellen von Fans für Fans organisiert und betreut.

In Deutschland ist vor allem das Bündnis Aktiver Fußballfans (BAFF) als FARE-Mitglied aktiv. Neben laufenden Kampagnen gegen Neonazismus, Rassismus oder die Kommerzialisierung im Fußballsport hat BAFF als Teil des FARE Netzwerkes im November 2001 die Wanderausstellung „Tatort Stadion. Rassismus und Diskriminierung im Fußball" in Berlin eröffnet.[5] Ein weiteres erfolgreiches Projekt von FARE ist das Bildungsvideo „Show Racism the Red Card" des gleichnamigen englischen Projektes (SRTRC) aus Newcastle in Großbritannien, welches für den Schulbereich und jugendliche Fußballfans konzipiert wurde. Das Video nützt die Popularität der Profifußballer der englischen Premier League, um Rassismus zu thematisieren, die historische Entwicklung und rassistisches Verhalten darzustellen und Reaktionsvarianten zu diskutieren. Neben SRTRC sind noch zwei weitere englische Partner an den FARE-Aktionen beteiligt, nämlich „Football Unites – Racism Divides" (FURD) aus Sheffield und „Kick It Out!" aus London. FURD ist ein lokales Projekt, das sehr stark mit Jugendlichen und ethnischen Minderheiten vor allem mit asiatischem Background arbeitet und dabei von der lokalen Verwaltung und dem Fußballverein Sheffield United unterstützt wird. Die nationale Antirassismuskampagne „Kick It Out!" wird vom englischen Fußballverband und der Spielergewerkschaft gefördert. Sie organisiert jährlich eine „Anti-Racist Week" im englischen „Black History Month" Oktober mit einer Vielzahl von Aktivitäten und gibt zu diesem Anlass die Zeitschrift United Colours of Football heraus. „Kick It Out!" wurde aufgrund der anhaltenden rassistischen Übergriffe im englischen Fußball seit den 1980er Jahren von der Commission for Racial Equality und der Professional Footballers Organisation 1993 gegründet. Denn auch in England wurden zunächst nicht der Fußballverband, sondern einzelne Fanklubs mit ihren Klubs und Spielern gegen Rassismus aktiv.

Im Jahre 2000 stießen Stowarzyszenie Nigdy Wiecej (Never Again Association) aus Polen und nicht zuletzt die European Gay & Lesbian Sports Federation (EGLSF) aus den Niederlanden zur FARE-Kerngruppe hinzu. „Never Again" leistet in Polen v.a. antirassistische Aufbau- und Aufklärungsarbeit, aber auch Lobbying und Erweiterungsarbeit des Netzwerkes in Osteuropa. Die EGLSF hingegen bringt die zum Tabuthema gemachte Homosexualität im Fußball in die Arbeit von FARE ein.

Gemeinsam mit „FairPlay" ist „Kick It Out!" für das Lobbying bei Verbänden und internationalen Fußballinstitutionen im Netzwerk FARE verantwortlich. Lobbying ist nicht nur aus finanziellen Gründen wichtig. FARE hat es dadurch auch innerhalb eines Jahres geschafft, als ernst zu nehmendes, mit wirksamen Methoden agierendes antirassistisches Netzwerk anerkannt zu werden. Das bezeugen die Einladungen der FIFA zur Antirassismuskonferenz in Buenos Aires sowie zur Fußball-Expo 2000 in Nizza. Anfang März 2003 hat FARE in Kooperation mit der UEFA und dem als Gastgeber fungierenden englischen Fußballverband die Konferenz „Unite Against Racism" in London organisiert, konzipiert und durchgeführt. Zu dieser Konferenz wurden alle europäischen Fußballverbände und Vertreter führender Vereine eingeladen. Aber auch der Europarat nutzt die Expertise von FARE und lädt Mitglieder des Netzwerkes regelmäßig zu Arbeitsgruppen und Konferenzen ein.

FARE-Aktionswochen

Die UEFA ist durch die verbreitetste europaweite antirassistische Methode auf FARE aufmerksam geworden. FARE hatte erstmals vom 30. März bis 8. April 2001 die FARE-Aktionswoche gegen Diskriminierung im Fußball durchgeführt. Die Aktionswochen bieten Fanklubs, Vereinen und MigrantInnenorganisationen die Möglichkeit, gegen Rassismus und Diskriminierung aufzutreten und eigene Ideen für Aktivitäten zu entwickeln. Die Bandbreite reicht dabei von einfachen Flugzetteln, Doppelhaltern oder Transparenten zu eigens kreierten Choreografien, Fanzines und T-Shirts sowie der Organisation von Turnieren, Diskussionsveranstaltungen oder Filmabenden. An den ersten beiden Aktionswochen haben über 150 verschiedene Gruppen, Projekte, Fanklubs, Initiativen, Vereine und Organisationen aus 17 Ländern teilgenommen.

Im Oktober 2002 fand die FARE Aktionswoche bereits zum dritten Mal und mit einer imposanten Anzahl von unterschiedlichen Aktivitäten statt. Über 300 Fanklubs, Vereine, Verbände und MigrantInnenorganisationen in 17 Ländern organisierten Events und produzierten Materialien mit der Unterstützung von FARE, um ihr gemeinsames Auftreten gegen Rassismus und Diskriminierung im Fußball zu demonstrieren. So stellten z.B. erstmals alle 92 Profivereine der englischen Premier League ihre Heimspiele unter das Motto „Kick Racism Out of Football“. Bei den Qualifikationsspielen für die EM 2004 zwischen Norwegen und Bosnien-Herzegowina sowie Deutschland und den Färöer Inseln fanden ebenfalls antirassistische Aktionen statt. In Norwegen hielten die Spieler beider Teams vor dem Spiel rote Karten in die Höhe und erteilten somit dem Rassismus einen symbolischen Platzverweis. In Hannover wurden Informationshefte im Stadion verteilt. Die FARE Aktionswoche findet weiterhin einmal jährlich statt.

Kontakte zur UEFA gab es schon vor der Aktionswoche, doch durch die sich häufenden rassistischen Vorfälle in europäischen Fußballstadien begann die UEFA, sich ihrer Verantwortung bewusst zu werden. In weiterer Folge beschloss das zuständige Gremium die Vergabe ihres Charity Awards 2001 an FARE. Vor FARE hatten bislang nur das Internationale Rote Kreuz (für deren Antilandminen-Kampagne) und die Special Olympics den Charity Award erhalten. Für FARE kam dieser Preis überraschend und bedeutete eine große Anerkennung der bisherigen Arbeit. Der Charity Award wurde vom französischen Europa- und Weltmeister Lilian Thuram von Juventus Turin für FARE entgegengenommen. Thuram, der von seinen Kollegen auch gerne „il profesore“ genannt wird, ist für sein vehementes Auftreten gegen Rassismus bekannt.[6] Ebenso überraschend wurde FARE im November 2002 in Barcelona bei den MTV Europe Music Awards der „Free Your Mind Award“ verliehen.

Wie sich zeigt, ergeben sich letztendlich die Möglichkeiten für die europäischen Antirassismuskampagnen aus dem zunehmend international verfassten Fußball selbst. Eine rigide Trennung nach Kriterien der

Herkunft sowie der Nationalität erscheinen dabei als eher leistungshemmend und anachronistisch. Durch das Hervorheben unterschiedlicher Fußballtraditionen und -kulturen werden vielmehr der unverzichtbare Anteil von MigrantInnen und ethnischen Minderheiten am Aufbau der europäischen Gesellschaften erkennbar. Und schließlich durchbricht die Existenz von Unterschieden in und zwischen den Teams – bei einer gleichzeitigen globalen Einheitlichkeit der Fußballregeln – die kulturelle Stereotype der Unvereinbarkeit von Unterschieden. Zusätzlich ermutigt die gelungene Integration von Fußballern MigrantInnen und deren Nachkommen zur aktiveren Partizipation in der Gesellschaft. „Fußball", sagte Nelson Mandela, „ist eine der wichtigsten Aktivitäten, die Menschen zusammenbringt."[7]

Lilian Thuram nimmt für FARE den Charity Award entgegen.

Anmerkungen

1 Hédi Hamel: Europäisch-afrikanische Fußballbeziehungen: Zwischen neuer Konkurrenz und struktureller Benachteiligung? In: Michael Fanizadeh/Kurt Wachter/VIDC (Hrsg.): Fußballkultur in Europa, Globalisierung und Rassismus. Reader zum Wiener Symposium vom 10.-11. November 1997, Wien 1998, S. 31.

2 Pierre Lanfranchi: Migration, Globalisierung und Rassismus im europäischen Fußball. In: Michael Fanizadeh/Kurt Wachter/VIDC 1998, S. 9.

3 Hédi Hamel: 1998, S. 29.

4 Tim Crabbe (1998): Was ist Erfolg? Rassismus und Antirassismus im Profifußball. In: Michael Fanizadeh/Kurt Wachter/VIDC 1998, S. 58.

5+6 Mehr dazu siehe im Beitrag „Am Tatort Stadion. Rassismus und Diskriminierung in den Fanszenen" von Gerd Dembowski und Ronald Noack in diesem Buch.

7 zitiert nach FairPlay Magazin, Nr. 1, Wien 1997, S. 6.

Steffie Wetzel

Ich habe „Fever Pitch“ nie zu Ende gelesen

Gedanken zu Sexismus in den Fanszenen

Ich gestehe: Ich habe Fever Pitch nie zu Ende gelesen. Genau viermal habe ich „das beste Fußballbuch, das jemals geschrieben wurde“, wie die *taz* urteilte, angefangen. Genau viermal habe ich es beiseite gelegt. Und da liegt es noch immer. Nicht, weil mich Fußball nicht interessiert, im Gegenteil.

Meine Welt dreht sich so sehr um Fußball, dass ich manchmal von Menschen, die außerhalb dieses Kosmos leben, ein wenig in die andere Realität zurückgeholt werden muss. Meine Familie kann ganze Choräle davon singen. Fußball ist mein Leben, Kickers Offenbach mein zu Hause und Fever Pitch ist das beste Fußballbuch, das jemals geschrieben wurde. Bei meinem ersten Leseversuch 1996 bin ich versunken vor Begeisterung, dass ich mit meinem Lebensinhalt nicht allein bin. Sicher weiß ich von den Millionen Verrückten, die meine Leidenschaft teilen, aber dies treffend in Worte zu fassen, hatte ich mir bis dahin nicht vorstellen können.

Im Vorwort schreibt Nick Hornby: „Ein Fankollege, der letzte Saison an einem saukalten Januarnachmittag ganz allein ein Spiel der Reservemannschaft von Wimbledon gegen die von Luton anschauen ging – und das nicht in einer Art Geisteshaltung von ‚Immer-eine-Nase-voraus‘ oder einer Art selbstironischer, burschikoser Überspanntheit, sondern weil es ihn aufrichtig interessierte –, stritt mir gegenüber unlängst energisch ab, auch nur im geringsten exzentrisch zu sein.“ Und ich erinnere mich daran, dass einer meiner ersten Wege, nachdem ich wegen eines Beinbruchs längere Zeit im Krankenhaus verbracht hatte, an den Bieberer Berg führte, um mir bei diesigem Flutlicht ein Testspiel zwischen zweiter Mannschaft und A-Jugend anzuschauen. Das war Fever Pitch, das war dieses Gefühl, ein Teil dieses merkwürdigen Spiels zu sein. Ein Teil, ohne den dieses Spiel nicht dasselbe wäre.

Doch Fever Pitch sollte auch zum ersten Buch werden, das mich verletzte. In nur zwei, noch dazu den kürzesten Beiträgen wurde mir unmissverständlich mitgeteilt, dass diese Hymne an den Fußball nicht für mich gedacht ist, dass ich nicht teilhaben dürfte. Denn ich bin eine Frau, und als solche, so sprang es mir aus den Zeilen entgegen, nicht fähig, diese Obsession nachzuvollziehen, die Männer seit Anfang des letzten Jahrhunderts in ihren Bann zieht.

Und da war es. Das Gefühl nicht dazuzugehören, am falschen Ort zu sein, ausgeschlossen zu werden. Damals begleitete ich Kickers Offenbach seit ca. zehn Jahren. Und in diesen zehn Jahren hatte ich mir einen Platz erarbeitet. Einen Platz, von dem ich eigentlich angenommen hatte, dass er mir durch nichts und niemand streitig gemacht werden könnte. Zu meinem ersten „richtigen" Fußballspiel hatte mich 1986 mein damaliger Freund mitgenommen. Bis dahin fand Fußball für mich nur im Fernsehen statt, und auch wenn ich durch meinen Vater und verschiedene Freunde fußballtechnisch sozialisiert war, bedeutete der Besuch des ersten Fußballspiels doch einen Bruch. Im Stadion war es laut, hektisch und von einer Emotionalität, wie ich sie nie zuvor erlebt hatte. Und sofort war ich davon besessen, daran teilhaben zu wollen.

Mein Platz im Stadion blieb zunächst lange der der Beobachterin. Alle diese Männer um mich herum schienen bei aller Emotionalität immer genau zu wissen, was sie da brüllten – ob es jetzt um Abseits, ein Foul oder einen ungenauen Pass ging. In keiner anderen Situation verstehen es Männer so gut, Professionalität zu verkaufen wie im Stadion. Ich habe lange gebraucht, um das zu durchschauen. Noch länger, um dagegenzuhalten. Ich kann mich noch immer an die Situation erinnern, in der ich zum ersten Mal widersprochen habe. Es war nicht wirklich ein sportlicher Widerspruch, aber mein Gegenüber war tief getroffen. Einem älteren Mann, der immer eine Reihe vor mir stand, war entgangen, dass der OFC an diesem Tag in blauen Trikots auflief und so rief er engagiert wie immer: „Auf ihr Roten!" Bis ich ihm auf die Schulter tippte und ihn freundlich darauf aufmerksam machte, dass er auf diese Weise den Gegner unterstützte. Seinem entsetzten Blick konnte ich entnehmen, dass es eine besondere Schmach für ihn war, ausgerechnet von einer Frau ertappt zu werden. Er hat danach nie wieder ein Wort mit mir gesprochen.

Über die Jahre habe ich mich in der Fanszene durchgesetzt. Weil ich immer da war, weil ich mitgebrüllt habe und weil ich mitgelitten habe. Erst wurde ich beäugt, dann angesprochen, getestet und schließlich durfte ich teilhaben – eine völlig normale Fußballfankarriere. Und doch auch wieder nicht. Während Männer am Anfang ihrer Fankarriere vielleicht Gefahr laufen, ihrer körperlichen Unversehrtheit verlustig zu gehen, sind Frauen anderen „Tests" ausgesetzt. Das reicht von sexistischen Sprüchen bis zu Handgreiflichkeiten. Hat sich ein Mann jedoch in der Fanszene durchgesetzt, ist die Testphase endgültig vorbei. Bei Frauen nie.

Da ich die ersten elf Jahre, die ich rund um die Kickers aus Offenbach verbrachte, „vergeben" war, blieb mir in dieser Hinsicht vieles erspart. Ohne Freund jedoch bewegen Frauen sich innerhalb der Fanszene oft genug wie Freiwild. Da hilft auch jahrelange Anerkennung nichts, sondern nur das Kuschen vor rigorosen Verhaltensregeln und die Akzeptanz einer strengen Kleiderordnung. Denn ebenso wie ein Händedruck bei Männern in der Fanszene schon einen Hormonschub bewirken kann, liefern beispielsweise bauchfreie Tops scheinbar automatisch die Genehmigung, die freiliegenden Hautstellen unentwegt anzustarren und zu betatschen. Von den vielfach verbreiteten Fangesängen ganz abgesehen: „Schiri, wir haben deine Frau gefickt", meist gesungen von männlichen Fans, die sich gerade auf dem Höhepunkt der Pubertät befinden. „Von den blauen Bergen kommen wir, unsre Schwänze sind genauso lang wie wir", ist ein Klassiker auf fast jeder Bahnfahrt. Und ob Mann oder Frau – Sexismus im Stadion bleibt nach wie vor unwidersprochen.

Ein merkwürdiges Phänomen, dem ich mich selbst oft nicht entziehen kann. Gerade Frauen neigen dazu, das Sexismus-Problem im Stadion herunterzuspielen. „Ich habe keine Probleme, ich habe mich durchgesetzt", war und ist auch noch oftmals meine Argumentation. Als ich vor zwei Jahren versuchte, mich in meiner Diplomarbeit der Thematik „Frauen in der Fußballfanszene" wissenschaftlich zu nähern, musste ich diese Argumentation ein ums andere Mal in Frage stellen.

In Interviews, die ich mit Frauen aus der Offenbacher Fanszene führte, habe ich auch das Thema Sexismus angesprochen. Die Reaktion war bei allen Interviewpartnerinnen gleich. Zunächst die gängige, abwiegelnde Argumentation; auf Nachfrage dann Situationen, in denen konkret Sexismus erfahren wurde; und dann fast selbst überrascht Schulterzucken: „Das ist halt so."

Das ist halt so – eine resignative Haltung bei Frauen, die sich zum Großteil klar gegen Rassismus äußern und auch im Stadion keine Scheu haben, sich verbal gegen rassistische Tendenzen zu wehren. Ge-

Frauen im Stadion – schon lange keine Randerscheinung mehr.

gen die Diskriminierung des eigenen Geschlechts jedoch bleibt zumeist Hilflosigkeit.

Zumal den Vereinen diese Problematik oft entweder nicht bewusst oder gar egal ist. Wie viele frauenspezifische Probleme äußert sich Sexismus selten so, dass der Verein glaubt, handeln zu müssen. Denn Fußball ist noch immer in der Hauptsache von Männern dominiert und dementsprechend fallen nur Probleme ins Gewicht, die ein Ausbleiben einer großen Anzahl von (männlichen) Zuschauern bedeuten würde. Frauen beschweren sich auch häufig nicht über unerträgliche Zustände – und selbst wenn, dann werden sie seltener ernst genommen. Toiletten in einem erträglichen hygienischen Zustand z.B. sind noch immer nicht die Regel in Fußballstadien. Auch ein Problem, das für Männer eher nebensächlich, für Frauen dagegen eine mehr als unangenehme Begleiterscheinung ist.

Und häufig werden Frauen auch in der Kommunikation zwischen Verein und Fans gar nicht erst berücksichtigt. Der Ex-Manager von Kickers Offenbach pflegte seine Reden auf Fanklub-Sitzungen immer mit einem donnernden „Männer!" einzuleiten. Als einmal eine der anwesenden Frauen dagegen protestierte, schoss er als Erklärung ein klassisches Eigentor. Er habe diese Anrede gewählt, weil er sich ja im Fußballumfeld befinde und das verbinde er nun mal mit Männern… Auch auf der Anzeigetafel blinkte schon mal ein „Danke für die Unterstützung, Jungs". Und ich muss mich fragen, warum mir eigentlich nicht gedankt wird. Schließlich brülle ich mir genauso die Seele aus dem Leib wie meine männlichen Fankollegen.

Die Werbung ist da schon ein Stück weiter. Coca-Cola, die den Fußball als Werbemedium entdeckt haben, sendete vor einiger Zeit einen Spot, in dem ein Junge und zwei Mädchen parallel ihre Hobbys vorstellten. Der Junge züchtete, glaube ich, Frösche oder so was. Die Mädchen in voller Fanmontur berichteten von ihren Stadionbesuchen. Auch Bayern München warb schon einmal mit einer attraktiven jungen Frau, die alle Verabredungen absagte, da sie schon etwas vorhabe. Was, das erklärte sich durch das Überstreifen eines Bayern-Trikots. Mit einem Verschwinden von Sexismus hat dies natürlich nichts zu tun. Aber Frauen sind, was den Fußball betrifft, eine neue Einnahmequelle.

Ändern wird sich dadurch nichts. Nicht, solange Sexismus im Stadion ein Frauen-Problem bleibt. Solange die Fanszene offiziell aus Männern besteht. Solange Fußballvereine nicht wahrnehmen, dass sie Fans zweierlei Geschlechter haben, die mit unterschiedlichen Problemen zu tun haben. Solange Fanproblematik ausschließlich mit der Gewaltproblematik verbunden wird. Solange Männer glauben, dass Frauen ihre Fußballleidenschaft nicht teilen, ja, nicht mal verstehen können.

Ich habe Fever Pitch nie gelesen. Kürzlich sagte ein Freund von mir, dem ich den Grund dafür erklärte: „Ja, das ist auch richtig. Das Buch ist für Männer." Und langsam glaube ich, dass ich „das beste Fußballbuch, das jemals geschrieben wurde" nie zu Ende lesen werde.

Markus H.W. Flohr

In all den wunderbaren Jahren[1]

Zur Geschichte des politischen Fußballs und seiner deutschen Fans

„Ich denke, wenn die Geschichte sich wiederholt, können wir noch mal das Gleiche erwarten.“

Terry Venables

Ein jedes Ding hat seine Geschichte. Für sich keine besonders spannende Einsicht. Auch dann nicht, wenn es sich bei diesem „Ding“ um einen Fußballverein handelt – oder einen solchen Verband. Als Anhänger, „Fan“ einer Balltretvereinigung kann mensch in Kurve und Kneipe zwar mit einem fundierten Wissen über die Historie desselben die ein oder andere Après-Match-Wette gewinnen oder für verdutzte Gesichter sorgen. Ist die mentale Ahnengalerie angefüllt mit verblichenen Helden und sagenhaften Erfolgen, kommt der fußballinteressierte Parteigänger auch gerne ins Schwelgen. Stundenlang und mit leuchtenden Augen geht es da um unglaubliche Auswärtssiege in letzter Minute, auch um Tore, die auf dem Rücken liegend mit dem Hinterkopf erzielt wurden; um Trainingsmethoden und -umstände, die „man sich heute nicht mehr vorstellen kann“. Ehrliche Kämpfe, authentischer Sportsgeist und mythologische Wendungen am Mittelkreis. Verklärt, idealisiert, stilisiert, ganz so, wie der echte „Fan“ es eben hören will. Für sich eine schöne Sache. Doch Obacht, wenn die Sprache auf dunklere Kapitel des Gestern, der Geschichte kommt, die Nachfragen kritisch sind oder es sein müssten und, im „schlimmsten“ Fall, das rein sportliche Spiel plötzlich in die politische Verlängerung geht. Nachfragen, z.B. die jüngere deutsche Geschichte betreffend, werden dann gerne und oft abgekanzelt: Das habe mit Fußball nichts zu tun, Sport und Politik seien zwei paar Schuhe, keine Politik im Stadion. Wo die Vergangenheit den Beigeschmack bekommt, nicht bloß zur Totalidentifikation und zum Heldengedenken zu taugen, da ist es plötzlich ganz anders gewesen, als „man“ so denkt. Besonders kompliziert wird es, wenn das Gestern keine Trennlinie zum Heute hat. Wenn die Geschichte nicht nur nicht vergehen will, sondern nicht vergangen ist. Wenn zum Beispiel bekannt wird, dass das Stadion, in das ein „Fan“ je-

Wilhelm Koch.

des zweite Wochenende gepilgert ist, nach einem Mensch mit einschlägiger Nazi-Vergangenheit benannt ist. Auf einmal stellt sich da die Einsicht, dass jedes Ding seine Geschichte hat, als Hypothek für die Gegenwart, für das Heute heraus.

Zum Beispiel für den heute 45-jährigen Ronny Galczynski, seit 14 Jahren Fan des FC St. Pauli und noch länger mit dem Verein verbunden, dessen Stadion bis 1998 „Wilhelm-Koch-Stadion" hieß. 1997 erschien im Werkstatt-Verlag ein Buch über die Geschichte des FC St. Pauli, in dem der Autor René Martens einen Artikel über die NSDAP-Mitgliedschaft des ehemaligen Präsidenten und Namensgebers des Stadions, Wilhelm Koch, und seine Übernahme einer ehemals jüdischen Firma veröffentlichte. Martens stellte damals fest: „Überfällig ist ein neuer Name allemal. Dass ein Stadion, in dem rechtsradikale Äußerungen vorbildlich mit Hausverbot geahndet werden, benannt ist nach einem ehemaligen NSDAP-Mitglied und Nutznießer der Nazi-Politik – das ist ja nun wirklich grotesk."

Auf der Jahreshauptversammlung des FC St. Pauli am 31.10.1997 hat Ronny Galczynski, u.a. Redaktionsmitglied des Fanzines *Übersteiger*, einen Antrag auf Namensänderung des Stadions eingebracht. Nach längerem Hin und Her (siehe nachfolgenden Beitrag) beschloss die Jahreshauptversammlung im Jahr darauf mehrheitlich dem Antrag zu entsprechen. Das Stadion in der Mitte Hamburgs heißt seitdem „Millerntor-Stadion", auch wenn manch ein Hamburger Stadtplan, auch neueren Datums, davon nichts wissen will.

„Wir haben all zu viel erhofft und leider nichts getan – wie so oft"

Solches Nicht-Bewusstsein treibt zuweilen auch andernorts aparte Blüten. So verhält und äußert sich ein „Branchenführer", der FC Bayern

München, zu seiner jüngeren Vereinsgeschichte mitunter merkwürdig. Völlig ohne Not – denn der FC Bayern war zu Beginn des 20. Jahrhunderts und zu Zeiten der Weimarer Republik ein Club, der auch Sportlern jüdischen Glaubens eine Heimat bot und von diesen gegründet wurde. Als in den Neunziger Jahren ein Bayern-Fanklub, neben anderen rechtsradikalen Ausfällen, unter anderem dadurch auffiel, dass er bei einem Spiel gegen Ajax Amsterdam die Niederländer als „Judenklub" beschimpfte und Slogans wie „Hänschen Rosenthal ist tot" – der populäre Quizmaster Hans Rosenthal war jüdischen Glaubens und Präsident des Berliner Klubs Tennis Borussia – oder „SS, SA Bavaria" und „Wer soll unser Führer sein? Carsten Jancker!" zu seinem Repertoire zählte, verhielt der Verein sich unschlüssig. Diese ganz speziellen „Fans" hatten neben ihrer feinsinnigen Präsenz im Stadion durch gewalttätige Aktionen wie Überfälle auf Tankstellen und Verkaufsstände im Umfeld von UEFA-Cup-Spielen in Frankreich und England dafür gesorgt, dass dem FCB 1996 zum UEFA-Cup-Auswärtsspiel in Bordeaux Sanktionen im Falle weiterer Vorkommnisse drohten. Da diese „Fans" damit rechneten, vom Verein keine Karten mehr zu bekommen, drohte man kurzerhand damit, ein Dorf in der Nähe des Spielorts „platt zu machen" – und bekam die Karten. Manager Uli Hoeneß tat so etwas sicher nicht, um Nazis zu unterstützen. So eine Vermutung wäre absurd. Die „Fans" sollten wohl eher domestiziert und durch onkelhaftes Verhalten zu anständigen Bayern-Fans erzogen werden. Dass derselbe Uli Hoeneß 2003 zu Saisonbeginn kurzerhand mehrere Fanklubs – wohlgemerkt nicht aus politischen, sondern „sicherheitsrelevanten" Erwägungen – quasi aus dem Stadion schmiss, indem er den Dauerkartenverkauf an sie untersagte, unterstreicht die unklare Position der Vereinsführung ein weiteres Mal. Der „Kaiser" würde wohl sagen: „So ist`s Business." Wie einfach hätte der FCB es damals gehabt, seinen rechten Fans den Boden unter den Füßen wegzukicken – mit einem kurzen Hinweis darauf, dass sie selbst einen Club unterstützen, der jüdische Wurzeln hat und sich durchaus gegen den Zugriff der Nazis wehrte. Heike Faller begründet am 28.05.03 u.a. deshalb in der *Zeit* „warum es doch einen Grund gibt, den FC Bayern zu lieben". Hier hätte ein Blick in die Geschichte tatsächlich einmal zur Folge haben können, „aus ihr zu lernen". Der Verein deckelte bisher die Rechten und schmiss seine Ultras aus dem Stadion. Bloß nicht das eigene Image in Gefahr bringen. Aber welches Image? Die Lage ist mehr als misslich, da der Verein auf der einen Seite mit seiner jüdischen Geschichte nicht unbedingt hausieren geht, auf der anderen Seite antisemitische Ausfälle der eigenen Fans ignoriert, die Handelnden sanktioniert und ein paar erlebnisorientierte junge Menschen in die Verbannung kickt. „Für viele Menschen [beim FC Bayern] beginnt die Geschichte ihres Vereins mit dem verlorenen Spiel in der letzten Woche“, charakterisierte Dietrich-Schulze Marmeling (u.a. „Die Bayern“[2]) die bisher mangelnde Motivationslage des Clubs wohl recht zutreffend.

Andere Vereine haben mit ihren Fans weniger Probleme und entwickeln sogar Ansätze zu einem Bewusstsein für ihre Geschichte. Zum Beispiel hat sich einer der großen Ruhrpott-Vereine, der FC Schalke 04, nach längerer Diskussion dazu durchgerungen, weder eine Straße noch ein Internat nach seinem Idol Fritz Szepan zu benennen – dies aber erst, nachdem der Historiker Frank Bajohr herausgefunden hatte, dass das einstige NSDAP-Mitglied Szepan direkt von der NS-Rassenpolitik profitierte. Demnach übernahm Szepan ein Textil-Geschäft, dessen vormalige Inhaber jüdischen Glaubens waren und im Zuge der „Arisierung“ den Laden abgeben mussten. Seltsam nur: Der Ehrung von Ernst Kuzorra, einem zweiten Schalke-Idol und ehemaligem NSDAP-Mitlied, stand nichts im Wege, das Straßenverzeichnis von Gelsenkirchen ist mittlerweile um den Ernst-Kuzorra-Weg ergänzt worden. Begründung: Kuzorra sei lediglich Parteibuch-Träger gewesen.

Es könnten an dieser Stelle noch viele weitere Fallbeispiele folgen – von Vereinen, die sich meistens gar nicht, und wenn, dann beschönigend, selten engagiert und noch seltener mutig und offensiv mit ihrer Vergangenheit auseinander setzen oder gesetzt haben. Diese Geschichte auch beim FC Kleinkleckersdorf oder der Spielvereinigung Winzighausen zu schreiben, ist eine Aufgabe für die Zukunft. Hier soll der Blick zum Abschluss noch eine Ebene höher gerichtet werden, auf die Instanz, den Verband, der den öffentlichen Fußball seit dem Ende der Weimarer Republik relativ konkurrenzlos geprägt hat.

„Mit geschlossenen Augen und eingesperrtem Sinn…“

„Die Geschichte des Deutschen Fußball-Bundes zeigt, dass auch der Fußball, konkret wie er ist, seine Geschichte und seinen Gesellschaftsbezug hat: Dass er ein Politikum bildet, das als Politikum erkannt werden will. (…) Dass er, in seiner Struktur, hier Prinzipien auf den Begriff bringt, die der jeweiligen Gesellschaftsordnung entsprechen, und dort dazu benutzt wird, um diese Prinzipien zu verbergen. Auf dem grünen Rasen das fair play – und Stacheldraht um die Lager!“[3]

Der Deutsche Fußball-Bund, sich selbst gerne „größter Einzelsportverband der Welt“ nennend, hat eine bewegte und kontrovers diskutierte Geschichte. Anders als die Vereine der Fußballligen hat er aber keine Fanbasis, also auch von dieser Seite kein kritisches Korrektiv. Niemand ist Fan des DFB, allenfalls seiner Nationalmannschaft, und auch dann hält ein Fan meist in erster Linie zu seinem Club und erst in zweiter zum Nationalteam. Die Aufarbeitung seiner Geschichte ist somit ein Thema, das bisher unabhängigen HistorikerInnen vorbehalten war. Im Diskurs in der Kurve kommen davon allenfalls noch, im wahrsten Sinne des Wortes, die Rudimente an. Bis heute verhält sich der Verband nur ungenügend zu seiner Rolle im deutschen Faschismus, in der Zeit nach 1945 kam er immer wieder und mit einiger Regelmäßigkeit genau unter diesem Blickwinkel in die Schlagzeilen der Tagespresse. Sei es durch eine mehr als peinliche „Sieges“-Rede des ersten Nachkriegspräsidenten Peco Bauwens für die frisch gebackenen Weltmeister 1954, seien es die obskuren Umstände des Besuchs von Wehrmachts-Oberst Rudel („Hitlers Lieblings-Soldat“) im WM-Quartier der deutschen Nationalmannschaft 1978 in Argentinien. Sei es durch die nachwirkenden Verstrickungen führender DFB-Köpfe in der NS-Zeit oder sei es zuletzt durch die Auseinandersetzungen um die BAFF-Ausstellung „Tatort Stadion“. All dies ist es, was Walter Jens 1975 bewog eine solche Rede zu halten, was Arthur Heinrich, Dietrich Schulze-Marmeling und andere Wissenschaftler, Journalisten und Autoren immer wieder dazu bringt, den DFB und sein Verhalten zu kritisieren. Dies ist die Haltung, aus welcher der DFB das BAFF meist nur in der Rolle von „Fußballterroristen“ sah, die „Grabenkampfe“ führten. Es ist das Bild eines Verbandes, der eine Vergangenheit beheimatet, vielleicht bewahrt, die nicht vergangen ist.

Erst großer öffentlicher Druck konnte den deutschen Fußball-Bund dazu bringen, sich diesem Kapitel seiner Geschichte zu stellen. Der Dachverband gab Ende 2000 eine vierjährige Studie in Auftrag, welche die Tätigkeit des DFB in den Jahren 1933-45 erforschen soll. Den Zuschlag für die Arbeit erhielt der Mainzer Historiker Dr. Nils Havemann.

Bei einer Podiumsdiskussion mit dem Titel „Was tun gegen Rassismus im Fußball?“ am 19. August 2002 im Rahmen der Eröffnung zur

Ausstellung „Tatort Stadion" in Frankfurt/Main gab Havemann erstmals Auskunft über seine Erkenntnisse: „Beim DFB bestand ganz klar eine Schwäche für Nazi-Parolen, die Machtergreifung von Hitler wurde allseits begrüßt." Nach rechts „ausgerissen" seien die Mannen um Felix Linnemann (DFB-Präsident von 1925-1945) aber nie, obwohl eine Neigung zu national-konservativen, chauvinistischen Standpunkten auch zur Zeit der Weimarer Republik vorhanden gewesen sei. „Der Antisemitismus" der NSDAP oder die Ideologie vom „Lebensraum im Osten" sei aber nie Sache der Balltretverwalter gewesen. Und im Übrigen sei die reibungslose Einordnung in den „Führerstaat" auf das verbreitete Interesse am eigenen Machterhalt und die Angst vor einer Zerschlagung zurückzuführen, „man wollte einen Großteil an Eigenständigkeit bewahren" und habe sich „lieber still verhalten und untergeordnet". Der DFB hat sich eben „nicht anders verhalten als jeder Karnevalsverein oder die Kirche". Auch seien „aus Fußballerkreisen derzeit keine wirklich Schuldigen bekannt, etwa Leute, die an Kriegsverbrechen beteiligt waren. Es gibt eher kleine Schurken und andererseits leisen Widerspruch."

Dietrich Schulze-Marmeling, ebenfalls nach Frankfurt eingeladen, meldete darauf Widerspruch an – und argumentierte, dass der Antisemitismus auch in DFB-Kreisen schon vor 1933 präsent gewesen sei. Heute aber vor allem gefragt werden müsse, wie der DFB und seine Präsidenten nach 1945 – ob Neuberger, Bauwens oder Mayer-Vorfelder – mit der Geschichte umgegangen sind und umgehen. Dass MV und Co. sich gerade im Hinblick auf die WM 2006 in diesem Punkt bewegen müssten, sei klar, schon ob der seit 1998 neuen Regierung in Berlin, welche die WM mit nach Deutschland geholt habe. Schulze-Marmeling schlug vor, als symbolischen Akt den Neubau des Berliner Olympiastadions nach einem jüdischen Fußballer zu benennen und sich als DFB öffentlich zu entschuldigen – für die eigene Rolle im deutschen Faschismus und auch für ein halbes Jahrhundert Nicht-Verhalten dazu, bis jetzt.

„Wir mit unseren Ideen"

Ein jedes Ding hat seine Geschichte. Vielleicht doch eine spannende Einsicht? Ja, nämlich genau dann, wenn das bloße Vorhandensein einer solchen – oder der Verweis darauf – konsequent ausgeklammert, geleugnet, verfälscht, oder geklittert wird. Was leider allzu häufig geschieht, wenn es sich bei diesem „Ding" um einen Fußballverein handelt – oder einen solchen Verband. Sei es Wilhelm Koch, sei es Fritz Szepan, seien es Felix Linnemann, Peco Bauwens oder der DFB als solcher – es kann nicht darum gehen, über jemanden oder etwas zu Gericht zu sitzen. Sehr wohl kann es aber darum gehen, Antworten auf ungestellte oder unbeantwortete Fragen zu bekommen, erst recht wenn über braune Vergangenheit der weiße Schleier des Sports, womöglich noch dessen Geist oder was auch immer gelegt werden soll. Der Fußball ist sicher kein vergangenheits- oder geschichtsvergessener Bereich (mehr), positive Beispiele gibt es, sie stehen allerdings keinesfalls als Spitze des Eisberges für eine positive Entwicklung, die den ganzen Fußball beträfe. Im Gegenteil: Dieser ist, wie viel zu viele Teile des organisierten Sports in Deutschland, ein gesellschaftlicher Bereich, der sein „'68" noch nicht erlebt hat oder es gerade erlebt. Der Historiker Fritz Fischer hat in seinem bereits 1979 erschienen Buch „Bündnis der Eliten"[4] analysiert, dass es ungebrochene Kontinuitäten vom deutschen Kaiserreich über die Weimarer Republik und den deutschen Faschismus bis in die Nachkriegsjahre in den Führungsebenen von Wirtschaft, Militär und Politik gab. Der Nestor der deutschen Sportgeschichte, Horst Überhorst, übertrug diese These 1989 auf den Sport und prognostizierte ein „Kontinuitätsproblem" im „Deutschen Fußball" und vor allem dem dazugehörigen „Bund". 2003 kann man sich also fragen, ob daraus nicht ein „Kontinuitätsprinzip"[5] geworden ist. Mit anderen Worten: Wie war es möglich, dass unter dem Deckmantel des Sports Strukturen, Ideen, Ideologien, so genannte „Traditionen" usw. konserviert werden, die in anderen Bereichen längst verschwunden sind oder einer sehr viel stärkeren Kritik und Diskussion ausgesetzt waren? Auch wenn es langsam langweilig wird – nicht von ungefähr war es ein einziger Verein, der sich 2001 zu „Entschädigungszahlungen" an Zwangsarbeiter und Verfolgte des Nazi-Regimes durchrang: der FC St. Pauli. Dass andere Vereine oder der DFB dazu keinerlei Veranlassung sahen, dokumentiert die allgemeine Haltung zu diesem Thema im „deutschen Fußball". Handlungsbedarf besteht dabei allemal, die Initiative muss aber anscheinend von „unten", aus der Fankurve, aus dem Publikum kommen. Und manch ein Fan sollte sich fragen, für welche Institution er oder sie Zeit, Geld und Nerven opfert und in immer wieder neuer Form den Support organisiert.

Der erste Schritt in diese Richtung wäre jedoch, überhaupt den Gedanken zuzulassen, dass am eigenen Verein, dem Fetisch des Fans, ein Makel haften könnte, die Totalidentifikation und das Identisch-Werden mit dem Club einen Bruch erleiden könnte. Nur wer diesen Schritt zurücktritt, kann unter die Oberfläche schauen und erkennen, was wirklich lief – „in all den wunderbaren Jahren".

Anmerkungen

1 Alle Absatzüberschriften sind dem Song „In all den wunderbaren Jahren" der Münchner Band Sportfreunde Stiller entlehnt.

2 Dietrich Schulze-Marmeling: Die Bayern. Die Geschichte des deutschen Rekordmeister, Göttingen 2003.

3 Aus einer Rede von Walter Jens zum 75-jährigen Jubiläum des DFB 1975.

4 Fritz Fischer: Bündnis der Eliten, Düsseldorf 1979.

5 Horst Überhorst: Der „Historikerstreit" und das Kontinuitätsproblem der deutschen Sportgeschichte. In: Rainer Eisfeld / Ingo Müller: Gegen Barberie, Frankfurt a. M., 1989.

„Leute wie sie brauchen wir hier nicht!"

Im Gespräch mit Ronny Galczynski zur Stadionumbenennung beim FC St. Pauli

Ronny, wer ist Wilhelm Koch und welches Problem hast du mit ihm?
1997 erschien das Buch „FC St. Pauli – You'll never walk alone", geschrieben von René Martens. Darin deckte er, für mich erstmalig, die Geschichte des langjährigen Präsidenten und Namensgeber des Stadions, Wilhelm Koch, während der Zeit des deutschen Faschismus auf. Martens stellte unter anderem die Forderung auf, das Stadion umgehend umzubennen, da Wilhelm Koch sowohl NSDAP-Mitglied als auch Nutznießer der Nazi-Politik gewesen sei. Das geisterte durch die Hamburger Presse und wurde auch in Fan-Gruppierungen wie der „Arbeitsgemeinschaft interessierter Mitglieder", kurz AGim oder dem Fanzine *Übersteiger* heiß diskutiert. Das Ergebnis war einhellig: Das Stadion muss umbenannt werden. Wir wollten allerdings den Weg des Dialogs gehen und über einen Antrag an die Mitgliederversammlung des FC St. Pauli eine Abstimmung über einen neuen Stadionnamen herbeiführen. Ich habe damals meinen Namen in die Waagschale geworfen und den Antrag eingereicht und begründet.

Wie ging es dann weiter?
Viele Menschen, vor allem ältere Vereinsmitglieder, die Koch lange direkt erlebt haben, waren völlig dagegen und sahen nur die, unbestritten vorhandenen, Verdienste, die er sich um den Verein erworben hatte. Es wurde dann eine Gruppe um Frank Bajohr, einem renommierteren Hamburg-Historiker, damit beauftragt, ein Gutachten über die Vergangenheit Wilhelm Kochs anzufertigen.

Was war das Ergebnis?
Wilhelm Koch war einfaches NSDAP-Mitglied, aber wohl kein Profiteur der Arisierungen. Wegen der Symbolhaftigkeit seiner NSDAP-Mitgliedschaft haben wir unseren Antrag dennoch aufrechterhalten.

Wie haben sich die offiziellen VertreterInnen des FC St. Pauli verhalten?
Druck von Vereinsseite wurde nicht auf uns ausgeübt, der kam eher von anderen Mitgliedern. Die offizielle Seite hat unsere Position, wie

auch die der anderen Seite, anerkannt und versucht, eine Lösung zu finden. Auch als eine Entscheidung gefallen war und die Mitgliederversammlung 1998 die Umbenennung beschloss, teilte der Verein in einer Pressemitteilung mit, dass die Entscheidung für eine Umbenennung die Verdienste Wilhelm Kochs nicht schmälert.

Was hättest du gemacht, wenn das Ergebnis ein anderes gewesen wäre?
Ich hätte mir in diesem Fall ernsthaft überlegen müssen, ob das noch weiterhin mein Club sein kann.

Wie lange war der FC St. Pauli denn schon „dein Club"?
Ich bin auf St. Pauli groß geworden, bin in der Seilerstraße in die Grundschule gegangen und habe früher auch in der Jugend des FC vier Jahre Fußball gespielt. Danach sind meine Eltern mit mir in einen anderen Stadtteil gezogen. Ich habe den Verein einige Jahre aus den Augen verloren, auch weil ich aufs Gymnasium kam und mich mehr politisch engagierte. Seit ungefähr 1989 gehe ich wieder regelmäßig mit Dauerkarte ans Millerntor.

Und es ist dir vorher nie ein Zweifel an der Redlichkeit Wilhelm Kochs oder am Namen des Stadions gekommen?
Ich hatte mir durch Gespräche und andere Veröffentlichungen das Bild gemacht, dass es hier zwischen 1933 und 1945 eher moderat zugegangen war. Immer mal wieder geisterte auch der Mythos vom „Arbeiterverein seit jeher" umher. Eine wirkliche Aufarbeitung ist aber, das kann ich rückwirkend sagen, erst geschehen, als sich Menschen aus der seit den Achtzigern gewachsenen kritischen Fanszene dieses Themas angenommen haben. Gerade noch rechtzeitig, muss man sagen. Denn viele Zeitzeugen, auch in anderen Bereichen, sind bereits gestorben.

Der FC St. Pauli ist in dieser Hinsicht relativ allein auf der weiten Flur des „deutschen" Fußballs. Warum sind derartige Prozesse nicht bei anderen Vereinen in Gang gesetzt worden?
Die kritischen Fans des FC St. Pauli sind da einfach in einer besseren Position als die bei anderen Vereinen. Hier sind es nicht 10 bis 15 Leute, die sich mit solchen Fragestellungen auseinander setzen, sondern eher 500 bis 1.000. Ich kann mir auch gut vorstellen, dass die kritischen Fans bei anderen Vereinen gegen Wände rennen, das entmutigt schon mal. Im Übrigen gibt es ja schon Beispiele, wie die Umbenennung eines Weges in der Nähe der Schalke-Arena, nachdem es eine öffentliche

Diskussion über die Rolle des Schalker Idols Fritz Szepan gab. Der Weg heißt jetzt wohl Ernst-Kuzorra-Weg. Aber auch hier sind es die Fans, die solche Auseinandersetzungen führen, bei Schalke ist es hauptsächlich das Fanzine Schalke Unser und die Faninitiative. St. Pauli war vielleicht mal das Vorbild, aber wichtig ist, das jeder kritische Fan diese Fragen an seinen eigenen Verein stellt.

Geht die Grundhaltung der Fans in den deutschen Stadien denn nicht eher in eine andere Richtung?

Eins ist klar: Fast alle gehen zum Fußball des Fußballs wegen. Ich kann das zwar nur aus der Ferne beurteilen, aber ich glaube, dass viele Fanszenen in sich selbst politisch unterschiedlich polarisiert sind, es keine klare, uniforme Ausrichtung gibt. Insgesamt sind die Fußball-Fans aber mündiger geworden. Es gibt immer noch die große Masse der Normalos und Mitläufer, aber auch eine wachsende Gruppe von interessierten, kritischen Fans. Dass die Szene durch sie nicht unpolitischer geworden ist, als sie früher war, kann man an Aktionen wie Pro15:30 erkennen. Die Aktivitäten haben sich durch die Ultra-Kultur verändert und verschoben, haben ein neues Gesicht. Ultra zu sein bedeutet aus meiner Sicht, vor allem sich für den eigenen Verein den Arsch aufzureißen.

Aber die meisten Ultras würden keine kritischen Fragen nach der Geschichte ihres Vereins stellen und für eine Stadionumbenennung aus politischen Gründen votieren.

Ich glaube nicht, dass Ultras grundsätzlich kein Interesse an solchen Themen haben. Im Gegenteil – für mich erwächst aus dem manchmal bedingungslosen Support für den eigenen Club eine besondere Verantwortung. Ich muss doch gerade als Ultra wissen wollen, wo und wofür ich mich allwöchentlich engagiere!

Was hältst du von dem Vorschlag, die Stadionneubauten für die WM 2006, zum Beispiel in Berlin oder Frankfurt, nach jüdischen Fußballern zu benennen?

Das klingt ein bisschen aufgesetzt. Auf jeden Fall muss so etwas einen starken lokalen Bezug haben. Der Mensch, der in so einer Art geehrt wird, muss etwas mit den Menschen zu tun haben, die das Stadion besuchen. Man muss bei einer Umbenennung jedem erklären können, was der Spieler mit dem Verein zu tun hat, der im Stadion spielt. Trotzdem ein durchaus bedenkenswerter Vorschlag.

Ronny Galczyniski – „Der letzte Cowboy kommt aus Güterloh."

Was ist, wenn eine solche Fanszene vornehmlich von rechts politisiert ist?

Wenn eine Fanszene hegemonial rechts ist, müssen da ganz andere Sachen passieren, als nur eine Stadionumbenennung.

Was denkst du, wenn du jetzt zu Heimspielen des FC St. Pauli ins Millerntor-Stadion gehst?

Ich denke nicht jedes Mal, wenn mir die Karte abgeknipst wird: „Mensch, das ist ja jetzt das Millerntor-Stadion, und ich bin dran schuld", aber es ist einfach ein besseres Gefühl, da zu stehen und zu denken: Ich weiß genau, wo, wie und warum ich hier stehe. Auch wenn die Auseinandersetzungen, gerade mit anderen Vereinsmitgliedern, hart waren, ist es wichtig, dass sie so und nicht anders geführt wurden und zu einem Ergebnis gekommen sind. Es war, alles in allem, eine harte, aber demokratische Diskussion. Mir wurde damals sogar auf einer Jahreshauptversammlung von einem älteren Mitglied ins Gesicht gesagt, dass man Leute wie mich beim FC St. Pauli nicht brauchen würde. Finde ich aber doch.

Interview: Markus H. W. Flohr

Michael Eichener

Keine Politik im Stadion?

Über das Politische im so genannten Unpolitischen

„Wer sich nicht mit Politik befasst, hat die politische Parteinahme, die er sich sparen möchte, bereits vollzogen: Er dient der herrschenden Partei."

Max Frisch

Eine schier endlose Debatte – früher im Fanpulk und am Stammtisch, heute oftmals in Internetforen: Viele Fußballfans versuchen durch die Losung „Keine Politik im Stadion" politische Einflüsse jeder Art von sich zu weisen. Ein Fan des Karlsruher SC schrieb 2003 im Netz: „Jeder hat seine Meinung, die er aber am Stadiontor abgibt." Egal ob links oder rechts – Hauptsache gemeinsamer Vereinssupport. Diese Meinung scheint sich seit jeher durchzusetzen. „100% keine Politik im Stadion, außer die violette", posteten Fans von Vienna Wien 2002 in ein Internetforum.

Aber was bedeutet das? Komplett hinter der Vereinspolitik stehen? Fan-Repression unterstützen, die der Verein zulässt? Das wäre doch Quatsch. Noch dazu ist da die Frage, ob solch eine Ignoranz rechten Haltungen bis hin zu Gesängen nicht doch Tür und Tor öffnet – und langfristig gesehen auch den neonazistischen Nestbauern. „Wären die Rechten dann erst gar nicht im Stadion, wenn ‚Politik dort gar nichts zu suchen hat'?", fragen Fans von Tennis Borussia Berlin im Jahre 2001 auf ihrer Homepage.

Es kann nicht geleugnet werden, dass Fußball Teil der Gesellschaft ist. Das haben inzwischen sogar DFB, UEFA und FIFA kapiert. Erlernte Verhaltensmuster werden mit ins Stadion getragen – und die müssen in der Masse nicht immer die emanzipiertesten sein. Ein Mosaik aus Erziehung, Sozialisation durch Eltern, Schule, Freunde und Viertel, vorliegendem politischen Gesamtklima, verkürzter Medienberichterstattung u.a. beeinflusst ständig. Dies hat den Fan geprägt und prägt ihn weiter. Und bestimmt auch im Stadion – mal bewusst, mal unbewusst – jede seiner Handlungen. Wenn es politisch ist, seine Aufmerksamkeit oder sein Hirn am Stadioneingang abzugeben, dann sollten Fans nicht davor zurückschrecken, es reinzuschmuggeln, nur weil der Begriff verteufelt ist.

Es geht nicht darum, den Spaß am Fußball zu verderben. Provokationen und Pöbeleien gehören zum Fußball wie das Salz zur Suppe – ganz klar. Aber das Gefühl dafür, wann eine Suppe versalzen ist, sollten Fans nicht verlieren.

Deshalb ist der häufig vorkommende Hinweis „Das ist doch nur Provokation" als Rechtfertigung für Stadionausschweifungen nicht zu akzeptieren. Denn das ist nicht mehr als eine schlechte Entschuldigung, die schnell mit dem Finger auf den Nachbarn zeigt. Verborgene persönliche Richtschnüre können Fans und Zuschauer z.B. im Spruch „Zick-Zack-Zigeunerpack" vereinigen. Er soll dazu taugen, die gegnerischen Fans und ihr Team zu verunsichern. Dass dadurch Sinti und Roma als minderwertig denunziert werden, in dem man die falsche Bezeichnung „Zigeuner" als Schimpfwort benutzt – darüber macht sich kaum jemand Gedanken.

Es herrscht ein „unpolitischer" Kanon, in den selbst Sozialpädagogen der Fanszene einstimmen. Im Bremer Fanprojekt heißt es z.B. bezogen auf den Bremer Ostkurvensaal im Weser-Stadion: Keine Politik im Fanraum. Im Rahmen der gescheiterten, so genannten „Akzeptierenden Jugendarbeit" versuchen Sozialpädagogen, sich es nicht mit denen zu vermiesen, die ihr selbst ausgesuchtes Klientel darstellen. Dabei vergessen sie, dass allen die Präsenz von Person X mit gefestigtem rechten Wissen und entsprechenden „Leistungen" – auch in der hiesigen Fanszene – allein schon ausreichen kann, um Stimmungen zu schaffen oder zu beeinflussen.

Andere verharmlosen ihre Meinung als zu kurz gekommenes Nationalgefühl: „Die Franzosen dürfen doch auch stolz auf ihr Land sein. Da meckert keiner." Dabei kann da ruhig gemeckert werden, denn alle, die so reden, vergessen die gänzliche Armseligkeit jeder patriotischen oder nationalistischen Haltung. „Es ist unbegreiflich", schreibt Wiglaf Droste, „wie jemand sich Stolz einbildet auf die geografische und genetische Banalität, dass er einmal zufällig an einem bestimmten Punkt zur Welt kam." Und weiter: „Fürs Geborenwerden kann keiner etwas, er muss es sich nicht vorwerfen und es sich nicht als persönliches Verdienst anrechnen. Man ist eben da, wie Milliarden andere auch, vielleicht macht man etwas Schönes daraus. Aber stolz sein, weil auch bei den eigenen Eltern die Teile ineinander passten?" Einfacher kann man es nicht ausdrücken.

Die weit verbreitete, bequeme „Football without politics"-Rausrede zieht sich wie ein roter Faden durch weite Teile der deutschen Fan-

Politik im Stadion!

kultur. Dazu muss man wissen: „Football without Politics“, sagen inzwischen auch Neonazis, die dazugelernt haben. Auch hier wird nicht mehr mit der Tür ins Haus gefallen, was sich sogar im Dresscode widerspiegeln kann. Da fliegen Bomberjacke & Co. in die Kiste, und stattdessen sind es dann poppigere Kleidungsstücke, vielleicht mit Flammenzeichnungen aus dem Rock oder etwas unverfänglicheren Tribals. Viele haben kapiert, Leute, die anders sind, nicht direkt anzufahren. Sie haben kapiert, dass die vordergründige Losung „Keine Politik im Stadion“ für sie die Eintrittskarte bedeutet, toleriert und sogar akzeptiert zu werden. Und das ist der erste Schritt zur Erweiterung ihres Konsenses.

Wie widersinnig eine solche Nichtpositionierung ist, zeigt folgendes Beispiel: „Die Ultras Frankfurt sind politisch um Neutralität bemüht“, so die Ultras Frankfurt am 22. Januar 2003 bei Indymedia, „wobei in der Kurve linke Symbole (Ché) überwiegen. Das erklärt sich aus der klassischen Zurechnung von politischen Zielen (wie Cannabis-Legalisierung, Widerstand gegen den Überwachungsstaat und anderen mehr), die die Jugend interessieren und gemeinhin durch linke Politik vertreten werden.“ Wobei ganz klar der „Ernstfall“ genannt sein muss: Auch Neonazis und ihre Verwandten haben sich modernisiert, kiffen und setzen sich vehement gegen die Repression „des Staates“ ein. Sie drucken sich Che Guevara auf ihre T-Hemden mit dem Schriftzug „Heute wäre Che bei uns".

Die Entleerung von politischen Symbolen gelangt in ihren Versuchen oftmals ins Perfide, wie z.B. bei den Ultras Nürnberg, die sich im World Wide Web zu rechtfertigen versuchen: „Für uns ist die Südstaaten-Fahne ein Symbol für den Stolz, im Süden zu leben. Das Zeichen für den „ewigen Kampf" des Südens gegen den Norden, wo ja auch die meisten Vereine in der Bundesliga beheimatet sind. Keinesfalls soll die Fahne Assoziationen zur Sklaverei in den USA hervorrufen. Die Südstaaten-Fahne hat für uns keinerlei politische Aussage: Football without politics!" Wieso sich dafür kein neues, eigenes Symbol finden lässt, darf gefragt werden. „Oberlehrer", hört man da schnell viele Fans rufen. Aber nicht alles, was versucht zu erklären, ist immer gleich oberlehrerhaft.

Dadurch, dass Fans „Keine Politik im Stadion" krakeelen und antirassistische Töne als störende, fußballfremde Einmischung einordnen, bestätigen und stabilisieren sie vorhandene rassistische Tendenzen und entsprechende Akteure. Sie stellen sich auch selbst einen Freibrief aus, nicht auf rechte Rufe oder die Gegenwart von Neonazis und Mitläufern reagieren zu müssen. Dabei müssen rechtsorientierte Fans, je älter oder in ihrem rechten Weltbild gefestigter sie werden, gar nicht direkt auffallen. Sie prägen ihre Fanszene allein durch so genannte kleine Reaktionen und Verhaltensweisen, Schwulen- und Lesbenfeindlichkeit oder ihre Art „mit Frauen umzugehen". Auch das Private ist und wirkt politisch. „Football without politics" ist demnach eine verfängliche Losung, die am besten mit „Fußball ohne Nachdenken" übersetzt werden sollte.

Bündnis Aktiver Fußballfans (AG Repression)

„Chaoten und Wahnsinnige"

Wie werden gefährliche Fans gemacht?

Als sich in den 1980er Jahren der Hooliganismus in Deutschland auf seinem Höhepunkt befand, drohte dem Deutschen Fußball-Bund (DFB) das gleiche Schicksal wie der englischen Football Association (FA) einige Jahre zuvor: Die Verbannung der Vereine und des Verbandes aus den europäischen Wettbewerben. Regelmäßig drückten die Hooligans und ihr Counterpart, die Polizei, der Atmosphäre bei Fußballspielen ihren Stempel auf. Lokale Hooligan-Gruppen mit mehreren hundert Mitgliedern waren keine Ausnahme, wie die Beispiele Köln, Berlin oder Hamburg zeigten. Sie verwiesen vielmehr auf die damalige Attraktivität jener gewaltbereiten Gruppen für viele Jugendliche.

In Ignoranz der gesellschaftlichen, aber auch der dem Sport eingeschriebenen Ursachen, wies der DFB damals wie heute jegliche Verantwortung von sich. „Das sind keine Fans, sondern Gewalttäter", hieß und heißt der Standardspruch aus der Frankfurter Otto-Fleck-Schneise. Ganz egal, ob der Präsident Neuberger, Braun oder Mayer-Vorfelder hieß, die Devise war stets die Gleiche: „Um die soll sich die Polizei kümmern, die haben beim Fußball nichts verloren!"

Mit der Polizei wurde dieses „Konzept" in den 1980ern umgesetzt. Und die tat, was sie konnte: jagen, trennen, draufhauen und einsperren – separieren und eliminieren, wie es in der Polizeisprache oft beinahe menschenverachtend heißt. Doch an der Gewaltsituation verbesserte sich nichts – im Gegenteil.

1990, kurz nach dem Mauerfall, wurde der Berliner Fan Mike Polley von Polizisten erschossen. 1991 wurde das Europapokalspiel zwischen Dynamo Dresden und Roter Stern Belgrad aufgrund von Ausschreitungen Dresdner Hooligans abgebrochen. Damit schien das Fass übergelaufen zu sein. Die Verbannung des DFB von der europäischen Bühne stand kurz bevor.

Unter massivem Druck der Politik musste der größte Fußballverband der Welt schließlich zähneknirschend anerkennen, dass auch er etwas mit der Gewalt beim Fußball zu tun hatte. Hektisch wurden im Rahmen des so genannten „Nationalen Konzepts Sport und Sicherheit" (NKSS) u.a. vermehrt Fan-Projekte eingerichtet, an denen sich DFB/DFL bis heute finanziell beteiligen. Aber nicht nur die sozialpädagogische Arbeit der Fan-Projekte wurde im NKSS geregelt, sondern auch die Einführung bundesweiter Stadionverbote, der Ordnungsdienst professionalisiert und weitere repressive Maßnahmen verfeinert.

An der eindimensionalen Wahrnehmung der Fußballfans als Störenfriede hat sich dadurch aber in der Otto-Fleck-Schneise bis heute nicht viel geändert. Immer noch werden alle fanrelevanten Dinge beim DFB von einem Sicherheitsbeauftragten geregelt. Der DFB meint, es sich leisten zu können, selber auf einen Fanbeauftragten zu verzichten[1], obwohl er genau dies in seinen Lizenzierungsbestimmungen von seinen Vereinen fordert. In der Regel ernennt der DFB ehemalige Richter oder Polizeibeamte als Sicherheitsbeauftragte, und somit werden alle Fragen, die Fans betreffen, aus einer eher einseitigen Perspektive behandelt. Wundern braucht sich ein Fan dann auch nicht mehr, wenn sich die Erklärungen vom Verband oft anhören, als wären sie von der Pressestelle der Polizei verfasst.

Trotzdem hat sich in der zweiten Hälfte der 1990er Jahre die Situation deutlich entspannt. Die Hooligans spielen in den allermeisten Fanszenen, teilweise stellt der Osten hier eine Ausnahme dar, fast keine Rolle mehr.

Hierzu haben mehrere Faktoren beigetragen: Zum einen ist der Verfolgungsdruck durch die Behörden mit immer feineren Überwachungsmitteln gestiegen und hat das persönliche Risiko für den einzelnen Hooligan erhöht. Zum anderen gelang es durch die Arbeit der Fan-Projekte offensichtlich der gewaltbereiten Szene teilweise den Nachwuchs abzugraben. Aber fast noch wichtiger in diesem Kontext: Durch das BAFF, und seit kurzem auch durch die Ultra-„Bewegung" wurde eine andere, positivere Fankultur in den Kurven etabliert. Viele junge Leute, die neu in die Kurven kommen, verorten sich viel eher hier als bei den doch eher als tumb und überholt angesehenen Hooligans und Kutten. Quasi als Metadiskurs fließt spätestens seit den 1990ern schließlich noch die Turbo-Kommerzialisierung in die Palette der Gründe ein. Weshalb es heute weniger Gewalt beim Fußball gibt, hat sich auch durch die veränderte Zuschauerzusammensetzung entschieden. Fußball ist in Deutschland „sexy" geworden und damit ein Markenartikel, der verstärkt neue Kundenschichten ansprechen soll.

Verkörperte das Stadion durch die dumpfe und bierselige Männlichkeitsatmosphäre früherer Zeiten für bestimmte Kreise – nicht nur für Frauen – eine No-Go-Area, so ist es heutzutage auch für die Halbprominenz und Familie interessant, sich mit einem Stadionbesuch zu schmücken. Politiker versuchen so ihre „Bürgernähe" auszudrücken, und Geschäftsleute ergötzen sich in der Sicherheit der verglasten VIP-Boxen am prolligen Spektakel der Fans, bevor sie – noch naserümpfend – das nächste Geschäft vorbereiten. Exemplarisch im Stadion überprüft werden kann dies z.B. in Leverkusen, wo der VIP-Bereich zoomäßig direkt neben der Gäste-Fankurve angesiedelt ist. Die Vereine orientieren zwangsläufig ihre Verkaufsstrategien und die Präsentation ihres Produktes vermehrt an den Interessen jener neuen, zahlungskräftigen Kundschaft. Dieser Aspekt ist nicht ausschließlich negativ zu bewerten. Wenn beispielsweise mehr Frauen, die durch die von Sexismus und Chauvinismus geprägte Atmosphäre bisher abgeschreckt waren, verstärkt zum Fußball gehen, stellt das eindeutig eine Verbesserung der Situation dar. Man wäre fast geneigt, dies uneingeschränkt zu begrüßen, wäre mit dieser Verbesserung innerhalb der generellen Entwicklung des Fußballsports nicht zwangsläufig die schrittweise stattfindende Vertreibung all jener aus den Stadien verbunden, die den Verkauf des neuen Hochglanzproduktes stören könnten. Und das sind eben – die „Fans".

Neben den Spielern sind es ja sie, die diesen Sport so populär machen. Für sie ist er kein austauschbares Freizeitvergnügen auf dem großen Markt der von Public Relations-Agenturen aufgeblasenen Event-Palette. Durch die Bedeutung, die das Spiel für sie hat und durch die Emotionen, die sie dem Fußball geben, erwecken die Fans das Spiel erst zum Leben. Es geht also bei der aktuellen Entwicklung nicht nur für die Fans ums Ganze.

Wer hat welche Interessen?

Ist ihre Verdrängung ein geplantes „Vorhaben" der Verantwortlichen in Verein, Verband und Staat? Wenn ja, wie wird dieses umgesetzt? Eins ist klar: Es handelt sich hier sicher nicht um einen „perfiden Plan" irgendwelcher dunklen Mächte des Fußballs. Denn zu einem großen Teil vermischen sich die autoritär verkrusteten Strukturen des organisierten Fußballs mit den Interessenlagen der Sicherheitspolitiker und den Verwertungsinteressen der Vermarkter und der Vereine zu einem Konglomerat aus Voreingenommenheit, Ignoranz und Machtwillen. Die Interessen der Fans werden als Abfallprodukt und als „Störung" des Geschäftsganges oder „Restrisiko" wahrgenommen – und daher zu eliminieren versucht.

Der politisch-polizeiliche Kampfbegriff, über den diese Ausgrenzung organisiert wird, heißt Innere Sicherheit. Mit der Begründung, den friedlichen Besucher von Fußballspielen vor den „Krawallmachern und Chaoten" schützen zu müssen, wird ein Arsenal an polizeilichen und ordnungsrechtlichen Maßnahmen aufgefahren, das manchmal an einen Kreuzzug gegen „das Böse" erinnert. Bevor jedoch die polizeilichen und ordnungspolitischen Maßnahmen greifen können, muss eine Situation gegeben sein – oder konstruiert werden –, die ein repressives Vorgehen innerhalb der politischen und polizeilichen Entscheidungsebenen als notwendig suggeriert und vor der Öffentlichkeit als gerechtfertigt erscheinen lässt. Dass diese Konstruktion im Bereich des Fußballs unabhängig von tatsächlichen Gefährdungslagen funktioniert, spüren Fans Wochenende für Wochenende, wenn sie am Bahnhof von hoch gerüsteten SEKs und Hundertschaften empfangen werden.

Die Sicherheitsbehörden

In einem Zusammenspiel zwischen politischen Instanzen, Polizei und den Medien wird Außenstehenden ein Eindruck der Gefährlichkeit von Fanszenen vermittelt, der mit der Realität fast nichts mehr zu tun hat. Wenn jeden Spieltag regelmäßig ganze Sonderzüge direkt mit dem Einlaufen in den Zielbahnhof völlig undifferenziert in einen wandernden Polizeikessel verfrachtet werden, so ist dies nicht nur für den Kesselinhalt äußerst unerquicklich, es erfüllt gleichzeitig mehrere Funktionen.

Für die Polizei stellt diese regelmäßig wiederkehrende Situation ein wunderbares Experimentier- und Trainingsfeld für polizeiliche Einsätze in großen Menschenmengen dar. Woche für Woche kann so z.B. das polizeiliche Vorgehen bei politischen Demonstrationen an Fußballfans getestet werden. „Wandernde Kessel", „demonstrative Präsenz", Videoüberwachung, die Arbeit der Beweissicherungseinheiten – nahezu alle Techniken für den Polizeialltag können Wochenende für Wochenende realitätsnah getestet werden.

Wie oft hat sich manch ein Fan schon gewundert, warum gerade während des Spiels der vermutete 16-jährige „Pyrotechniker" von 30 Behelmten unter Schlagstockeinsatz aus dem vollbesetzten Block geholt wird. Die Erklärung der freundlichen Einsatzleitung lautete meist: „Es gibt nun mal keine besseren Trainingsmöglichkeiten." Das schafft Klarheit. In der letzten Zeit wird bei derartigen Gelegenheiten „zur Eigensicherung der Beamten" vermehrt Pfefferspray eingesetzt. Wenn es nicht so sehr zum Heulen wäre, müsste mensch eigentlich darüber lachen und sich eventuell von der Polizei für diese „Dienste" bezahlen lassen.

Zusätzlich wird später über die so erzielten Festnahmen, seien sie auch noch so unberechtigt, im Polizeibericht die Rechtfertigung für den nächsten robusten Polizeieinsatz gleich mitgeliefert, weil niemals die Berechtigung dieser Festnahmen in Frage gestellt wird – es handelt sich ja um Fußballfans – und da weiß man ja, wie die sind.

Nicht nur für die Alltagsarbeit der Polizei bietet der Einsatz im Rahmen des professionellen Zuschauersports Fußball vielfältige Entfaltungsmöglichkeiten. Innerhalb dieses ausgeklügelten und sich selbst bestätigenden Systems der Inneren Sicherheit wird ein künstliches Bedrohungsszenario von Innenpolitikern bzw. Polizeipräsidenten in allen Ländern quasi en passant zur Rechtfertigung und Erhöhung des Personalbestands genutzt. Anlässlich der Europameisterschaft 2000 in Belgien und den Niederlanden wurde beispielsweise die innereuropäische Zusammenarbeit perfektioniert. Daten von Fußballfans aus aller Herren Länder wurden hin und her geschickt, in bilateralen Abkommen Ausreiseverbote überwacht und durch modernste Überwachungstechniken die Bewegungen der Fans observiert. Fans lachen in der Regel über die reißerischen Artikel, die von angeblich konspirativen Hooligangruppen mit ausgeklügeltem Plan berichten. Sie sollen nach ihren „stets zuverlässigen" Recherchen unter Verwendung modernster Techniken diese oder jene Stadt in Schutt und Asche legen. Alle anderen aber glauben tatsächlich diese Märchen und rufen die Armee auf den Plan, wie z.B. bei der EM 2000.

Es ist daher nicht verwunderlich, wenn so mancher, dem Fußballgeschehen wegen solch systematischer Pauschalisierungen etwas ferner stehende Beobachter den Eindruck gewinnt, Fußballfans wären eine Art terroristische Bedrohung. Immerhin stellte das bürgerkriegsgeschüttelte Nordirland den belgischen Behörden in Charleroi neun „von

Die BAFF-Variante des WM-Logos.

[oder an] der IRA getestete" gepanzerte Fahrzeuge zur Verfügung, um die englischen und deutschen Fans unter Kontrolle zu halten. Extra für das Spiel England - Deutschland wurde zudem ein Übergangs-Knast für 1.000 Menschen eingerichtet.

Das Anlegen obskurer Dateien sowie der anschließende, fast überhaupt nicht kontrollierte Austausch dieser Daten stellt ein für Fußballfans düsteres Kapitel dar. Die beim Bundeskriminalamt (BKA) geführte „Datei Gewalttäter Sport" wächst seit ihrer Einrichtung stetig.[2] Ein Eintrag in diese Datei – der schon durch eine simple Personalienfeststellung vorgenommen werden kann, ohne dass der oder die Betroffene etwas davon erfährt – kann sehr unangenehme Folgen haben. So ist es schon einer Reihe von Fans passiert, dass ein Polizist, der sie im Rahmen einer alltäglichen morgendlichen Verkehrskontrolle angehalten hat, realisiert, dass er es mit einem Fußballfan zu tun hat, ins „Du" verfällt und fragt, ob man wieder mal zur nächsten Schlägerei unterwegs sei. Andere Fans schauten sich verwundert um, als sie beim Einchecken zum Thailand-Urlaub am Frankfurter Flughafen gemeinsam mit der Freundin auf einmal von zwei maschinengewehrtragenden BGSlern umstellt und anschließend zum Verhör abgeführt wurden.

Ein Eintrag in diese Datei wird niemals in Frage gestellt, weil der oder die Betroffene gar nicht erfährt, dass er gelistet ist und somit keine Chance hat, gegen einen Eintrag vorzugehen. Er ist aber Grundlage für alle weiteren polizeilichen Maßnahmen, wie eine Gefährderansprache, ein Ausreiseverbot, eine Meldeauflage oder eine vorsorgliche Ingewahrsamnahme. Vor der Europameisterschaft 2000 wurden auf Grundlage einer Eintragung in die „Datei GWS" 2.000 Fans „die Pässe weggenommen", wie Egidius Braun damals erleichtert formulierte. Drei Tage nach dem Endspiel bekam Deutschland die WM 2006 zugesprochen. So soll es wohl sein: Die angeblich den Geschäftsablauf „störenden“ Fans werden aus dem Spiel genommen, und die „Herren des Spiels“ machen sich die Taschen voll.

Die Vereine

Der Umgang der Vereine mit ihren Fans in dieser Frage ist ein äußerst zwiespältiger. Bis auf den FC St. Pauli gibt es keinen Verein, der sich wirklich intensiv mit seiner Fanszene auseinander setzt und sich gegebenenfalls auch für sie einsetzt. Alle anderen Vereine kümmern sich mehr schlecht als recht um ihre Fans. Kaum ein Verein, der einen hauptamtlichen Fanbeauftragten beschäftigt, der tatsächlich etwas von seiner Aufgabe – und damit von Fankultur – versteht: Oft sind es abgehalfterte Profis, denen vom Verein ein Gnadenbrot gewährt wird, wie beispielsweise bei Borussia Dortmund, Kaiserslautern oder Bayern München. Manchmal werden den Sicherheitsbeauftragten oder vermehrt, den Marketingstrategen der Vereine einfach die Fanbeauftragtenaufgaben zusätzlich aufgebürdet. Die zentralen, „eigentlichen“ Interessen der Vereine sind anscheinend eher ein störungsfreier Verlauf des „Events“ Fußballspiel, der jedoch erst durch die „Bekloppten“ in der Kurve hohe Erlöse beim Verkauf der Fernsehrechte und gute Einnahmen aus dem Fanartikel-Verkauf erzielt.

Stadionverbote

Diese Interessen sind sehr deutlich am Umgang der Vereine mit jenen Fans zu beobachten, denen vom Ordnungsdienst oder der Polizei ein „Fehlverhalten“ vorgeworfen wird. Die in der Regel einzige Reaktion besteht im Ausfüllen des Formulars für ein bundesweites Stadionverbot. Die vom DFB ausgearbeiteten und von allen Vereinen abgesegneten Richtlinien sind ein einziger Skandal, sehen sie doch keinen einzigen Mechanismus vor, der demokratischen Spielregeln entspricht. Aus den Richtlinien spricht vielmehr der autoritäre Obrigkeitsstaat, der Mitsprache für ein bürgerliches Übel hält und ausschließlich strafen möchte. Es ist für einen Fan, der ein bundesweites Stadionverbot erhält, faktisch unmöglich, dagegen Einspruch einzulegen. Die einzige Möglichkeit besteht in der Anrufung ordentlicher Gerichte. So also gehen die Vereine mit ihren Fans um, mit denen, die für den Verein im wahrsten Sinne des Wortes „alles geben“ und die in den Sonntagsreden der Vereinspräsidenten „der 12. Mann“ genannt werden.

Wenn beispielsweise ein 16-jähriger Ultra an einen Baum pinkelt, weil die Notdurft z.B. nach einem Bustransfer oder einem längeren Polizeispalier nicht anders zu verrichten war, und dies einem Polizisten gerade nicht gefällt, nimmt er ihn fest und schlägt dem Verein vor, wegen dieses „Verbrechens“ ein bundesweites Stadionverbot auszusprechen. Und die meisten Vereine folgen diesem Vorschlag willenlos, meist in Person der Fan- oder Sicherheitsbeauftragten, der – wie gesagt – meist nichts von Fankultur weiss, und manchmal auch einfach keine weitere Arbeit mit einem solchen „Fall“ haben will. Der 16-Jährige kann sich dann – das wird generös eingeräumt – einen Anwalt nehmen und vor ein ordentliches Gericht ziehen.

Früher gab es bei einigen Vereinen ein verbrieftes Anhörungsrecht der Betroffenen. Es trafen sich Vereinsvertreter, Fanbeauftragter, Fan-Projekt, Fansprecher, Polizei und der Betroffene zu einer Anhörung, bevor ein Stadionverbot erteilt wurde. Der/die Beschuldigte konnte so direkt beim Verein zu den Vorwürfen Stellung nehmen, und nachdem alle gehört wurden, sprach der Verein entweder ein Stadionverbot aus oder nicht. Es dürfte nicht überraschen, dass in der Regel kaum ein Stadionverbot ausgesprochen wurde. Höchstens eines auf Bewährung, weil der oder die Betroffene entweder unschuldig waren oder glaubhaft versicherten, sich zukünftig besser zu benehmen. Heutzutage wird vom Vereinsvertreter ein anonymer Wisch ausgefüllt und der „Vorgang“ ist damit für den Verein vom Tisch.

Bengalfackel-Verbot

Auch der heuchlerische Umgang der Vereine mit den neuen Anfeuerungsritualen der aufkommenden Ultrabewegung spricht Bände. Gerne werden die Choreografien vermarktet, das Fahnenmeer genossen und die Stimmung aus der Kurve gelobt. Aber dass sich ein Verein beispielsweise bei den umstrittenen Bengal-Lichtfackeln im Sinne seiner Fans verwandt hätte – Fehlanzeige. Lieber beugt man sich seinem Dachverband DFB/DFL, als dass ein Konflikt mit diesem eingegangen würde, der den Fans zugute käme. Jedem Fan ist die Gefährlichkeit der Bengalos bewusst, und aus diesem Grund gibt es bis dato keinen dokumentierten Fall einer Verletzung durch unsachgemäßen Gebrauch.[3]

Mancherorts versuchten Vereine gemeinsam mit Fanorganisationen Verfahren zu entwickeln, die ein kontrolliertes Abbrennen von Bengalfackeln erlaubten. Dies wurde Ende 2002 vom DFB per Handstreich verboten, ohne die positiven Erfahrungen dieser Versuche auch nur zur Kenntnis zu nehmen. Vielmehr fordert der DFB zwingend eine Strafanzeige, selbst bei kontrolliertem Abbrennen. Wie immer hat kein Verein dagegen interveniert, dieses mal auch nicht der FC St. Pauli – und wie häufig ließ man die Fans im Regen, nicht im Rauch stehen.

Ordnungsdienste

Ein letzter Punkt, der die Haltung der Vereine leider in kein besseres Licht rückt, betrifft die vom Verein eingekauften privaten Sicherheitsdienste, die im Stadioninneren stärker noch als die Polizei „für die Sicherheit zuständig“ sind. Ihr Umgang mit den Fans, insbesondere mit den Auswärtsfans, wird regelmäßig zum massiven Ärgernis. Wer hat schon Lust, nachdem er viel Geld für eine Eintrittskarte bezahlt hat, sich von Hooligans in Ordnerjacken drangsalieren zu lassen. Es soll an dieser Stelle kein Ranking aufgestellt werden, aber wer schon einmal als Gast in Leverkusen, Rostock, Frankfurt oder Cottbus war, weiß vermutlich aus eigener Erfahrung, worum es geht. Übertriebene Gewaltanwendung, Einsatz von Pfefferspray oder ein extrem respektloser Umgang sind vielerorts in den Ligen an der Tagesordnung. In Kaiserslautern sind bekanntermaßen Neonazis unter den Ordnern, in Cottbus Hooligans, und in Rostock ziehen sich die Gewalttäter in Ordnerjacken erst noch „Hasskappen“ über, bevor sie in die Fans „reinprügeln“. Hier entsteht der Eindruck, dass in manchen Fällen lediglich der Bock zum Gärtner gemacht wird.

Die – pardon – Schwachköpfe, die in der Regel diese schlecht bezahlten Jobs machen, fühlen sich darüber hinaus unantastbar, wenn sie ihren Dienst tun, und offensichtlich bringt es ein wenig Sonnenschein in ihr ansonsten trauriges Dasein, wenn sie „ein paar asoziale Fußballfans“ schikanieren können. Klar ist, dass auch sie ein Bild vom Fußballfan als Säufer und Randalierer als Rechtfertigung für ihr respektloses und oftmals kriminelles Verhalten im Kopf haben, ihre Vorgesetzten dieses jedoch noch verstärken und die Vereinsverantwortlichen dem nichts entgegen setzen, sondern vielmehr ihren Sicherheitsdiensten den Rücken stärken. In den letzten Jahren hat sich gesamtgesellschaftlich im Bereich der Sicherheitspolitik eine grundlegende Veränderung vollzogen, die exemplarisch im Bereich des Fußballs beobachtet werden kann. War bis in die 1990er Jahre hinein mit ganz wenigen Ausnahmen ausschließlich der Staat für die Bewahrung der öffentlichen Sicherheit verantwortlich, so hat sich im Verlaufe der 1990er Jahre bis dato ein unheimlicher Paradigmenwechsel vollzogen. Sicherheit ist käuflich geworden. Private Sicherheitsdienste, Securityfirmen und Überwachungsinstitute stellen einen der wenigen prosperierenden Wirtschaftszweige in Deutschland dar – es handelt sich um eine sprichwörtliche „Sicherheitsindustrie".

Interessen der Medien

Der Mainstream ist einer der entscheidenden Faktoren, der das vorurteilsbehaftete Bild von Fußballfans bildet. Die Medien produzieren es vielfach und vervielfältigen es gewinnbringend. Für Presse, Funk und Fernsehen existieren Fans nahezu ausschließlich als Randalierer, Säufer und Neonazis – eben als Problemgruppe. Oder als lautstarke Stimmungskulisse im Hintergrund, die dem Fernsehzuschauer und potenziellen Premiere-Abonnenten auf dem Sofa suggerieren soll, wie viel Emotion in einem Kick steckt. Nur dergestalt sind Bilder auf dem Markt verwertbar, nur so bekommen Fans Sendeminuten eingeräumt. Alle positiven Aktionen, Initiativen oder Vorfälle, die nicht in dieses Schema passen, finden in den Medien genau deswegen auch nicht statt.

Professionelle Weglassung

Als im Mai 2002 anlässlich des Pokalendspiels Pro 15:30, die Ultras, BAFF und „Kein Kick ohne Fans", also nahezu die gesamte aktive deutsche Fanszene, zu einer bundesweiten Demonstration aufriefen, die sich gegen die zunehmende Kommerzialisierung und gegen die Repression durch Polizei, BGS und Ordnungsdienste rund um Fußballspiele wandten, fand exemplarisch das statt, was immer stattfindet. Höchstens fünf Prozent der in Berlin ansässigen Medien interessierten sich überhaupt für die Demonstration und deren inhaltliche Anliegen. Von diesen fünf Prozent war die überwiegende Mehrheit ausschließlich an potenziellen Ausschreitungen interessiert, und genau so sah auch die Nach-Berichterstattung aus. Es kam fast nichts, und das, was kam, war verzerrend dargestellt. Dass dort 2.500 Fußballfans aus der gesamten Republik über alle Vereinsgrenzen hinweg bunt und lautstark für ihre gemeinsamen Rechte demonstrierten,[4] passte anscheinend nicht in das Weltbild mancher Sportjournalisten. Wenn zu professioneller Berichterstattung gehört, alle Aspekte eines Gegenstandes angemessen zu beleuchten, leben Sportjournalisten in einer Art Dunkelkammer, in die nur äußerst selten der Lichtschein der Erkenntnis dringt. Ansonsten suchen sie die Bestätigung ihrer Klischeevorstellungen und berichten ausschließlich über – echte und vermeintliche – Gewalt. So überfordern sie zumindest nicht ihr Publikum.

Viele Fans differenzieren nicht, wie selbstkritisch angemerkt werden muss. Es ist z.B. immer wieder peinlich zu beobachten, wie erwachsene Menschen in Fußballtrikots sich benehmen können, wenn eine Kamera auf sie gerichtet ist. Urplötzlich beginnen sie zu singen, zu tanzen, Grimassen zu schneiden und sich vor der Kamera um den besten Platz zu balgen. Kein Wunder, dass der/die BetrachterIn zu Hause, auf dem Sofa, den Eindruck gewinnen muss, Fans wären tatsächlich so, wie sie vom TV abgelichtet werden.

Die „bestangekündigte Randale aller Zeiten"

Neben der professionellen Weglassung besticht die Berichterstattung über Fußballfans weitgehend durch Verkürzung, Instrumentalisierung und Eindimensionalität. Die Wahrnehmung richtet sich auf Gewalt, wenn sie nicht reflektiert wird. Im Haifischbecken der gnadenlosen Konkurrenz auf dem Medienmarkt liegt es natürlich für jeden Medienschaffenden nahe, jenes Thema anzubieten, welches die größten Verkaufschancen verspricht. Da mit dem Thema „Sex in der Fanszene" nicht viel zu holen ist, vermuten viele den Big Point bei Randale und Gewalt.

Die Berichterstattung über das Europameisterschaftsspiel zwischen England und Deutschland im Sommer 2000 in Charleroi stellte alles bisher Dagewesene in den Schatten. Wohl erstmals befanden sich bei einem Europameisterschaftsspiel mehr Journalisten außerhalb des Stadions als innerhalb, versprach doch die „bestangekündigte Randale aller Zeiten" höchste Einschaltquoten. Die Vorberichterstattung zur Euro 2000 kannte nur die heiß erwartete Auseinandersetzung zwischen den englischen und deutschen „Hooliganarmeen“. Selbst CNN, wohl eher bekannt durch die Berichterstattung aus den Kriegsgebieten dieser Erde, schaltete von Bagdad live nach Belgien, um die erwarteten Toten zu zählen. Als der Bürgermeister von Charleroi Bilanz zog und „nur“ von sieben kaputten Fensterscheiben berichten konnte, war kein Kameramann mehr da, der dies zur Kenntnis nehmen wollte. Die Berichterstattung hatte ihre Funktion schon im Vorfeld erfüllt. Zurück blieb – wie immer – das realitätsverzerrende Bild der randalierenden Fans.

Ein letzter interessanten Aspekt zur Verbindung von Berichterstattung und Sicherheitsdenken findet sich in der unterschiedlichen Verwendung des Themas Pyrotechnik. Die Sichtweisen von Fans und Sicherheitsorganen stehen sich bei diesem Thema diametral gegenüber. Die Ultras wollen wahrgenommen werden, die Polizei will das verhindern. Aus der Perspektive der Polizei stellt Medienpräsenz ein ziemliches Ärgernis dar, sind es doch gerade die Bilder von brennenden Bengalfackeln und buntem Rauch, die die Reporter von „südländischer Begeisterung“ schwärmen lassen, und dies – nun hat man es schon mal ins Fernsehen geschafft – animiert natürlich alle Ultra-Gruppen, dies ebenso zu versuchen. Holt sich die Polizei jedoch den besagten 16-Jährigen mit brutaler Gewalt aus dem Block, weil er über Video erkannt wurde, mutiert dieser gerade eben noch südländisches Esprit verströmende Bub zu einem „gefährlichen Krawallmacher, der unseren Sport kaputt macht“. Die Rollen sind verteilt, und ein Fan kann niemals unschuldig sein.

So werden gefährliche Fans gemacht

Obwohl nicht davon ausgegangen werden kann, dass hinter all diesen Verhaltensweisen eine zwischen DFB/DFL, Polizei und Medienkonzernen vereinbarte Strategie steckt, bleibt festzuhalten, dass alle drei Institutionen ein handfestes Interesse an genau jenen Mechanismen haben, die schließlich das Konstrukt des „gefährlichen Fans“ hervorbringen.

Aufgrund dieses Bildes setzt sich niemand für die Fußballfans ein, weswegen auch keine der genannten Maßnahmen eine – wie auch immer geartete – nennenswerte Kritik erfährt. Dabei wurde in diesem Beitrag die Vielzahl von Gesetzesverschärfungen, die mit der Begrün-

Der Eindruck der Fans am Millerntor.

dung des Kampfes gegen den Hooliganismus eingeführt wurden, nicht einmal annähernd beleuchtet. Hauptverhandlungshaft, Schnellgerichtsverfahren unter Einschränkung der Verteidigungsmöglichkeiten, die Möglichkeit, jemand für immer längere Zeiträume ohne Anklage in Gewahrsam zu nehmen, oder die Änderung des Passgesetzes mit einhergehendem Ausreiseverbot – immer mehr neue Gesetze wurden auf der Grundlage dieses konstruierten Bildes der „gefährlichen Fans" verabschiedet.

Aus diesem Grund haben Fußballfans auch keine Lobby. In einer repräsentativen Umfrage wurde Ende der 1990er getestet, welche gesellschaftliche Gruppe die größte gesellschaftliche Ablehnung erfährt. Das Ergebnis stellt sicher keine Überraschung dar: Ganz knapp hinter den Mordbanden der Neonazi-Skinheads folgten die Hooligans – dies zu einem Zeitpunkt, als es sie schon gar nicht mehr richtig gab.

So einfach ist das: Fußballfans werden als Wahnsinnige, Chaoten, Randalierer, Rabauken, Gewalttäter, Verbrecher, Tiere, Spinner, Nazis, Säufer stigmatisiert und in Kategorie A, B und C eingeteilt. Einmal derartig gekennzeichnet und verwaltet, ist der menschenunwürdige Umgang, der vielen Fans durch Polizei, Vereine und Medien widerfährt, sicher nicht gerechtfertigt, jedoch absolut mehrheitsfähig.

Anmerkungen

1 Der DFB hat 2003 einen Nationalmannschaftsfanklub gegründet. Die Herren in der Otto-Fleck-Schneise haben offensichtlich mitbekommen, wie die Fans über den Verband denken. „Fußballmafia DFB", lautet der entsprechende Fanchor.

2 Bezeichnenderweise dienten die „positiven Erfahrungen" mit der Datei GWS den Sicherheitspolitikern als Grundlage für die Einrichtung weiterer polizeilicher Arbeitsdateien. Seit 2000 stehen nun die Datei LIMO (linksorientierte politisch motivierte Straftaten), REMO (rechtsextrem politisch motivierte Straftaten) und AUMO (politisch motivierte Ausländerkriminalität) den Behörden bundesweit zur Verfügung. Zur vollen Anwendung gelangte die LIMO erstmals vor den Anti-Globalisierungsdemonstrationen 2001 in Genua, als viele „Polithooligans" (Zitat von Bundesinnenminister Otto Schily) ins Visier genommen wurden.

3 Etwas anders sieht die Sache bei den Rauchentwicklern aus. Hier kam es schon mehrfach zu gefährlichen Situationen, weil Leute ernste Atembeschwerden bekamen und einmal sogar ein Zuschauer wiederbelebt werden musste. Auch von der einen oder anderen Paniksituation wurde schon berichtet. Diesen Rauch mag jedoch sowieso kaum jemand. Er scheint eher eine Reaktion auf den strikten Umgang mit den Bengalos zu sein. Und dass Leuchtspurmunition nichts im Stadion verloren hat, steht wohl völlig außer Frage.

4 „DFB, DFL, DSF – die neue Achse des Bösen", lautete z.B. das Transparent der Fans von Union Berlin.

Michael Gabriel

Ultra-Bewegungen in Deutschland

Von Doppelhaltern und Choreografien – die Antwort der Kurve auf den Fußball als Event

Ultras – mittlerweile sind sie in aller Munde und prägen vielerorts den Support in den Fankurven, obwohl es sie in Deutschland noch nicht mal zehn Jahre gibt. Ganz offensichtlich haben die Ultras einen Generationenwechsel in der deutschen Fanszene eingeläutet. Wie ist es dazu gekommen? Welche Veränderungen im Fußballsport an sich, aber auch gesellschaftlich, haben dazu beigetragen?

Durch die Einführung des Profifußballs in Deutschland, mit dem Start der Bundesliga 1963, verstärkte sich die Trennung von Spieler und Zuschauer in einem immer augenfälligeren Maße. Die neuen „Stars" auf dem Feld wurden von nun an immer mehr von den „Fans in den Kurven" angefeuert und bejubelt.[1] Die 1970er und 1980er Jahre waren durch die Fanklubs und ihre damaligen Hauptprotagonisten, die so genannten „Kuttenfans" geprägt. Die Mitglieder dieser Fanklubs und ihrer Vorläufer brachten Fahnen, Schals, Gesänge und spezifische Fanrituale in die Kurven und bildeten so den immer noch gültigen Grundstock an fankulturellen Verhaltensweisen heraus, der für Fußballfans so markant ist. In den damals noch größtenteils zaunfreien Stadien konnte die gesamte Kurve regelmäßig in der Halbzeit ihren Platz vom einen Tor hinter das andere Tor verlegen, um dort näher am ersehnten Glücksmoment[2] des eigenen Teams zu sein. In diese Zeit fiel auch die Zunahme von – teils ritualisierten – Auseinandersetzungen zwischen rivalisierenden Fangruppen, auf welche die Polizei mit einer Verschärfung und Ausweitung ihrer Maßnahmen reagierte.

Mit der Abwendung von den „laschen Kutten und den Laumännern" in den Kurven, „die sich alles gefallen lassen", entwickelten sich in den 1980er Jahren bei nahezu allen Vereinen des bezahlten Fußballs die so genannten Hooligans. Gleichzeitig bewundert und gefürchtet von den eigenen Fanszenen dominierten seitdem die von den Medien so bezeichneten „Fußballverbrecher" das öffentliche Bild der Fußballfans, obwohl sie nur eine kleine Minderheit in der Fanszene darstellten.

Alle Maßnahmen der Vereine, der Polizei und des Deutschen Fußball-Bundes (DFB) orientierten sich ausschließlich an der Eindämmung der „gefährlichen Fangewalt“. Kaum ein Gedanke wurde an die Unterstützung der Fans verschwendet, alles war auf die Hooligans fixiert. So kamen zwangsläufig viele andere Fans in den „Genuss“ der sich immer weiter verfeinernden Polizeimaßnahmen, was mancherorts sogar zu Solidarisierungen mit den eigenen Hooligans führte. Außerdem ist aus subkultureller Sicht die enge Bande innerhalb der Fanszene zwischen den Hooligans und dem Rest nicht zu unterschätzen, verband sie doch eine lange, oftmals „schmerzhafte“ Geschichte der Unterstützung des gemeinsamen Lieblingsvereins. Die Hooligans zählten zudem zu den reisefreudigsten Fans, und oftmals waren die anderen Auswärtsfahrenden froh, „ihre“ Hooligans dabei zu haben. Schließlich zogen diese das Interesse der gewaltbereiten gegnerischen Fanszene auf sich. Heutzutage spielen die Hooligans in der deutschen Fanszene kaum noch eine nennenswerte Rolle. Insbesondere in den ersten beiden Ligen hat sich die Atmosphäre bei den Spielen deutlich verbessert.

Kommerzielle Interessen und Sicherheitsbelange verändern Fanverhalten

Die deutsche Fanszene orientierte sich seit ihrer Herausbildung in den frühen 1970er Jahren an den großen Vorbildern in England. Die meisten deutschen Fangesänge waren Übersetzungen englischer Lieder, die ersten Schals für deutsche Fans wurden von Stickereien in England gefertigt und von der Insel importiert. Eine Legende sind die leuchtenden Augen, die manch ein Fan hatte, wenn er von der „Kop“, der legendären Stehtribüne in Liverpool, schwärmte. Wenn abertausende fanatische „Reds“ im wahrsten Sinne des Wortes hinter ihrer Mannschaft standen und ihre lang anhaltenden Choräle durch die Anfield Road hallten, war Gänsehaut garantiert. Die machtvollen englischen Fankurven boten unbestritten das große Vorbild für die deutschen Fans. Auch von den sich zuerst in England herausbildenden Hooligans wurde bei der Rückkehr in einer Mischung aus Distanz und Angst, aber auch Respekt und Neid berichtet. Dass dort Fans bereit waren, „sich für den Verein zu schlagen“, war nicht nur negativ besetzt, es schwang auch oftmals Bewunderung für den Mut und die Konsequenz der Hooligans durch die Fan-Berichte.

Für viele Fans war der Besuch eines englischen Ligaspiels der First Division der Höhepunkt des bisherigen Fanlebens. So sollte es im ei-

Zuschauer flüchten vor dem Feuer in der hölzernen Tribüne des Bradford-Stadions. Wäre der Weg aufs Feld nicht offen gewesen, wären noch mehr als 57 Menschen ums Leben gekommen.

genen Stadion auch sein, der Gegner kommt mit Respekt und fährt eingeschüchtert und ehrfurchtsvoll nach Hause.

Mittlerweile klingen die Berichte von der Insel ganz anders. Insbesondere diejenigen, die das erste Mal ein Spiel der Premiere League verfolgen und all die Storys über die „tollen" englischen Fans im Ohr haben, sind bitter enttäuscht. Überteuerte Eintrittskarten, ein rigoroser Sitzzwang und eine kaum noch nennenswerte Anfeuerung bestimmen aus Fansicht die traurige Realität des englischen Ligaalltags. Die Gründe für diesen Niedergang der englischen (Vereins-) Fankultur sind hauptsächlich in der Einflussnahme auf das Spiel durch kommerzielle und sicherheitsbezogene Interessen zu suchen.

Aufgrund einer Abfolge von Katastrophen rund um Fußballspiele englischer Teams (im Brüsseler Heysel-Stadion und in Bradford 1985 sowie in Hillsborough 1989) mit sehr vielen Toten, verfestigte sich das Bild des gewaltbereiten Fußballfans weltweit. Ohne das sehr reale Gewaltproblem – auch mit Toten – durch die Hooligans der 1980er verharmlosen zu wollen, sei hier dennoch erwähnt, dass bei diesen Unglücken kein einziger Fan durch eine direkte Gewaltanwendung eines anderen ums Leben gekommen ist. 1985, zwei Wochen vor Heysel, brannte in Bradford eine Holztribüne ab, weil der Verein den Müll unter der Tribüne sammelte und nicht abtransportieren ließ. 57 Menschen starben, hunderte konnten sich auf das Spielfeld retten, weil kein Zaun diesen Fluchtweg versperrte. Beim UEFA-Finalspiel um den Pokal der Landesmeister, FC Liverpool – Juventus Turin im Brüsseler Heysel-Stadion, hatten englische Fans Ausschreitungen im Stadion provoziert. Eine baufällige Tribünenmauer hielt der ausgebrochenen Panik nicht stand und stürzte 39 Zuschauer in den Tod. 1989 in Hillsborough starben 96 Menschen, tot gedrückt an den nach Heysel verstärkt aufgebauten Zäunen, die sie doch schützen sollten, weil die Polizei „aus Sicherheitsgründen" immer mehr Fans in einen schon überfüllten Fanblock zwang[3]. Seit diesen Vorkommnissen gelten Fans allerorten als gefährlich, und entsprechend einseitig stellten sich lange Zeit auch in Deutschland die Reaktionen von Vereinen und Polizei dar.

Da sich in England in Folge der Katastrophe von Hillsborough die Sichtweise verfestigte, Stehplätze würden die Gewalt auf den Rängen fördern, sollten ab 1992 alle Stehplatzbereiche sukzessive abgebaut werden. Seit 1995 spielen alle Vereine der ersten und zweiten Liga in England in reinen Sitzplatzstadien. Ungefähr zur gleichen Zeit erlebte der Bezahlfußball zwei weitere wichtige Ereignisse: Das so genannte Bosman-Urteil vom 15.12.1995 räumte den Spielern eine größere Freizügigkeit bei der Wahl des Arbeitsplatzes ein, und die Fernseheinnahmen der Clubs explodierten durch die Übernahme der Fernsehberichterstattung durch das Privatfernsehen. Es setzte sich eine bis dato nicht vorstellbare Kommerzialisierungsspirale in Gang, deren Folgen für den Fußball als so genannten „Volkssport" noch unabsehbar sind. Die Vereine in England nutzten die Gunst der Stunde zu notwendig gewordenen Stadionneubauten und legten erhöhten Wert auf die Einrichtung von VIP-Logen, während viele Fans und Jugendliche über die Preispolitik hinausgedrängt wurden. Infolge dieser beiden Entwicklungen war der Niedergang der englischen Fankultur endgültig eingeläutet. Denn während sich früher all diejenigen, die ihre Mannschaft lautstark anfeuern wollten, egal wann sie ins Stadion kamen, in der Stehkurve einfinden konnten, müssen heute Freunde, die bei Arsenal oder Chelsea nebeneinander sitzen wollen, sich dies konsequenterweise Jahre vorher überlegen – die Wartefrist für Dauerkarten beträgt bei Vereinen in England teilweise bis zu zehn Jahre.

Ganz offensichtlich hat dieser Niedergang der englischen Fankultur insbesondere bei den jungen, neu in die Kurven stoßenden Fans deutscher Vereine zu einer Umorientierung in Richtung Italien beigetragen. Die eindrucks- und stimmungsvollen Bilder aus den italienischen Stadien, die über die privaten Sportkanäle nun in die deutschen Wohnzimmer flimmerten, versprachen wesentlich mehr Action. Ohne diese Übertragungen der privaten Sportsender aus Italien und auch Frankreich sind die deutschen Ultras wahrlich nicht denkbar.[4] Zumal auch lange Zeit, aufgrund nicht erworbener Rechte englische Ligaspiele nicht im deutschen Fernsehen gezeigt werden konnten.

Der Support in Italien wurde und wird seit mehr als 30 Jahren von den italienischen Ultras organisiert. Deren Entstehungsgeschichte war eng mit der Protestbewegung des Italiens der späten 1960er Jahre verwoben. Daher fanden Ausdrucksformen des Straßenprotestes wie Spruchbanner, Doppelhalter oder Megafone ihren Einzug in die italienischen Fankurven.[5]

An den äußerlichen Ausdrucksformen und an dem Anspruch der italienischen Ultras, eine geschlossene Fanszene zur bedingungslosen Unterstützung der eigenen Mannschaft zu organisieren, orientierten und orientieren sich die deutschen Ultras. Während in Italien die politische Orientierung und deren Artikulation im Stadion eine große Rolle spielen, steht bei den deutschen Ultras die Anfeuerung der Mannschaft im Vordergrund.

Rauchzeichen

Das auffälligste Moment der neuen Ultrabewegung in Deutschland ist ihre spektakuläre Sichtbarkeit im Stadion. In vielen Stadien der ersten, zweiten und dritten Liga dominieren sie mittlerweile das Bild auf den Zuschauerrängen und geben den Ton zur Anfeuerung der Teams an. Zum Repertoire gehören übergroße Fahnen, Doppelhalter, Spruchbanner, pyrotechnische Mittel wie Rauch und Bengalos und ein einheitliches Auftreten in der Kurve. Wenn manchmal die gesamte Kurve oder eine ganze Tribüne, die aus mehreren tausend Fans und Ultras bestehen kann, in einer gemeinsamen koordinierenden Klatschbewegung den nächsten Sprechchor anstimmt, nötigt das auch den Vereinsbossen in den Logen bisweilen Respekt ab. Unbekannt ist den VIPs aber, mit was für einem zeitlichen, logistischen, finanziellen und emotionalen Aufwand die Herstellung und Umsetzung einer Choreografie verbunden ist.[6]

Oftmals dauert das Prozedere mehrere Wochen, man trifft sich regelmäßig unter Autobahnbrücken, mietet Hallen oder Hangars an und das alles für höchstens eine Minute, die eine Choreografie im Stadion sichtbar ist. Danach sorgen jedoch die modernen Massenkommunikationstechnologien, insbesondere das Internet, für überdauernden „Ruhm". Jede Ultragruppe in Deutschland hat eine eigene, meistens hochprofessionell gemachte Seite im Netz. Manche werden im Monat mehr als 1,5 Millionen Mal angeklickt. Die archivierten Bilder und Videos, gepaart mit den Diskussionen in den jeweiligen Foren, sorgen also für den anhaltenden Erfolg oder Misserfolg einer jeden Aktion.

Einen wichtigen Faktor für die Bewertungen solcher Aktionen stellt der Grad der Unabhängigkeit vom Verein dar. Unterstützt der Verein die Choreografien seiner Ultras, so führt das andernorts oftmals zu Stirnrunzeln, wird damit doch eine zu große Vereinsnähe vorstellbar. Gänzlich verpönt sind Aktionen, die von außen (Sponsoren, Firmen, Werbeagenturen etc.) unterstützt werden. Coca Cola und Sat.1 können sich sicher sein, dass ihre Aktion in der Saison 2002/2003, als sie in der Sendung *ran* die beste Choreografie wählen ließen und mit einem Preis versehen wollten, in der gesamten deutschen Ultraszene vehement abgelehnt wurde. Die wenigen Ultragruppen, die sich an dieser Werbekampagne beteiligten, haben seither ein großes Glaubwürdigkeitsproblem. Woher der Wind seitens Coca-Cola und Sat.1 wehte, wurde schließlich deutlich, als sie eine kommerzialisierungskritische Choreografie – Pro 15:30 und Kein Kick ohne Fans – der Bremer Eastside nicht berücksichtigten.

Noch auffälliger als Choreografien sind Aktionen, bei denen pyrotechnische Gegenstände abgebrannt werden. Diese „Intros" zum Einlaufen der Mannschaften stellen so etwas wie die erste Visitenkarte der Ultras am jeweiligen Spieltag dar. Es kam schon des Öfteren zu Verzögerungen des Anpfiffs der Begegnungen, da die Rauchschwaden der Rauchentwickler noch durch das Stadion waberten und die Sicht der Akteure behinderten.

Für die Ultras gehören bengalische Feuer (Bengalos) unbedingt zum Repertoire ihres Auftritts.[7] DFB und Polizei sehen das jedoch völlig anders, argumentieren mit dem hohen Verletzungsrisiko und haben das Abbrennen der Bengalos unter hohe Strafen gestellt. Das daraufhin feststellbare vermehrte Aufkommen von schwarzem und weißem Rauch in den Stadien könnte somit auch als Reaktion auf das hohe Risiko eines bundesweiten Stadionverbots, wenn man beim Abbrennen eines sog. Bengalos erwischt wird, verstanden werden. Das Rauchpulver ist leichter ins Stadion zu schmuggeln, und nach dem Anbrennen kann man sich relativ leicht vom Ort des Geschehens entfernen. In vielen Gesprächen mit Ultras wird diese Vermutung bestätigt; es gibt aber kaum jemand in den Ultra-Szenen, dem der Rauch gefällt. Trotz allem sind die Bengalos nicht aus den Stadien verschwunden. Die Technik des Abbrennens hat sich verändert. Heutzutage werden Bengalos immer seltener bis zum Ausbrennen gehalten, sondern kurz nach Entzünden auf den Boden oder in Richtung Spielfeld geworfen. Somit wird die Gefahr minimiert, durch Überwachungskameras identifiziert zu werden.

Interessant ist, dass sich diese neue Form der Fankultur genau zum geschehenen Zeitpunkt etabliert. Ökonomisch werden die Fans bzw. die Zuschauer für die Bilanzen der Vereine immer unwichtiger. Seit Jahren verschiebt sich hier die Gewichtung hin zu den TV-, Sponsoren- und Börseneinnahmen. Mit der Ausgliederung der Lizenzspielerabteilungen bei den meisten Vereinen in AGs forciert sich diese Verschiebung noch stärker. Das Produkt Fußball muss verkauft werden. Hierbei werden Werbe-, Marketing- und Eventagenturen immer häufiger mit der Organisation beauftragt. Das hat bei vielen Vereinen einen Perspektivwechsel zur Folge, der naheliegenderweise auf Kosten der Fans (vor allem derjenigen auf den billigen Plätzen im Stadion) geht und deren Status im Spiel zunehmend prekär macht. Und dies, obwohl sich die Selbstdarstellung der Ultras im Spektakel potenziell an einigen Punkten mit den Verwertungsinteressen der Vereine trifft (z.B. bei den Choreografien). Die Vereine und Verbände haben sich auch zuvor nicht allzu sehr für ihre eigenen Fans interessiert, aber ihr Platz im Stadion stand nie zur Disposition. Außer der Polizei kümmerte sich keiner um die Fans. Mit der Durchkapitalisierung des Sports werden Faninteressen aber noch weiter zurückgedrängt und Freiräume für Fans zunehmend beschnitten und ökonomisch reguliert. Verstärkend kommt eine in der Öffentlichkeit immer noch weit verbreitete Sichtweise hinzu, sie ausschließlich als Sicherheitsproblem wahrzunehmen. Die Zunahme bundesweiter Stadionverbote und die Verfeinerung der polizeilichen Maßnahmen verstärkt das Unbehagen in weiten Teilen der Ultraszenen. Über allem schwebt die in den Fanszenen weit verbreitete Vermutung, der DFB wolle all diejenigen, die auffällig sind, bis zur WM 2006 mit bundesweiten Stadionverboten versehen.

Vor diesem Hintergrund wären all die sichtbaren Momente des Ultra-Supports auch als ein Signal, vielleicht als ein Hilferuf zu deuten im Sinne von: „Seht her, wir sind auch noch da, dieser Sport gehört auch uns!"

„DFB, DFL, DSF – die neue Achse des Bösen!"[8]

Dieser Aufdruck auf einem Transparent bei der Fandemo in Berlin und das folgende Zitat, verdeutlichen die Stimmung bei den Ultras. „Wir leisten Widerstand gegen die Konsum- und Kommerzmaschinerie der Vereine, Konzerne und Medien und scheißen auf deren Doppelmoral und Scheinheiligkeit – einerseits mit uns Fans werben und uns andererseits schikanieren und kriminalisieren! Wir sind gegen die Kaputtmacher der Fankultur, gegen die Kaputtmacher des Fußballs!"[9]

Insbesondere der Einfluss des Fernsehens auf die Spielansetzungen des Fußballs macht den Fans zu schaffen. Die Montagsspiele der zweiten Liga stellen gerade aus der Perspektive der Auswärtsfahrer eine absolute Zumutung dar, bedeutet dies doch in den meisten Fällen Urlaub nehmen zu müssen. Der Unmut in den Szenen wuchs, als die Spieltermine oftmals mit gerade noch zwei Wochen Vorlauf festgelegt und dann teilweise noch einmal verschoben wurden. Als die Spielansetzungen der 1. und der 2. Liga sich von Freitag bis Montag hinzogen und

Deutliche Absage der Fans an Hackmann & Co.

die Zumutungen für die Fans ständig größer wurden, gründete sich über das Internet die bundesweite Fanbewegung „Pro 15:30", 2003 umbenannt in „Pro Fans". Ihr erstes Hauptziel wurde 2002 erreicht, seit die Bundesliga nur noch am Samstag und Sonntag spielt. Allerdings wurden nebenbei auch die bei Fans beliebten Freitagsspiele abgeschafft, obwohl dies nie von ihnen gefordert wurde. Ob dies alles wegen der Proteste der Fans oder aus eigenen Vermarktungsinteressen geschah, sei dahingestellt.

Neben diesen sehr offensichtlich in den Fanalltag eingreifenden Veränderungen innerhalb des Fußballs, gibt es viele zusätzliche Neuerungen, die auf Seiten der Fans für großen Unmut sorgen. Die Art und Weise, wie vielerorts das Spiel präsentiert wird, stößt zunehmend auf harsche Kritik. Animateure statt Stadionsprecher, Cheerleadergruppen und eine oftmals unsägliche Musikbeschallung sind die deutlichsten Adressaten der Fankritik bei der Entwicklung des Fußballs zum reinen Showprodukt.

Auffällig war jedoch die schnelle Erweiterung der Themenpalette von Pro Fans. Die führenden Köpfe des deutschen Fußballs waren gezwungen anzuerkennen, dass der Unmut der Szenen sich nicht nur aus der kommerziellen Entwicklung des Fußballs allein erklären lässt. Zwar spielt die daraus erfahrene Entwertung als Fan eine große Rolle für das Unbehagen, aber in mindestens gleichem Umfang tragen auch die kritisierten Umgangsformen der Sicherheitsorgane zu diesem Gefühl bei.[10]

Die Ultras waren von Anfang an sehr stark in der bundesweiten Bewegung Pro Fans vertreten. Einen Höhepunkt der vielfältigen Protestkundgebungen stellte die bundesweite Demonstration im Mai 2002 zum Erhalt der Fankultur dar. Dazu riefen Pro Fans, fast alle Ultragruppen Deutschlands, aber auch BAFF auf. Organisiert wurde sie fast ausschließlich von Ultras, in erster Linie von den Berliner Harlekins. Der bunte, lautstarke und friedliche Verlauf dieser mit ca. 2.500 TeilnehmerInnen sehr erfolgreichen Protestkundgebung machte noch einmal das Bedürfnis der meisten Ultras deutlich, von den Verantwortlichen im Fußball ernst genommen zu werden.

Die bundesweite Demonstration, die im Rahmen des Pokalendspiels in Berlin stattfand, war europaweit eine der ersten dieser Art. Inspiriert von dieser Erfahrung haben ein Jahr später die italienischen Ultras nachgezogen. Im Mai 2003 zogen 5.000 italienische Ultras von

72 verschiedenen Vereinen durch Mailand. Die Themen waren hier die gleichen wie dort. Gegen die Kommerzialisierung und gegen Repression – für den Erhalt der Fankultur. Auch in Frankreich gab es im vergangenen Jahr zum ersten Mal eine abgestimmte landesweite Protestaktion der französischen Ultras: „Union contre la répression!"

Noch ist es eine kleine Minderheit, die sich gänzlich abgewendet hat. Zu befürchten steht, dass diese größer wird, sollte sich im Umgang mit den Fans nicht bald etwas Grundlegendes ändern, hin zu einer größeren Differenzierung auf Seiten der Sicherheitsbehörden und zu einer größeren und glaubwürdigen Wertschätzung seitens der Vereine. Gerade im Hinblick auf die WM 2006 in Deutschland sind die Befürchtungen der zumeist jungen Fans, von ihrem Spiel ausgeschlossen zu werden, nicht zu unterschätzen.

An diesem Punkt kommt auch die Gewalt ins Spiel, die in manchen Ultra-Szenen an Attraktivität zu gewinnen scheint. Schon sehr frühzeitig haben die Fan-Projekte, deren Hauptzielgruppe mittlerweile die Ultras sind, auf die Gefahren hingewiesen, sollten die Ultras weiterhin ausschließlich als Sicherheitsproblem behandelt werden. Dann könnte eine Tendenz in Gang gesetzt werden, die es den gewaltorientierten Gruppen in den jeweiligen Ultraszenen erlaubt, die Meinungsführerschaft zu übernehmen. Schon jetzt ist eine deutliche – von beiden Seiten gepflegte – Spannung im Verhältnis zwischen Ultras und der Polizei zu beobachten.

Zunehmend gerät auch die Berichterstattung der Medien über das, was sich in den Kurven abspielt, in das Visier der neuen Fankultur. Um gegen die aus ihrer Sicht diskriminierende Darstellung in den italienischen Medien zu protestieren, die ähnlich wie hierzulande Fans auf ein Sicherheitsproblem oder eine bunte Hintergrundkulisse reduziert, wurde die Kampagne „Unser Bildrecht ist unverkäuflich!" gestartet. Die Fans/Ultras hatten den Sendern in einer symbolischen Erklärung die Verwendung von Bildern aus der Kurve untersagt. Im letzten Absatz des Aufrufs hieß es: „Und für diejenigen, die sich bewusst sind, nicht nur der schlichte Rahmen einer Sportveranstaltung zu sein, sondern sich als Protagonisten des Spektakels verstehen (mit unseren Choreografien, mit unserem Feuer und unserer Leidenschaft) geben wir der Fußball-Liga, den Verbänden und Fernsehsendern unsere Ablehnung klipp und klar bekannt, im Laufe der Spielzeit 02/03 Bilder aus der Kurve zu verwenden."

Durch diese Protestaktion sollte auf die auffällige Diskrepanz und die strukturelle Entwertung in der Berichterstattung hingewiesen werden. Zu gerne benutzen die Fernsehsender die beeindruckenden Choreografien und Bengaloshows als Einleitung zu ihren Spielberichten, um dann, wenn etwas Negatives vorgefallen ist, die bekannten Stereotypen zu bemühen, die undifferenziert alle Fans als gewalttätig und rassistisch kennzeichnen.

Das Selbstverständnis

Mittlerweile gibt es genügend Aussagen deutscher Ultragruppen bezüglich ihres eigenen Verständnisses vom „Ultra-Sein", sodass an dieser Stelle nicht detailliert auf das auch auf vielen Internet-Seiten veröffentlichte „Ultra-Manifest" aus Italien eingegangen werden muss. Herauszustellen sind u.a. die beiden Herzstücke des Ultra-Selbstverständnisses, zum einen die Unabhängigkeit vom Verein und zum anderen die unbedingte Präsenz und Aktivität als Ultra, was oftmals als bedingungslose und fanatische Unterstützung des Vereins bezeichnet wird.[11]

Dazu gehört auch die Betonung ihres Selbstbewusstseins gegenüber dem Verein, der Polizei und auch der eigenen Szene; insbesondere dort, wo die jeweiligen Ultragruppen sich als die verhältnismäßig größte und wichtigste Fangruppierung etabliert haben, wie in Berlin, Hannover, Frankfurt oder Karlsruhe.[12]

Ein kritisches Verhältnis zum eigenen Bezugsverein wird allenthalben betont. Vielerorts wurden in den 1980er und 1990er Jahren selbstbewusste Forderungen aus der Fanszene von den Vereinen als vereinsschädigend zurückgewiesen. „Damit setzt ihr den sportlichen Erfolg unserer Mannschaft aufs Spiel", war ein von den Vereinsspitzen oftmals gebrauchtes Gegenargument, welches sich häufig genug beim großen unkritischen Teil der Fanszene verfing. Die Ultras machen ihre Einstellung zur jeweiligen Vereinsführung deutlich weniger vom sportlichen Erfolg abhängig, sondern in einem wesentlich stärkeren Maße davon, wie der Verein mit ihnen als Fans umgeht.

Diese kritische Distanz wird auch am Erscheinungsbild der Anfeuerungen deutlich. Wenn früher Zuschauer zu spät zum Spiel kamen, konnten sie außerhalb des Stadions anhand der Sprechchöre oftmals den Charakter und den Spielstand erhören. Das ist heute anders geworden. Für die Ultras hat, neben dem sportlichen Erfolg der Mannschaft, auch ihre eigene Performance immens an Bedeutung gewonnen. Sie sehen sich in einem Wettstreit mit den anderen Ultra-Gruppen, wer die beste Show hinlegt.[13] Mindestens so oft wie auf das Feld wird jetzt auch zur anderen Stadion-Seite geschaut und begutachtet, was dort geboten wird. Haben sie Spruchbanner? Wie viele Doppelhalter? Haben sie es geschafft, Bengalos oder Rauch zu entzünden? Das sind Fragen, die meist ebenso interessieren wie der Spielstand. Ganz besonders deutlich wird diese Verschiebung der Aufmerksamkeit an der Position, die der „Einpeitscher" einnimmt. Der Support bei den Ultras im Stadion wird durch einen „Vorsänger", in der Regel mit Megafon, organisiert und koordiniert.[14] Dieser steht, die gesamte Kurve im Blick, mit dem Rücken zum Spielfeld. Von daher kann er dem Spielverlauf gar nicht wirklich folgen, muss er doch die Performance der eigenen Gruppe lenken. Gerade ältere, traditionell orientierte Fans haben mit dieser Verschiebung des Interesses vom Spielfeld (auch) auf die Kurve große Probleme. Vielerorts, und am stärksten dort, wo sich die Ultras in der Kurve noch nicht durchgesetzt haben, wird ihnen ein unterstelltes mangelndes Interesse am Spiel vom Rest der Fanszene zum Vorwurf gemacht. Meistens dann, wenn der falsche Schlachtruf zum falschen Zeitpunkt – gemessen am Spielverlauf – angestimmt wird. Außerdem wird beklagt, dass die Vereinheitlichungsideen der Ultras individuelles und spontanes Fanverhalten beschneiden. Für viele Fans wirkt die Ultrakultur deshalb wie verordneter Spaß und Anfeuerung und fügt sich im Grunde in die beklagte Eventisierung des Spiels ein.

Auch scheint der Konservatismus, der in der traditionellen, proletarisch orientierten Kuttenszene relativ weit verbreitet war, bei den Ultras nicht die dominierende Lebenseinstellung zu sein. Das Welt- und Gesellschaftsbild orientiert sich – zumindest beim größten Teil – an moderneren gesellschaftlichen Vorstellungen. Die kleinbürgerlichen und stammtischartigen Versammlungen alteingesessener Fanklubs mit Tagesordnungen und Antragswesen sind den Ultras fremd. Es macht insgesamt den Eindruck, als wären große Teile der Ultras eher der Mittelschicht zuzuordnen und als würde sich die Fanszene insgesamt etwas „entproletarisieren". Hinweise hierfür lassen sich einerseits in der Verwendung der Symbole auf den Doppelhaltern finden, die häufig den eher antiautoritären Zeichentrick-TV-Serien „Simpsons" und „South Park" entlehnt sind oder der linksliberalen Metaphorik. Zum anderen zeigt sich dies an ihrer offenen Haltung gegenüber dem Konsum weicher Drogen wie Marihuana oder Haschisch.

So energiegeladen und wild, wie sich die Ultras nach außen darstellen, sind sie für die jungen, neu in die Kurven kommenden Fans eine überaus attraktive subkulturelle Gruppe, was ihnen momentan einen großen Zulauf an sehr jungen Mitgliedern beschert. Diese finden hier einen Raum, der viel Platz für Emotionen, Kreativität, Bewegung und Wildheit lässt. Somit hebt sich der Ultra-Alltag aus der Perspektive von Jugendlichen wohltuend vom durchreglementierten, oftmals als langweilig empfundenen Alltag ab.

Diese Attraktivität wird durch eine veränderte Rolle von Frauen in den Szenen noch gesteigert. Waren in den 1980ern im Grunde nur zwei Rollen für Frauen, die der „Freundin von" oder die ans männliche Vorbild „überangepasste Burschikose" in der Szene vorgesehen, so haben sich in den letzten Jahren vermehrt junge Frauen ihren eigenständigen Platz in der Kurve als Fußballfans erobert. Die männlichen Ultras scheinen den Frauen auch eher ein autonomes Fansein zugestehen zu können, als es seinerzeit in der Kuttenszene üblich war.

Heutzutage ist die Kurve für die Fans phasenweise ein Ort geworden, wo mann/frau potenziell eine/n Partner/in kennen lernen kann. Beziehungen innerhalb der Ultraszenen, teilweise sogar zwischen Leuten aus Szenen verschiedener Vereine, sind anscheinend gar nicht so selten.

Zukunftsmusik

Für die kurze Zeitspanne ihrer Existenz hat die Ultra-Bewegung in Deutschland schon einiges an Veränderungen mit sich gebracht. Sie hat einen Generationswechsel in den Fankurven eingeleitet, der mancherorts schon vollzogen scheint. Einen Generationswechsel, der sich verglichen mit vorherigen, von den Kutten zu den Hooligans sehr schnell und unproblematisch vollzogen hat. Mit dem Einzug der Ultrakultur in die Kurven hat sich vor allem die Art der Anfeuerung verändert. Losgelöst vom sportlichen Anlass präsentieren die Ultras eine eigene Show, die möglichst laut, möglichst offensichtlich und möglichst andauernd ist. Mit dem aufgesetzt wirkenden Anspruch „Anfeuerung von der ersten bis zur letzten Minute" und der Konkurrenz zu den an-

Regenschirmchoreografie vor der „Arenisierung".

deren Ultragruppen setzen die Szenen sich dabei selbst einem „Erfolgsdruck" aus, der mit dem sportlichen Fortkommen des eigenen Teams nicht mehr viel zu tun hat und den Gruppen einen recht hohen Organisierungsgrad abverlangt.

Die Vereine und der DFB wissen nicht, wie sie mit diesem neuen Phänomen umgehen sollen. An manchen Stellen bedienen die Ultras durch ihr an die Eventkultur erinnerndes Auftreten potenziell das Verwertungsinteresse der Vereine, an anderen stört das recht selbstbewusste Eintreten der Ultras für ihre ureigensten Interessen den geregelten Geschäftsablauf. Die Vereine wissen zwar, dass sich ihr Produkt über die Emotionen, die durch die Fans ins Spiel gebracht werden, besser verkaufen lässt. Es hat aber den Eindruck, als sollten diese künstlich hergestellt und gesteuert werden, damit sie berechen- und kontrollierbar bleiben. Hier gibt es die größten Reibungspunkte, weil sich die Ultras als Reaktion auf diesen instrumentellen Umgang der Vereine mit ihren Fans vom eigentlichen Spiel abgewandt haben und möglichst selbstbestimmt „ihre eigene Show machen wollen." Da stören natürlich Eventagenturen und Animateure genauso wie Überwachungskameras und Ordnungsdienste. Ähnlich wie die Vereine haben nämlich auch die Sicherheitsinstanzen Probleme, angemessen auf die Ultras zu reagieren. Gesellschaftliche Räume, in denen Jugendliche sich selbstbestimmt bewegen und artikulieren können, wie die Fankurve einen darstellt, stehen auf allen Ebenen zunehmend unter staatlichem Kontroll- und Reglementierungsdruck. Durch das große öffentliche Interesse am Fußball wird der politische Druck, keine Störungen zuzulassen, nochmals gesteigert.

Diese neue Form der Fankultur, die ihre Kritik am System Fußball deutlich formuliert, wird zumindest die nahe Zukunft der Fankurven mitbestimmen. Langfristig sind Konflikte vorprogrammiert, die in Anbetracht der wirtschaftlichen Interessen und der daraus resultierenden Kräfteverhältnisse nichts Gutes für die Jugendkultur der Ultras bzw. für die Fankultur insgesamt versprechen.

Auffällig, vielleicht auch nur ein Treppenwitz, ist die zeitliche Parallele zur Modernisierung der Stadien hin zu multifunktionalen Arenen, eine ebenfalls noch recht junge Entwicklung. Es stellt sich die Frage, ob das Aufkommen der Ultras gewissermaßen das moderne, jugendkulturelle Pendant zum Aufkommen der Arenen, den Kathedralen des künstlichen Spektakels, darstellt – oder ob die Ultras, womöglich als ein letzter Widerstandsversuch gegen die Modernisierung – viele sagen auch den Ausverkauf – des Fußballsports verstanden werden können.

Anmerkungen

1 Lindner/Breuer haben herausgearbeitet, wie sehr zu Amateurzeiten die Spieler als Repräsentanten ihres sozialen Umfeldes darauf achten mussten, nicht als abgehoben zu gelten. Die Zuschauer waren zu dieser Zeit ein wichtiges Korrektiv gegen das schlecht angesehene Startum.
Rolf Lindner und Heinrich Th. Breuer: Sind doch nicht alle Beckenbauers. Zur Sozialgeschichte des Fußballs im Ruhrgebiet, Frankfurt am Main 1978.

2 Siehe u.a.: Dieter Bott und Gerold Hartmann: Die Fans aus der Kurve, Frankfurt am Main 1986.

3 An diesen Beispielen wird ganz besonders deutlich, dass alle Beteiligten rund um den Fußball Verantwortung dafür tragen, dass die Spiele sicherer werden – nicht nur die Fans.

4 Als weiteren Geburtshelfer für die Entstehung der Ultras nennt Daniel Reith die Groundhopper, deren Berichte aus Italien für eine große Faszination in der deutschen Szene sorgten.

Vgl.: Daniel Reith: Ultras – eine neue Bewegung in der deutschen Fanszene, in: Tom Gehrmann: Fußballrandale, Essen 1998.

5 Vgl.: Jürgen Scheidle: Ultra(rechts) in Italien, in: Gerd Dembowski und Jürgen Scheidle (Hg.): Tatort Stadion. Rassismus, Antisemitismus und Sexismus im Fußball, Köln 2002.

6 Siehe auch Interview „Und du gehst trotzdem weiter hin".

7 Das Fernsehen, was so gut wie nie über Fußballfans berichtet, verstärkt dieses Interesse. Ob Sat.1, DSF oder ARD – wenn die Kamera mal auf die Kurve schwenkt, dann ist garantiert eine Bengaloshow oder Rauch zu sehen.

8 Transparent der Ultras von Union Berlin auf der bundesweiten Fandemo 2002 in Berlin.

9 Zitat aus dem Karlsruher Ultra-Fanzine „Phönix aus der Asche", Nr. 9, Vorrunde 02/03.

10 Siehe den Artikel „Chaoten und Wahnsinnige".

11 Siehe auch „Und du gehst trotzdem weiter hin" und die Selbstzeugnisse im Phönix aus der Asche, dem Ultrazine aus Karlsruhe oder dem Babbedeggel, dem Ultrazine aus Frankfurt. Die Aussagen dort stehen quasi exemplarisch für alle Ultra-Gruppen in Deutschland.

12 Offensichtlich haben es die Ultras insbesondere bei Traditionsvereinen mit einer etablierten, traditionell proletarischen Fanszene schwer, in der Kurve Fuß zu fassen. So fristen die Ultras in Offenbach, Essen oder Schalke im Vergleich eher ein Schattendasein.

13 Auch hier spielt das Internet die zentrale Rolle.

14 In Italien und Frankreich gibt es in mehreren Kurven sogar schon richtige Mikrofonanlagen, über die der Support organisiert wird. Seit der Saison 2003/2004 auch in Frankfurt. In Berlin soll dies geplant sein.

„Und du gehst trotzdem weiter hin"

Im Gespräch mit Ultras Frankfurt und Phoenix Sons Karlsruhe

Eines haben sie schon einmal gemeinsam: Sowohl bei den „Ultras 97 Frankfurt" als auch bei den „Phoenix Sons" aus Karlsruhe korrespondiert der Aufstieg und das Wachsen der Szene mit dem sportlichen Niedergang des Vereins. 1997, ein Jahr nach dem erstmaligen Abstieg der Frankfurter Eintracht aus der Bundesliga, fusionierten mehrere Fanklubs und Cliquen, die sich dem Ultra-Gedanken verschrieben hatten, zu den Ultras Frankfurt. Sie dominieren seitdem die Frankfurter Fanszene. Ähnlich war es in Karlsruhe. Der KSC stieg 1998 in die 2. Liga ab, die Stimmung im zuvor erfolgsverwöhnten Wildpark schwand zusehends, und 1999 gründeten sich die „Phoenix Sons". Heute gehören beide zu den größten und Stil bildenden Ultra-Gruppen in Deutschland. Aber bedeutet „Ultrasein" überall das gleiche? Welche Unterschiede gibt es, welche Gemeinsamkeiten? Von den „Phoenix Sons" standen dazu Tom, Guido, Manuel und Martin Rede und Antwort, Daniel und Markus vertraten die UF 97.

„UF 97" und die „Phoenix Sons" feiern 2003 ihren sechsten, bzw. vierten Geburtstag. Wie groß sind die Gruppen geworden?
Guido (KA): Kommt darauf an, wen man als Ultra bezeichnet. Viele Fans nennen sich selbst „Ultra", verstehen das aber eher als Modeerscheinung. Es gibt hier ca. 300 richtige Ultras.
Manuel (KA): Das ist der harte Kern. Es gibt aber viel mehr Leute, die mit dem Ultra-Gedanken sympathisieren.
Daniel (UF): Wir sind gerade dabei, neu zu zählen. Zwischenergebnis ist 180.

Gebt ihr den Stil der Anfeuerung und Unterstützung der Teams also vor? Seid ihr im Stadion mittlerweile die akustische „Mehrheit"?
Guido (KA): Wir Ultras ziehen die Mehrheit in der Kurve mit, wir sind die Vorsänger des Stadions.
Manuel (KA): Deshalb gibt es ja Ultras. Die Stimmung in den Kurven ist immer schlechter geworden, viele Fanklubs haben sich verabschiedet, ein kleiner Kreis hat sich herausgebildet, der festgestellt hat, dass die Unterstützung, der Support, organisiert werden muss.

Tom (KA): Und es gab einen großen Wunsch nach kreativem Support, nicht immer nur die drei, vier Standardlieder, die schon in den 1980ern nicht mehr neu waren.

Wo habt ihr eure Vorbilder? Vielleicht in Italien?
Guido (KA): Natürlich, zumindest war das mal so. Aber heute haben wir eigentlich keine Vorbilder mehr. Früher waren es schon die Bilder aus Italien mit Rauch, Bengalfackeln und Super-Atmosphäre. Das haben wir hier natürlich auch probiert. Von den Bullen gab es dafür richtig auf den Sack. Dann haben wir es mit Stadion-Choreografien versucht und im Endeffekt gemerkt, dass der normale Support am wichtigsten ist.

Was macht das „Ultra-sein" eigentlich aus? Wann ist jemand ein Ultra?
Guido (KA): Wenn jemand alles für seinen Verein gibt, wenn er für seinen Verein lebt.
Manuel (KA): Aber trotzdem noch einen kritischen Abstand wahrt! Ein Ultra ist jemand, der auf keinen Fall allem, was der Verein vorgibt, hinterherläuft. Alle Gruppen in Deutschland haben deswegen auch eigene, vom Verein unabhängige Fanartikel.
Tom (KA): Jemand, der auch eigene Interessen formuliert und versucht, diese im Stadion, in der Kurve, mit der gesamten Gruppe umzusetzen. Jemand also, der im Vergleich zu früheren Fans dem Verein wesentlich kritischer gegenüber steht, ist für mich ein Ultra.
Daniel (UF): Ultrasein ist für mich erstmal eine Einstellung: Wie gibst du dich in der Kurve, bist du kritisch …
Markus (UF): … schwimmst du auch mal gegen den Strom, gegen das animierte Programm, das abgespult wird, gegen die eingespielte Musik, usw. Wir unterstützen den Verein mit unseren eigenen Mitteln, mit unseren Stimmen, mit unserer Anwesenheit und brauchen dafür nicht irgendwelche künstliche Animation.

Wie ist euer Verhältnis zum Verein und den Spielern? Gibt es Spieler, die euch etwas bedeuten?
Markus (UF): Nicht mehr. Wir sind z.B. vorletzte Saison lieber zu den Amateuren als zu den Profis gegangen und haben dort in Ruhe unsere Bratwurst gegessen, als uns bei den Profis 90 Minuten die Kehle aus dem Hals zu schreien. Denn die Spieler, die da auf dem Platz standen, waren es einfach nicht wert. Dieses Jahr gab es durch die Aufstiegschance eine kleine Euphorie, aber im Endeffekt ist es für die Profis nicht mehr als ein Job, den sie möglichst gut erledigen müssen.

Daniel (UF): Die Identifikation mit den Spielern ist einfach gestorben. Früher gab es bei uns einen Uli Stein oder einen Jürgen Grabowski, das waren Heiligtümer.

Gibt es momentan einen Spieler, von dem ihr sagen würdet, ihm liegt was am Verein?

Tom (KA): Ja, dem vierten Torwart, also dem Ersatzkeeper der Amateure. Der kommt hier aus der Nähe, und dem nehme ich das ab.

Viel vom Support der Ultras ist ja sehr sichtbar, so auch die Choreografien, bei denen ganze Tribünen in teilweise wunderschöne Bilder verwandelt werden. Steckt da nicht eine Unmenge Arbeit hinter? Könnt ihr einmal schildern, wie es von der Idee zur Umsetzung kommt?

Guido (KA): Naja, irgendwann hat einer eine Idee, zu der ein anderer noch was dazufügt – bis das Grundkonzept steht. Dann treffen sich die Kreativköpfe und versuchen das Ganze irgendwie umzusetzen. Da werden Skizzen gemacht, das Ganze auf Folie kopiert, später werden Materialien gekauft und ein Raum gesucht, in dem wir unsere Ideen umsetzen können.

Manuel (KA): Das Organisieren von Räumen ist unser größtes Problem. Zwar können wir einen Raum benutzen, den uns das Fan-Projekt zur Verfügung stellt, aber der ist für viele Sachen einfach nicht groß genug.

Ihr Frankfurter seid angeblich schon einmal eine Woche in einem alten Hangar der US-Armee gewesen, um eine Choreografie herzustellen. Die letzte Woche über habt ihr euch unter einer Autobahnbrücke getroffen. Warum dort?

Daniel (UF): Wir haben unser neues Hauptbanner gemalt.

Markus (UF): Und unsere Personalausweise verloren.

Daniel (UF): Da der Platz an anderen Orten meist nicht reicht, treffen wir uns unter einer großen Autobahnbrücke. Da malen wir mit Edding und Kreide auf ein gespanntes Stück Stoff, auf das ein Projektor unser Motiv projiziert. Erst die Umrisse, später wird mit Farbe ausgemalt. Unser neues Hauptbanner wird 26 m lang und 2,10 m hoch. Die Polizei kam irgendwann währenddessen mit mehreren Wagen angerauscht und hat uns kontrolliert; die haben wohl gedacht, wir würden Graffitis sprühen.

Guido (KA): Wir machen in Karlsruhe nicht so viele Choreografien, das ist im Stehplatzbereich recht schwer zu organisieren. Wir arbeiten viel mit Bildern oder mit Fähnchen.

Markus: (UF): Bei uns auf der Gegentribüne ist das einfacher, wir legen die Zettel einfach auf die Sitze.
Daniel (UF): Wir müssen uns vorher genau überlegen, auf welchen Sitz welche Farbe kommt, für Diagonalen nehmen wir Absperrband als Hilfsmittel. Je nachdem, wie aufwendig eine „Choreo" ist, dauert die letzte Organisation am Spieltag schon mal drei Stunden.

Viele Fans werfen euch vor, dass ihr euch gar nicht für das eigentliche Spiel interessiert. Der Einpeitscher steht meistens mit dem Rücken zum Spielgeschehen, häufig sagen Ultras sehr selbstbewusst, dass sie nicht mal jeden Spieler der eigenen Mannschaft kennen, geschweige denn auf dem Feld erkennen. Kann es sein, dass für euch die Performance der eigenen Gruppe – auch in Konkurrenz zu anderen Ultras – wichtiger ist als das Spiel?
Martin (KA): Wir legen großen Wert darauf, wie wir uns präsentieren. Jede Gruppe will die lauteste und beste sein.
Daniel UF): Und wenn der eigene Verein scheiße ist, sich scheiße präsentiert, scheiße spielt, dann fragen wir uns: „Ihr wollt den Verein darstellen?"
Tom (KA): Wir wollen alle stolz sein auf unseren Verein.
Daniel (UF): Wir wollen eine gute Visitenkarte hinterlassen, in der Stadt, die wir besuchen.
Manuel (KA): Ultra zu sein bedeutet, 150 Prozent des Daseins für die Gruppe zu geben, nicht nur für den Verein. Wir organisieren so viel Support, dass wir uns als Gruppe aus uns selbst heraus identifizieren.
Daniel (UF): Das ist die Kraft, die so eine Gruppe ausstrahlt. Die Vereine stehen uns oft ablehnend gegenüber. Für die sind wir meist eher ein Problem. Das ist ein ständiges Drama. Irgendwann ist die Distanz zu „deinem" Verein dann da. Du wachst auf und bist nicht mehr der Autogrammjäger oder die Kutte von früher und merkst, dass fast alles Bullshit ist, und du nur verarscht wirst. Aber weg kannst du nicht mehr, du hast deinen Freundeskreis hier und gehst weiter hin.

Fühlt ihr euch als Fans im Stadion willkommen?
Guido (KA): Geduldet, aber auf keinen Fall willkommen. Auswärts schon gar nicht, da heißt es viel eher: „Bleibt lieber zu Hause." Zu Hause werden wir aber auch von der Polizei schikaniert. Das läuft eigentlich überall gleich ab. Der Verein hält uns nur an der Leine und hofft, dass wir nicht zu kritisch sind. Die sehen ja auch, dass die Ultras eine gewisse Macht in der Kurve haben – davor haben sie Angst.

Tom (KA): Durch die schlechte sportliche und wirtschaftliche Lage ist unsere Vereinsführung mittlerweile auf uns und andere Supporter angewiesen.
Markus (UF): Wenn es dem Verein schlecht geht, geht er auf dich zu, wenn es ihm gut geht, bist du der letzte Arsch.

Spielt Gewalt bei euch eine Rolle?
Guido (KA): Kommt schon mal ab und zu vor. Es gibt sicher einige wenige Überschneidungen zur Hooliganszene.
Manuel (KA): Es ist aber ein Grundprinzip der Ultras, dass wir nicht ins Stadion gehen, um Gewalt auszuüben. Wenn Gewalt ausgeübt wird, dann meist, um sich selbst zu schützen. Weil der Ordnungsdienst und die Polizei uns bedrängen, oder weil vor und nach dem Spiel etwas mit gegnerischen Fans passiert.

In einem früheren Gespräch sagten mir Frankfurter Ultras, dass sie ins Stadion gingen, um die Mannschaft anzufeuern und nicht um Gewalt auszuüben. Das wäre allerdings ein Aspekt, der sich vielleicht mal „situationsbedingt" ergeben kann. Seht ihr das ähnlich? Es ist also aus polizeilicher Perspektive notwendig, auf die Ultras ein Auge zu haben?
Daniel (UF): Es kommt darauf an, gegen wen man spielt. Wenn zwei Mannschaften gegeneinander spielen, zwischen denen es eine große Rivalität gibt, dann kann es verbal ganz schön zur Sache gehen und auch mal handgreiflich – aber nicht sehr – werden.
Tom (KA): Die Bereitschaft, sich zu wehren gegen etwas, was man als ungerecht empfindet, ist höher geworden.
Guido (KA): Unser Verhältnis zur Polizei ist insgesamt eher schlecht. Ständig hagelt es irgendwelche Verbote. Das fängt bei den Choreografien an, die aus scheinheiligen Gründen verboten werden, wegen angeblicher Brandgefahr oder ähnlichem. Da schafft man wochenlang an einer Choreo und dann kommt irgend so ein Fuzzi, der sich seit zwanzig Jahren auf der Wache seinen Arsch breit sitzt, und verbietet alles. Außerdem werden wir ständig von der Polizei beobachtet und schikaniert, wir haben den Eindruck, die bauen sich uns als Feindbild auf. Wenn wir auf Auswärtsfahrt sind und sofort am Bahnhof von der Polizei beleidigt werden, sagen wir nicht gleich „Ja und Amen". Und es kann schon mal zu Konfrontationen kommen.

Gibt es da einen Unterschied zu den Ordnungsdiensten im Stadion?
Markus (UF): Eigentlich nicht. Auswärts werden wir generell behan-

Choreografie der Frankfurter Ultras in Berlin zu Ehren eines toten Mitstreiters.

delt, als ob wir Schwerverbrecher sind. Zu Hause haben sie sich bei uns die letzten Jahre etwas zurückgehalten, aber in Zeiten, in denen der Sicherheits- und Polizeiapparat immer mehr ausgebaut wird…

Tom (KA): …für die WM 2006…

Markus (UF): …genau. Was die WM angeht, ist wohl nicht mehr viel zu machen. Der DFB macht sowieso, was er will. Wir haben zum Beispiel vor der Saison unseren angestammten Platz, einen so genannten „Konfliktherd“, in Absprache mit der Polizei geräumt, weil es da immer wieder zu Problemen mit den anreisenden Fans der Gastvereine kam. Jetzt werden wir an unserem neuen Platz am Container des Fanprojekts regelmäßig nach jedem Spiel vertrieben und verhaftet.

Manuel (KA): Wir haben ganz oft das Gefühl, dass viele Provokationen von Ordnungsdienst oder Polizei gewollt sind. Die sind manchmal regelrecht auf Eskalation aus. In Stuttgart wurden wir zu einem Freundschaftsspiel von der Polizei mit den Worten „Selber schuld dass ihr heute hier seid, wir wollten heute nicht arbeiten“ empfangen. Darauf folgten Personalienfeststellungen, Platzverweise und andere Schikanen. Manchmal hat man den Eindruck, die Polizei rechtfertigt so ihren Großeinsatz. Das „Beste“ sind aber die Stadionverbote. Die werden immer häufiger ausgesprochen, man bekommt fast jedes Wochenende von irgendjemandem in grün eines angedroht. Eine Art von Damoklesschwert, das über allen Fans schwebt. Wenn ich eine Straftat begehe und dadurch ein Stadionverbot bekomme, kann ich das verstehen. Aber wenn ich weiß, dass ich ganz leicht ein Stadionverbot bekommen kann, auch wenn ich nichts und wieder nichts gemacht habe, wie es schon vielen ergangen ist, dann gehe ich mit einem beklemmenden Gefühl ins Stadion. So staut sich Wut auf. Und wenn sich dieser ganze Ärger irgendwann mal entlädt, dann gute Nacht.

Es scheint, gerade was die Stadionverbote betrifft, eine große Unzufriedenheit bei euch zu geben?

Manuel (KA): Das Problem ist, dass uns nichts nachgewiesen werden muss oder kann, sondern die Verbote völlig wilkürlich ausgesprochen werden. Wir müssen dann versuchen, unsere Unschuld zu beweisen. Das ist die Unschuldsvermutung einmal umgedreht. Und ein Stadionverbot ist halt mit die schlimmste Strafe, die die Polizei auf Verdacht gegen uns verhängen kann.

Markus (UF): Bei uns hat es gerade über 70 Stadionverbote gehagelt, für eine missglückte Pyro-Aktion. Die Polizei und der Ordnungsdienst haben am Spieltag jedoch nur zwei, drei Leute identifizieren können. Und was machen die? Verhängen Stadionverbote gegen alle Ultras, von denen sie Namen und Adresse haben. Zum größten Teil wegen Dingen, die schon mehr als sieben Monate zurücklagen. Natürlich ruft das Ärger hervor.

Die „Pyrotechnik“, also das Abbrennen von Bengalfackeln im Stadion, ist wahrscheinlich einer der häufigsten Gründe für Polizei und Ordnungsdienste, gegen Fans handgreiflich zu werden. Wie steht ihr zu den „Bengalos“?

Manuel (KA): Die Pyrotechnik ist die Achillesferse aller Ultragruppen. Genau an dieser Stelle können uns aus ordnungsrechtlicher Sicht die ganzen Repressalien hereingedrückt werden. Außerdem will keiner von uns, dass der Verein durch Geldstrafen oder Ähnliches geschädigt wird. Deswegen müssen wir da eigentlich klein beigeben und das Abbrennen sein lassen.

Ihr seid oft mittendrin im Geschehen – sind euch Fans bekannt, die von einem Bengalo verletzt wurden?

Daniel (UF): Höchstens mal ein Spritzer auf die Jacke.

Markus (UF): Die Polizei sagt uns immer wieder, dass wegen Bengalo-Aktionen sich einige Menschen im Krankenhaus behandeln lassen mussten. Das sind meistens Polizeibeamte, die sich wegen Halsweh krank melden, weil sie von weitem eine Fackel haben brennen sehen.

Das ist nicht der Punkt. Gibt es in eurer Szene Leute, die durch einen Bengalo verletzt wurden?
Guido (KA): Nein. Und gefährlicher wird das Abbrennen übrigens genau dadurch, dass man total aufpassen muss, nicht erwischt zu werden. Wenn die Fackeln hektisch und unkontrolliert auf den Boden geschmissen werden, ist das bestimmt nicht sicherer, als wenn man sie in Ruhe abbrennen lassen könnte.

Würdet ihr euch auf ein so genanntes „Kontrolliertes Abbrennen" denn einlassen?
Guido (KA): Ich finde das eigentlich nicht so prickelnd.
Daniel (UF): Entweder im Block oder gar nicht. Im Innenraum ist es total scheiße. Als Kompromiss kann ich mir das vorstellen, aber ob das die Leute „bockt"? Das Spannende ist ja gerade, dass es wild und verboten ist.
Manuel (KA): Wir würden uns da wahrscheinlich auf nichts einlassen. Bei Abendspielen oder Derbys gehört das Licht einfach dazu.
Martin (KA): Die ganze Kontrolle hat keinen Sinn. Bengalos sind etwas Wildes, etwas Lebendiges. Wenn ein paar Leute im Innenraum stehen, die Fackel in der Hand, der Sandeimer nebenan, hat das nichts Lebendiges mehr.
Markus (UF): Viel eher unterstützt man so die „Kommerzkacke" und macht sich zur Marionette.
Tom (KA): Pyro ist etwas Anarchistisches und das soll es auch bleiben.

Und was ist bei euch noch so „anarchistisch"? Sonst heißt es bei deutschen Ultras doch immer „Politik hat im Stadion nichts verloren"?
Tom (KA): Keine Parteipolitik. Aber fanpolitisch sind wir sehr aktiv. In alles, was uns angeht, mischen wir uns ein.
Daniel (UF): Es sollte eigentlich schon unpolitisch zugehen. Wir in Frankfurt haben aber schon ein Problem mit unseren Vereinsfarben schwarz-weiß-rot. Das fanden anfangs insbesondere die Faschos aus dem Umland gut. Vor ein paar Jahren hat der Staatsschutz versucht, Leute aus der Ultra-Szene anzuwerben. Wir haben dann versucht, durch die Duldung von linken Symbolen wie Che Guevara ein Gegengewicht zu schaffen.

Gibt es bei euch keine „Rechten" mehr in der Kurve?
Manuel (KA): Es gibt noch ein paar, aber keine aktiven. Und in der aktiven Ultra-Szene definitiv nicht. Es ist halt wie überall in der Gesell-

schaft: Da stehen Rechte und Linke, aber im Stadion äußert sich von denen keiner aktiv.
Daniel (UF): Bei uns in Frankfurt gibt es schon einige Rechte in der Kurve. Wir versuchen aber nicht, die sofort rauszuschmeißen, solange sie sich nicht in diesem Sinne äußern. Wir versuchen vielmehr, ihnen die Ultras so schmackhaft zu machen, dass sie sich für uns entscheiden und gegen rechte Politik. Überwiegend sind das junge Leute, die oft gar nicht wissen, was sie da rufen. Und wir versuchen, sie irgendwie zu integrieren und auf einen positiven Weg zu bringen.

Greift ihr auch als Gruppe ein, wenn sich jemand rassistisch äußert?
Martin (KA): Ja. Wir dulden zum Beispiel nicht, dass bei uns irgendjemand das „U-Bahnlied“ anstimmt. Da mussten wir schon mal einschreiten.

Ein relativ beliebter Sprechchor im Frankfurter Waldstadion, aber auch anderswo, lautet: „Zick Zack Zigeunerpack!“ Ein anderer „Schwule, Schwule (XY)!“ Zwei Sprechchöre, die als Beschimpfungen, und so sind sie wohl gemeint, recht tief ins rechte Meinungsspektrum passen. Wie steht ihr dazu?
Guido (KA): Den Ersten gibt es bei uns kaum, den Zweiten schon häufiger.
Daniel (UF): Die sind nicht politisch korrekt, ich weiß. Aber ich glaube, die darf man nicht so ernst nehmen. Irgendetwas müssen wir ja rufen, damit die anderen sich ärgern, oder?
Markus (UF): Das ist auch bei uns ähnlich, aber wenn es ein heißes Spiel ist, die Emotionen hochschlagen und die anderen vielleicht noch hart einsteigen, dann kommen diese Sprechchöre halt ab und zu mal.
Tom (KA): Bei solchen Chören rufe ich prinzipiell nicht mit, egal wie das Spiel läuft.

Fußball ist, so ein weiteres, recht weit verbreitetes Vorurteil, ein Männersport. Seht ihr diesbezüglich in eurer Ultraszene einen Unterschied?
Manuel (KA): Die Frauen bei uns sind zu 80 Prozent Groupies. Da sind einmal über die Kommerzschiene angelockte Mädels, die die jungen hübschen Spieler anhimmeln. Und dann gibt es eine große Gruppe, die wegen der Ultras kommen.

Das sind dann keine Ultras?
Manuel (KA): Es gibt kaum ein Mädchen, dass sich richtig Ultra nennen

kann, bei der man sagen kann, dass sie sich richtig engagiert für ihren Verein. Wir nehmen bei den „Phoenix Sons" bewußt keine Frauen auf.

Kommen heute mehr Frauen und Mädchen ins Stadion?
Tom (KA): Bei den „Supporters Karlsruhe" ist der Anteil bestimmt über 20 Prozent, so dürfte es eigentlich im gesamten Stadion aussehen.
Markus (UF): Wir nehmen alles, was mindestens zwei Beine hat und laufen kann. Es werden aber ganz bestimmt mehr Frauen beim Fußball. Als ich angefangen habe zum Fußball zu gehen, waren die meisten Frauen besoffene Tussis aus dem G-Block. Es werden aber auf jeden Fall mehr, obwohl die sich meiner Meinung nach nicht so für Fußball interessieren.

Können Frauen eurer Meinung nach überhaupt Fußballfans sein?
Guido (KA): Schon, wir haben da kein vorgefertigtes Bild.
Daniel (UF): Wir haben bei uns schon so vier, fünf Frauen, die durch ihre Persönlichkeit einen absoluten Stand in der Szene haben. Ich hoffe ja, dass die für die jungen Mädels wie ein Vorbild wirken.
Guido (KA): Bei uns in der Kurve sind schon recht viele Mädchen. Aber von denen singen nur recht wenige über 90 Minuten mit oder helfen bei Choreografien.
Tom (KA): Wir müssen abwarten, was über die Jahre kommt. Die Frauen sind eher noch am Anfang, aber da steckt schon einiges Potenzial drin.
Manuel (KA): Mal ehrlich: Es gibt einen genauso großen Prozentsatz von Jungs, die nur der Mode wegen beim Fußball und bei den Ultras sind.

Interview: Michael Gabriel

Abwehr

Thomas Glöy

Der Fanmarsch durch die Vereinsinstitutionen

Das Beispiel FC St. Pauli

„Jetzt ist ein Fan Präsident geworden" – Es werden sicherlich diverse andere Gründe den Ausschlag zur Wahl von Corny Littmann zum Präsidenten des FC St. Pauli gegeben haben. Aber dass der Theaterchef vom Spielbudenplatz diese Worte an den Anfang seiner Vorstellung vor der versammelten Presse im Dezember 2002 gestellt hat, macht Sinn, wenn die jüngere Vereinsgeschichte einmal durchleuchtet wird.

Denn ab Mitte der 1980er Jahre stiegen die Zuschauerzahlen sprunghaft an, zudem wandelte sich die Fanstruktur am Millerntor in beachtlichem Maße. Es waren inzwischen eine Menge Fans im Stadion, die sich über 90 Minuten Fußball hinaus nicht nur ihre Gedanken machten, sondern auch versuchten, diese schrittweise umzusetzen. Zunächst standen lediglich fanspezifische Themen auf der Tagesordnung – in Verbindung mit einem linken politischen Bewusstsein, eine völlig neue Entwicklung im Fußball hierzulande.

Erste fanpolitische Gehversuche

Erste Erfolge gemeinsamer Aktionen von Fans und Anwohnern konnten Anfang 1989 beim Protest gegen ein monumentales Stadion-Projekt auf dem Heiligengeistfeld – eine riesige Freifläche für Volksfeste und ähnliche Veranstaltungen direkt neben dem Stadion – verbucht werden: Es wurde nie realisiert. Zur endlosen Stadionneubau-Geschichte am Millerntor nur so viel: Bei allen weiteren Planungen wurden Wünsche der Fans und Mitglieder mit einbezogen, so dass das jeweils aktuelle Modell z.B. eine ausgeglichene Anzahl von jeweils 16.000 Steh- und Sitzplätzen aufweist.

Aber zurück zu den Anfängen, aus der Anti-Sport Dome-Initiative entwickelte sich im Sommer 1989 das erste deutsche Fußball-Fanzine mit (fan-)politischer Ausrichtung, der *Millerntor Roar!* (*MR!*). Er war Vorbild für viele Publikationen dieser Art, die in den folgenden

Auch der Sänger der Kultband „Slime" Stephan Maler (2. v. r.) ist St. Paulianer.

Jahren bundesweit entstanden, aber inzwischen nur noch vereinzelt existieren.[1]

Aus den Reihen der *MR!*-Redaktion kam der erste Fan-Beauftragte des Clubs: Sven Brux konnte Anfang 1990 auf Initiative des damaligen Vizepräsidenten Christian Hinzpeter nicht nur eine entsprechende ABM-Stelle antreten, am 15. Februar 1990 öffnete auch der erste Fan-Laden seine Türen. Es gab nun einen Anlauf- und Treffpunkt jenseits der Spieltage, abseits von Stadion und Kneipe. Dort sollte in den folgenden Jahren stets die Keimzelle für vielfältige Aktionen aller Art liegen.

Die erste spürbare Einmischung in das Vereinsleben datiert auf die Jahreshauptversammlung (JHV) am 28. Oktober 1991. Auf Antrag des *MR!* brachten Fans in Zusammenarbeit mit dem türkischen Volkshaus einen Antrag auf Änderung der Stadionordnung ein, wonach ausländerfeindliche und rassistische Parolen, Transparente, Fahnen u.ä. in Zukunft verboten sein sollten. Bis dahin einmalig in Deutschland. Dieser Antrag wurde ohne Gegenstimmen angenommen, obwohl zu der Zeit erst wenige der meist jüngeren Fans auch Mitglieder des Vereins waren. Anscheinend war das Wirken der vorangegangenen Jahre auch an den „Alteingesessenen" nicht spurlos vorüber gegangen.

In den folgenden Jahren wurde der Fanladen personell aufgestockt, das Fanaufkommen blieb unabhängig von der Ligazugehörigkeit hoch und vor allem konnten enge Kontakte zu aktiven Fans anderer Vereine im In- und Ausland geknüpft werden. Maßgeblich beteiligten sich Fans des FC St. Pauli beispielsweise an der Gründung des Bündnisses Aktiver Fußballfans (BAFF) in der Saison 1993/94.

Obwohl immer mehr Fans nun mit fanpolitischem Hintergrund dem Verein beitraten: Kritik oder gar Aufbegehren gegen den allmächtigen und finanzstarken Präsidenten Heinz Weisener, der seit 1990 die Geschicke des Vereins leitete, gab es nur sehr vereinzelt.

Das änderte sich 1996. Auslöser war der damalige Trainer des Bundesligateams, Uli Maslo. Der zwar erfolgreiche, aber menschlich eher fragwürdige Sportlehrer, sah in der von vielen Fans ob ihres erfrischenden Offensivfußballs und der gemütlichen Atmosphäre bei den Spielen geliebten Amateur-Mannschaft einen Störfaktor, der nur den Rasen demolierte. So wurden die Amateure aus dem Millerntor-Stadion verbannt und mussten eine Odyssee über die Sportplätze der Stadt antreten, sogar im alten HSV-Stadion am Rothenbaum wurde ein „Heimspiel" ausgetragen. Dagegen entwickelte sich immer größerer Widerstand und einige Amateurfans trafen sich mehr oder weniger regelmäßig, um Protestaktionen zu planen. Der Erfolg war immerhin ein fester Spielort an der Sternschanze im nördlichen Teil St. Paulis.

Mit Karacho in die Gremien

Bei diesen Treffen kamen aber auch andere Themen zur Sprache wie z.B. die Vereinspolitik. Die Arbeitsgemeinschaft interessierter Mitglieder (AGiM) war geboren. Zu jener Zeit hatte der DFB den Profiklubs auferlegt, neben dem Vereinspräsidium ein Kontrollgremium einzurichten.

Die Führung des FC St. Pauli entschied sich für die Minimallösung und wollte lediglich ein Vorschlagsgremium installieren, das die Präsidiumskandidaten vor der Wahl prüfte. Das ging den AGiM-AktivistInnen nicht weit genug und so bastelten die engagierten Fans zur Mitgliederversammlung am 16. Juni 1996 aus Satzungen anderer Vereine mit Schere und Klebstoff einen eigenen Satzungsentwurf, der einen Aufsichtsrat vorsah. Zunächst wählten die Mitglieder nur die Minimallösung, also das Vorschlagsgremium – allerdings mit drei von fünf Mitgliedern aus den Fanreihen. Zusätzlich wurde eine Satzungskommission mit je fünf Mitgliedern aus AGiM-Kreisen und fünf vom Präsidium bestimmten Personen eingesetzt. Sie sollte zur nächsten regulären JHV am 07. Februar 1997 eine Satzung erarbeiten. Diese, im Wesentlichen in der von der AGiM erarbeiteten Version, nahm die folgende JHV schließlich an. Somit ist die Existenz eines Aufsichtsrates beim FC St. Pauli bei gleichzeitiger Beibehaltung der Mitgliederversammlung als höchstem Vereinsgremium alleine auf die Initiative von aktiven Fans und Mitgliedern zurückzuführen.

Am 13. Juni 1997 fand die erste Wahl zum neuen, siebenköpfigen Aufsichtsrat statt, bei der mit Holger Scharf auch der AGiM-Sprecher kandidierte. Den folgenden öffentlichen Wahlkampf prägten teilweise persönliche Diffamierungen der Beteiligten, was in mancher Hinsicht leider richtungsweisend für den künftigen Umgang sein sollte. Die Folge war, dass für Scharf nur der achte Platz blieb und die Initiatoren des Aufsichtsrates in diesem Anlauf vor der Tür standen.

Die Atmosphäre war nun vergiftet, es sollte aber noch schlimmer kommen. 1997 erschien ein Buch über die Geschichte des FC St. Pauli, in dem der Autor René Martens einen Artikel über die NSDAP-Mitgliedschaft des ehemaligen Präsidenten und Namensgebers des Stadions, Wilhelm Koch, und die Übernahme einer ehemals jüdischen Firma veröffentlichte. Auf der JHV am 31. Oktober 1997, auf der sich Präsident Weisener im Übrigen erstmals bei einer Wahl mit einer größeren Anzahl von Gegenstimmen konfrontiert sah, wurde von Ronny Galczynski, Gründungsmitglied und Redakteur des *MR!*-Fanzine-Nachfolgers *Übersteiger*, ein Antrag auf Namensänderung des Stadions eingebracht.[2] Nach einer hoch emotionalen Debatte nahmen die Mitglieder den Antrag mit 133:72 Stimmen an. Daher heißt das Wilhelm-Koch-Stadion seit dem Beginn der Saison 1999/2000 so, wie es schon zuvor meist genannt wurde: Millerntor-Stadion.

Am Tag dieser denkwürdigen JHV stand außerdem die Nachwahl für einen Posten im Aufsichtsrat an, für die der Fan-Kandidat Holger Scharf diesmal die nötigen Stimmen einbrachte. Die Wahl machte ihn somit zum ersten gewählten Fanvertreter in einem Vereinsorgan. Bereits zuvor hatte es in einem anderen Bereich eine „Beförderung“ gegeben. Der Fanbeauftragte Sven Brux übernahm im Frühjahr 1998 den neu geschaffenen Posten des Organisationsleiters beim FC St. Pauli, wo er für die Veranstaltungsleitung der Heimspiele und als Sicherheitsbeauftragter auch für den Ordnungsdienst verantwortlich ist.

Auch sonst tat sich einiges in der Fanszene: Aus den Reihen der Fanklubs wurde von der bereits seit Jahren stattfindenden Fanklub-Delegiertenversammlung im Frühjahr 1999 ein Fanklub-Sprecherrat gewählt. Seitdem unterstützt dieser einerseits den Fanladen, z.B. bei der Fanklub-Verwaltung oder der Ausrichtung von Fanklub-Turnieren, und schafft andererseits ein weiteres Bindeglied zwischen Fans und Verein.

Nach der Umbenennung des Stadions klafften die Gräben im Verein äußerst tief. Vor allem die älteren Mitglieder sahen „ihren" Wilhelm Koch zu Unrecht diskreditiert. Um Missverständnisse aus dem Weg zu räumen, lud die AGiM alle Vereinsgremien zu einem Runden Tisch ein – mit Erfolg. Es zeigte sich in vielen Fällen, dass der Missmut lediglich aus schlichter Unkenntnis von Personen und ihren Beweggründen entstanden war. Aufgrund dieses Erfolges lud die AGiM dann regelmäßig zu solchen Treffen ein.

Da im Zuge der Umbenennungsdebatte gleich vier Aufsichtsratsmitglieder zurückgetreten waren, wurde am 29. Januar 1999 eine Nachwahl notwendig, die mit Tatjana Groeteke und Uwe Doll zwei weitere AGiM-Mitglieder in das Kontrollgremium bestimmte. Tatjana Groeteke wurde zur Vorsitzenden des Aufsichtsrats bestimmt. Die Mehrheitsverhältnisse auf Mitgliederversammlungen hatten sich also innerhalb kürzester Zeit vollkommen gewandelt. Wo noch wenige Jahre zuvor auf beschaulichen Treffen dem alten Vereinsrecht Genüge getan wurde, kamen nun immer mehr Fans, denen das Treiben im Verein ebenso wichtig erschien, wie das Treiben auf dem Rasen.

Mitverantwortlich für diesen Mitgliederzuwachs war zunächst vor allem die AGiM. Sie entwickelte eine erste groß angelegte Mitgliederwerbekampagne, die bei der JHV 1998 mit Unterstützung des Präsidiums von der Versammlung abgesegnet wurde. Im Laufe des Jahres 1999 hielt der FC zwei weitere außerordentliche Mitgliederversammlungen ab, die sich hauptsächlich mit dem unendlichen Thema Stadionbau und dem undurchsichtigen Geschäftsgebaren des Präsidenten Weisener befassten. Durch die Vertretung der AGiM im Aufsichtsrat, dem allgemein gestiegenen Interesse des „gemeinen Fans" und den schlechten finanziellen Gegebenheiten gerieten diese Abende, nicht zuletzt durch vorhergehende, schmutzige Pressekampagnen des Präsidenten gegenüber dem Aufsichtsrat, zu äußerst lebhaften Veranstaltungen. Klar war jedoch, dass ohne die Beteiligung und die Zustimmung der aktiven Fanszene keinerlei weitreichende Entscheidungen mehr getroffen werden konnten.

Rückschläge – Neugründungen – Machtwechsel

Wer sich seiner Sache zu sicher ist, kann auch hereinfallen, denn die neuen Aufsichtsratswahlen am 10. November 1999 wurden zu einem kleinen Desaster für die AGiM. Nur Tatjana Groeteke wurde im Amt bestätigt, Holger Scharf und Uwe Doll mussten ihre Posten räumen. Das von Präsident Weisener öffentlich protegierte „Team für St. Pauli" um den nun neuen Aufsichtsratsvorsitzenden Peter Benckendorff – seinerzeit Mannschaftsarzt – machte geschlossen bereits im ersten Wahlgang das Rennen.

Dennoch war an diesem Abend ein Erfolg zu verzeichnen. In den Monaten zuvor hatte sich innerhalb der AGiM eine Arbeitsgruppe gebildet, die die Gründung einer neuen Vereinsabteilung vorbereitete. Ihr Zweck sollte die Förderung der Jugendabteilungen sein; der Beitritt zu ihr wurde potenziellen Neumitgliedern mit gewissen Vergünstigungen versüßt. Die neue Abteilung Fördernde Mitglieder (AFM) sollte die Mitgliederzahl des Vereins immens erhöhen. Dieser Antrag zur Satzungsänderung wurde mit der erforderlichen Mehrheit angenommen und die AFM somit gegründet. Ihr erster Vorsitzender wurde wenig später das damalige AGiM-Mitglied Tonny Burggraaf, der die Abteilungsgründung federführend vorangetrieben hatte. Nach erheblichen internen Querelen löste ihn das ehemalige Aufsichtsratsmitglied Holger Scharf allerdings am 21. September 2001 ab. Die AFM wartete mit Aufsehen erregenden Jugendkampagnen auf und weitete z.B. auch eine erfolgreiche AGiM-Kampagne zur Gewinnung neuer Mitglieder aus, wodurch sich die Mitgliederzahl des FC St. Pauli innerhalb weniger Jahre um etwa 4.000 Neuzugänge auf knapp 6.000 erhöhte.

Bei der ereignisreichen JHV 1999 wurde im Übrigen ein neuer Vizepräsident gewählt, nämlich der ehemalige Spieler Reenald Koch, dessen Kandidatur die AGiM seinerzeit abgelehnt hatte.

Als wenig später klar wurde, dass sich Koch anschickte, die Nachfolge des Präsidenten Heinz Weisener anzutreten, wurden jedoch Allianzen geknüpft. Der mittlerweile von der Mehrheit des Vereins nur noch aufgrund seiner finanziellen Verdienste und geschäftlichen Verflechtungen (besonders im Bereich Marketingrechte und Planung des Stadionbaus) geduldete Patriarch Weisener stellte inzwischen ein Risiko für das Überleben des Vereins dar. Angesichts der sich anbahnenden sportlichen Katastrophe in der Saison 1999/2000 hätte ein Abstieg in die Regionalliga unweigerlich den Konkurs und das Verschwinden des Vereins aus dem höherklassigen Fußball zur Folge gehabt.

Uwe Doll, Tatjana Groeteke und Holger Scharf.

In der letzten Minute des Saisonfinales gegen RW Oberhausen bewahrte Marcus Marin mit seinem Tor den FC vor diesem Schrecken, die Ära Weisener war am 20.10.2000 nach zehn Jahren jedoch endgültig beendet. Sein Nachfolger Koch wurde gewählt und in sein dort vorgestelltes Konzept übernahm er auch den o.g. Runden Tisch der AGiM. Seitdem lädt das Präsidium regelmäßig zum „Ständigen Ausschuss" ein, um sämtlichen relevanten Vereins- und Fangremien einen internen Meinungsaustausch zu ermöglichen.

Noch lange nicht Schluss

Überhaupt war mit Kochs Amtsantritt sofort ein radikaler Umschwung in der internen Kommunikation zu spüren. Dauerte es nach der Gründung fast zwei Jahre bis zum ersten persönlichen Treffen mit Weisener, genügte nun ein Anruf oder eine E-Mail – schon kam zumindest eine Antwort. Zudem stellte der Klub Aufsichtsratsmitglied Tatjana Groeteke als Geschäftsführerin ein, nachdem der Aufsichtsrat ihre Kandidatur als Vizepräsidentin verhindert hatte. Diesen verantwortungsvollen Posten hatte sie bis zum 20. Dezember 2002 inne, bevor sie von Corny Littmann entlassen wurde.

Auch im Fanladen änderten sich die Personalien. Der Fanbeauftragte Hendrik Lüttmer folgte seinem Vorgänger Sven Brux und wechselte im Juli 2001 in die Merchandise-Abteilung des Vereins. Durch diesen Wechsel des Fans Lüttmer konnte gesichert werden, dass sich das Merchandise-Sortiment weiter an den Interessen der Fans orientierte.

In der Zwischenzeit hatten St. Pauli-Fans einen Verein gegründet, um sich besser für ein Fanhaus einsetzen zu können: BallKult e. V. – Verein für Fußball und Kultur auf St. Pauli. Nachdem die bisherige Haupt-Fankneipe „Zum letzten Pfennig“ 1998 schließen musste, war zunächst nur ein neues Zuhause für die Trink- und Feierwütigen geplant. Aber schnell sprossen Ideen und so suchte BallKult nach einem Gebäude im Stadtteil, in welchem neben einer Kneipe auch der Fanladen, diverse Fangruppen und evtl. sogar ein Jugendgästehaus ihr Zuhause finden sollten. Obwohl ein geeignetes Haus gefunden wurde, gestalteten sich die Verhandlungen mit Hauseigentümern, städtischen Wohnungsgesellschaften usw. schwieriger als zunächst angenommen.

Immerhin konnte nach einiger Zeit eine neue Kneipe, das Jolly Roger, eröffnet werden. Sie ist selbstverwaltet und wird am mittlerweile zweiten, größeren Standort direkt gegenüber dem Stadion erfolgreich geführt. Somit nahmen die St. PaulianerInnen ein Stück Fankultur in die eigenen Händen – der Kontakthof Fankneipe sollte in seiner Bedeutung nicht unterschätzt werden. Die „große Lösung“ bleibt weiterhin ein Traum. Das Engagement der Fans im Verein hat also auch bei St. Pauli nichts mit „Sozialismus im Club“ oder einer „befreiten Balltretergemeinschaft“ zu tun. Es ist ein Versuch, im Business Fußball einen Weg an der linken Außenlinie zu gehen und hin und wieder mal einen Steilpass zu spielen.

Auch wenn sich nach dem Ende der Weisener-Amtszeit und der Einstellung von Groeteke als Geschäftsführerin eine gewisse Selbstzufriedenheit breit machte, blieb die AGiM weiter aktiv, ihre Schritte gingen allerdings mehr ins Detail. So wurde mit maßgeblicher AGiM-Mitarbeit eine weitere Satzungskommission eingerichtet, die aus dem kurzen Vereinsfaltblatt einen gleichwohl notwendigen 26-seitigen Paragrafendschungel schuf. Ebenso sind AFM und AGiM in einer Strukturkommission vertreten, die die eventuelle Ausgliederung der Profiabteilung aus dem Gesamtverein vorbereiten soll.

Darüber hinaus folgten politische Positionierungen, z.B. beteiligte sich der FC St. Pauli nach Anregung der AGiM mit einem symbolischen Beitrag am „Entschädigungsfonds“ für jüdische Zwangsarbeiter im Nationalsozialismus – bis dato als einziger Fußballverein. Zudem brachten die organisierten Fans in Zusammenarbeit mit Verein und Sponsoren die „Werbebande“ mit der Aussage „Faschismus ist keine Meinung, sondern ein Verbrechen“ im Stadion an. Nicht nur in diesem Fall zeigte sich der Verein bzw. die verantwortliche Marketingabteilung insgesamt kooperativ. Auch die großzügig bemessenen Werbeflächen für die Pro 15:30/Pro Fans-Aktivitäten an exponierter Stelle im Stadion zeugen davon.[3]

Die Professionalisierung der Vereinspolitik ist nach Weisener und mit Fanbeteiligung ein fortlaufender Prozess. Bei einer Nachwahl des Aufsichtsrats am 12. Oktober 2001 wählten die Vereinsmitglieder den damaligen AGiM-Sprecher Michael Burmester. Die nächste reguläre Wahl am 21. November 2002 bestätigte ihn für die folgenden vier Jahre in seinem Amt und zudem bestimmten ihn seine Kollegen zum stellvertretenden Vorsitzenden des Aufsichtsrats. Mitglied dort ist seitdem auch Christoph Kröger, wie Burmester aus der Fanszene stammend und zuvor im Fanklub-Sprecherrat aktiv.[4]

Wohin hat alles geführt?

Beim Eintauchen in die (Un-)Tiefen eines Vereins ist vor allem eines wichtig: Geduld. Zudem sollte eine hohe Sachkenntnis vorliegen und ständig erweitert werden, nicht nur was Satzungsfragen betrifft. Bei aller anfänglichen Euphorie sollte ein anderer Nebeneffekt nicht übersehen werden: Je mehr ein Fan sich in die „Innereien“ des Vereinslebens einmischt, desto mehr kommt er oder sie hinter all die kleinen und großen „Schweinereien“, die dort ab und an ausgeheckt werden. Ein Aspekt, der einem so manches Mal die Lust am „normalen“ Fandasein und rein sportlichen Blick auf den grünen Rasen vergällen kann. Besonders deutlich wurde dies ab Mitte 2002, denn bis zum heutigen Tag beherrscht ein nicht unerhebliches Chaos aus Intrigen, Verleumdungen, Presseschlammschlachten und Ausschlussverfahren die Vereinspolitik.

Sogar der *Tagesspiegel* aus Berlin kommt am 9. Januar 2003 zu folgender Erkenntnis: „Die Auswirkungen dieser einstmals basisdemokratisch gedachten Bewegung sind mit Phänomenen beim Aufstieg der Grünen vergleichbar: Man ist erbittert, misstrauisch und führt komplizierte Lagerkämpfe. Jeder ist von der ungeheuren Bedeutung des eigenen Beitrags durchdrungen. Bei Mitgliederversammlungen geht nichts ohne die Fan-Mitglieder."

Dass dies nicht nur von außen so oder jedenfalls ähnlich gesehen wird, beweist folgende Analyse in der Februar-Ausgabe 2003 des Fanzines Übersteiger: „Fans: Im Wirrwarr gefangen. Haben vor Jahren den Marsch durch die Vereinsstrukturen angetreten und sind jetzt selber im Spiel verfangen. Vielleicht wissen wir inzwischen zu viel und vielleicht wollen wir zu viel wissen. Aber tut es uns gut? Wir sind steuerbar geworden und ohne Distanz, wir wissen nicht mehr, wer gut ist und wer nicht, wem wir glauben dürfen und wem nicht. Können wir denen noch trauen, denen wir mal getraut haben? Das Meckern von außen war leichter, als das Wissen vom Innenleben."

Ob das Prädikat „Fanpräsident" dem Vereinsvorsitzenden wirklich gerecht wird, darf mittlerweile bezweifelt werden. In vielerlei Bereichen hat Corny Littmann im Umgang mit Fans und Faninteressen mindestens Fingerspitzengefühl vermissen lassen. Deutlich wurde dies z.B. im Rahmen der Demonstrationen gegen den Rechts-Senat der Hansestadt Hamburg, die im Frühjahr 2003 auch nach Heimspielen des FC durchgeführt wurden. Aus Sicht politisch engagierter Supporter näherte sich die Vereinsspitze zu sehr der Polizei und der Innenbehörde des damaligen Senators Schill an.

Und dann, ja dann war da ja noch die „Rettung" – Was durchaus charmant begann, uferte im Laufe des Sommers immer mehr aus. Und spätestens als es die allgegenwärtigen „Retter-Shirts" auch bei „McDonalds" zu kaufen gab und der Erste Bürgermeister Ole von Beust persönlich den Dauerkartenverkauf ankurbelte, war für viele das Maß voll. Das Wort vom „Ausverkauf" machte die Runde.

Kritik an diesen Praktiken begegnete man mit Schwärmereien von den „optimalen Vertriebswegen" der Burgerbrater-Kette. Der schnelle Kontakt zur Vereinsführung ist für die organisierte Fan-Szene zwar weiterhin recht problemlos möglich, fraglich ist allerdings, ob dieser Kontakt überhaupt gewollt ist oder lediglich als Relikt vergangener Zeiten geduldet wird.

Auch scheint hier eine Zwei-Klassen-Gesellschaft aufgebaut zu werden. Wer sich dem „Retter-Wahn" unterworfen hat, wird gern gesehen. Wer dann doch mal ein Haar oder eine ganze Perücke in der Suppe findet, gilt als Nestbeschmutzer und wird mit dem „Ohne Rettung keine Lizenz"-Argument mundtot gemacht.

Falls allerdings die Gedanken innerhalb der Vereinsführung in andere, positivere Bahnen laufen, dann versteht sie es geschickt, dies weitgehend zu verstecken. Verbundenheit zu den Fans bedeutet nicht, nach einem Derby-Sieg gegen die Amateure des HSV mit den Spielern auf dem Platz die „Welle“ zu zelebrieren.

Natürlich gibt es auch bei anderen Klubs Anhänger, die sich über die eigentliche Fan-Arbeit hinaus im Verein engagieren. Der Supporters-Club beim Hamburger SV ist beispielsweise die größte Abteilung im Verein und stellt auch einen Vertreter im Aufsichtsrat. Die Supporters sind aber bei aller Wertschätzung für die geleistete Arbeit doch eher ein Serviceunternehmen für die Ausrichtung der Auswärtsfahrten geworden. Wirklicher Einfluss auf die Vereinspolitik ist, jedenfalls nach außen, kaum zu erkennen. Dies offenbart sich eher schon bei Vereinen, die – meist aus finanziellen Gründen – kurz vor dem Abgrund stehen. Oft ist genau dort ein reichhaltiger Nährboden für aktive Fans, auf dem Einfluss gewonnen werden kann. Göttingen 05 (der Verein befindet sich kurz vor Auflösung), Kickers Offenbach oder auch der Wiener Sportklub wären da Beispiele. Beim FC St. Pauli sind und waren die Einflussmöglichkeiten der Fans insgesamt äußerst vielfältig ausgeprägt. Ob dieser Fanmarsch durch die Vereinsinstitutionen nur dort möglich war und ist, dürfte Spekulation sein.

Anmerkungen

1 Mehr zur Entwicklung der Fanzine-Geschichte im Beitrag „Von den Wurzeln ins Netz. Aufstieg und Fall einer Fanzine-Kultur“ von Gerd Dembowski in diesem Buch.

2 Mehr zur Namensänderung des Stadions im Interview von Markus H. W. Flohr mit dem damaligen Antragsteller Ronny Galczynski in diesem Buch.

3 Mehr zu den Aktivitäten von Pro 15:30/Pro Fans im Beitrag von Thomas „Tower“ Weinmann: „Der Anwalt der Fans“.

4 Die Amtszeit von Präsident Reenald Koch war im Dezember 2002 nach dessen vorzeitigem Rückzug beendet. Der neu gewählte Aufsichtsrat setzte daraufhin den eingangs erwähnten Corny Littmann als Interimspräsidenten ein. Auf einer außerordentlichen Mitgliederversammlung wurde er am 25. Februar 2003 endgültig gewählt.

Ansgar Spiertz

Grounds to hopp on

Von denen, die auszogen, Stadien zu sammeln

Groundhopping erfreut sich seit Ende der 1990er Jahre einer zunehmenden Medienpräsenz und wird der mehr oder weniger interessierten Masse im Rahmen von Talkshows, Fernsehdokumentationen und Zeitungsartikeln näher gebracht – meist aufgezogen an einem Groundhopper oder einer Gruppe von Groundhoppern, die gerade auf Tour sind. Das führt dazu, dass man inzwischen bei einer Umfrage zum Thema „Was sind Groundhopper?“ neben häufigem Schulterzucken und gelegentlichen Deutungen aus dem Insektenreich auch Antworten bekäme, die ungefähr so klängen: „Das sind doch diese bekloppten Typen, die in der Weltgeschichte rumfahren, um sich dann in Pusemuckl ein Fußballspiel aus der dritten finnischen Liga anzugucken.“ Die Grunderkenntnisse, die man aus der öffentlichen Darstellung dieses Hobbys und seiner Anhänger gewinnt, lassen sich folgendermaßen skizzieren: Groundhopper sind meistens männlich und hören auf seltsame Spitznamen wie „Captain“, „Hammer“ und „Teamchef“. Sie vernachlässigen Beruf und Privatleben, eine Freundin kommt gar nicht in Frage, um ständig auf Achse sein zu können. Neben dem Fußballspiel ist es der Reiz des Hoppens, fremde Länder und Leute kennen zu lernen. Groundhopper finden Stadien in den größten Metropolen und den kleinsten Dörfern, die – unabhängig vom Fußball, der dort gespielt wird – schon allein genommen nicht leicht zu lokalisieren sind. Die Stunden bis zum Spiel verbringen sie in der Kneipe bei ein paar Bieren. Sie machen für jedes besuchte Stadion ein Kreuz in einem obskuren Buch und zählen noch dazu die Länder, in denen sie ein Spiel gesehen haben. Alles in allem machen Groundhopper als Individualisten eben ihr eigenes Ding. Eine solche Darstellung ist äußerst klischeebeladen und in manchen Punkten auch etwas widersprüchlich.

Klischee und Realität

Spitznamen sind z.B. unter Groundhoppern tatsächlich weit verbreitet, machen aber sicherlich kein wesentliches Kriterium aus, um einen Hopper zu definieren. Eine starke Konzentration aufs Hobby, die zu gewissen Untergewichtungen in den Bereichen Beruf und Privatleben führt, kommt sicherlich vor. Aber genug Hopper schaffen es auch, einen Fulltime-Job auszufüllen und in einer festen Beziehung zu leben. Nicht zu vergessen ist, dass es auch – von den Medien nahezu unbemerkt – Frauen gibt, die diese Leidenschaft pflegen. Ein wenig Orientierungssinn kann bei der Ausübung dieses Hobbys sicherlich nicht schaden. Eine Fähigkeit, die allerdings nicht jeder Groundhopper für sich reklamieren kann. Die meisten Hopper sind gern in Gruppen unterwegs, denen sich solche „Exemplare" mit wackligem Orientierungssinn anschließen können. Dazu kommt, dass das Kennenlernen von Land und Leuten nicht immer mit dem Abhängen in der Stadionkneipe korrespondiert. Bekanntschaften machen und der gepflegte Pub-Besuch sind sicher zwei wichtige Aspekte beim Groundhoppen, werden aber von den jeweiligen Leuten unterschiedlich gewichtet.

Das ominöse Buch für Groundhopper gibt es wirklich, es hört auf den Namen „Groundhopping Informer“ und wird jährlich von zwei selbst aktiven Groundhoppern aktualisiert herausgegeben. Es enthält Stadienlisten, in denen internationaler Ligabetrieb stattfindet, aber ebenso wichtige Stadien, die ohne Ligaverein sind, so genannte Non-League-Grounds. Und die meisten Groundhopper führen tatsächlich akribisch Buch darüber, wo sie gewesen sind. Sie sprechen von der Zahl ihrer Grounds bzw. ihren Länderpunkten, teilweise werden auch noch komplettierte Ligen als solche gezählt, bei denen der Hopper an jedem Spielort gewesen ist.

Faszination Groundhopping

Wie kommt man darauf, ein solches Hobby auszuüben? Ab Mitte der 1980er Jahre begannen Fußballfans neben den Heim und Auswärtsspielen ihres Lieblingsklubs (unter Groundhoppern: Stammverein) auch „neutrale“ Spiele auf „neutralen“ Grounds zu besuchen. Früher oder später folgte der eine oder andere Reiseversuch ins Ausland, und auch dies steigerte sich schrittweise, von Schwierigkeitsgrad zu Schwierigkeitsgrad. Erfunden worden sein soll das Groundhopping übrigens in England, wo man sich aber seitdem meist inselgemäß auf einheimische Stadien beschränkt hat. Ob das auch für den Begriff Groundhopping gilt, ist umstritten. Tatsache ist, dass er in England inzwischen bekannt ist. Ob es sich dennoch nicht ursprünglich um eine pseudo-

Beliebtes Ziel der Hopper: Manchester – „Theatre of dreams".

englische Wortschöpfung aus Deutschland gehandelt hat (wie z.B. „Handy“ statt „Mobile“ im Englischen), kann zumindest nicht ausgeschlossen werden. Insgesamt scheint das internationale Groundhopping eine eher deutsche Spezialität zu sein – oder besser gesagt – aus dem deutschsprachigen Raum, an der sich auch Österreicher und Schweizer beteiligen. Manchmal begegnet man zwar auch Hoppern aus England auf dem Kontinent – speziell in den für sie leicht zu erreichenden Ländern Belgien oder Frankreich. Gelegentlich sind auch Menschen aus anderen europäischen Ländern auf ihre Art des Groundhoppings unterwegs – z.B. Belgier, Slowenen oder Franzosen –, aber hier handelt es sich eher um völlig unorganisierte Einzelgänger, womit sie der Vorstellung des individualistischen Groundhoppers allerdings deutlich näher sind als manche ihre deutschen Kollegen.

Sicher gehört zu einem, für viele schwer nachvollziehbaren Hobby wie dem Groundhopping eine gewisse Portion Individualismus. Dennoch sind kleine Reise- und Hobbygemeinschaften für die meisten Groundhopper angesichts des ansonsten eher kostspieligen Hobbys interessant, schon weil sich bei vollem Auto oder per Gruppenkarte für die Bahn ein deutlicher Spareffekt erzielen lässt. Doch sollte zumindest nicht unerwähnt bleiben, dass es auch die echten Individualisten gibt, die ihr Leben komplett aufs Groundhopping eingestellt haben und ihren Lebensunterhalt mit Gelegenheitsjobs oder ähnlichem unterwegs verdienen. Dennoch ist diese zur Präsentation in den Medien besonders geeignete Form des – nennen wir es mal – Extrem-Hoppings eher die Ausnahme als die Regel.

Fragen über Fragen

Der Individualismus stößt an seine Grenzen, wenn eine inhaltliche Reglementierung z.B. für Zählweisen und Buchführung gefunden werden muss. „Wie lange muss ich in einem Ground gewesen sein, damit ich ihn zählen kann? – Muss ich dort ein Spiel gesehen haben? – Kann ich alle Ligen zählen oder nur die oberen oder gar nur die erste Liga eines Landes? – Zählen auch Freundschaftsspiele? – Zählt Jugendfußball und Frauenfußball? – Zählen auch Kunstrasen-/Ascheplätze? – Darf ich Monaco als Länderpunkt zählen? – Ich habe letztes Jahr das WM-Endspiel in Tokyo gesehen. Habe ich jetzt den Länderpunkt Japan, auch wenn keine japanische Mannschaft gespielt hat?“

In der Klärung solcher Fragen ist u.a. die Vereinigung der Groundhopper Deutschlands (VdGD) bemüht, ein Regelwerk aufzustellen. Doch genau wie jedes Regelwerk, so kann auch eine solche Hopper-Vereinigung angezweifelt werden, da mutmaßlich sogar eine Mehrheit nicht in diesem Verein organisiert ist. Vielmehr ist man versucht, den Hoppern zu sagen, sie sollen ihr eigenes Ding machen und darauf achten, selbst damit zufrieden zu sein.

Aber dennoch – ob im VdGD oder nicht – machen sich die meisten Groundhopper eine Art allgemein akzeptierter Grundregeln zu eigen. Die Frage, welche Spiele gesehen und gezählt werden, bestimmt jeder für sich. Aber man sollte nicht nur ein leeres Stadion besuchen, sondern schon ein Spiel darin gesehen haben. Mindestens eine Halbzeit. Und einen Länderpunkt gibt es nur, wenn es sich um ein Spiel eines eigenständigen Fußballverbands innerhalb der FIFA handelt – womit Monaco raus wäre. Entscheidend ist der offizielle Charakter der Begegnung und die geografische Lage des Spielortes.

Im Endeffekt sollte bei einem Hobby, das gerade auch der Selbstverwirklichung dient, vor allem wichtig sein, dass man mit sich selbst im Reinen ist. Wer weniger als eine Halbzeit ausreichend findet, um ein Stadion zu zählen – warum nicht? Wenn jemand die Ascheplätze in der näheren Umgebung abklappert und sich da C- und D-Jugend-Spiele ansieht – warum nicht? Solange man dabei seinen Spaß hat, ist das völlig okay und im Sinne des Hobbys.

Die Gefahr liegt vielmehr darin, von Spiel zu Spiel zu hetzen, sich Kreuzchen auf einer Liste zu machen, um dadurch im Vergleich mit anderen gut dazustehen. In solchen Fällen ist die Grenze zum Selbstbetrug leicht überschritten. Und Selbstbetrug ist letztendlich das einzige, unverzeihliche Vergehen beim Groundhoppen. Wer wenige Minuten zu spät zur Partie kommt und sie nicht mehr zählt, ist vielleicht doch ein wenig hart mit sich. Wer aber für zwei Kreuzchen die erste Halbzeit in Spielort A anguckt, um dann schnell zu Spielort B zu hetzen und dort dem zweiten Abschnitt beizuwohnen, sollte sich fragen, ob ihn eines der beiden Spiele überhaupt interessiert hat.

Der Weg ist das Teil-Ziel

Was interessiert den Groundhopper überhaupt? Was treibt ihn um, und wie kommt er dazu, erhebliche Reisestrapazen auf sich zu nehmen, nur um zwischendurch ein paar Minuten einem Fußballspiel zu folgen? Touren, bei denen man zwischen Freitag und Montag dreitausend Kilometer zurücklegt und – ohne dafür Urlaub zu nehmen – z.B. aus dem westfälischen Raum startet, um ein paar Spiele in Italien, Spanien oder auch in Osteuropa anzusehen, sind keine Seltenheit. Dabei handelt es sich immerhin um Ziele, die von vielen bestenfalls im Rahmen eines lange geplanten Jahresurlaubs angesteuert werden.

Die meisten Groundhopper empfinden ihre An- und Abreise nicht unbedingt als „Strapaze", sondern den Weg eher als Teil des Ziels. Dies fällt dadurch auf, dass z.B. auf vielen der inzwischen sehr in Mode gekommenen Websites rund um Groundhopping die Berichterstattung zu witzigen Anreise-Begebenheiten einen ähnlich breiten Raum einnimmt wie die über das besuchte Spiel selbst. Insgesamt befriedigt Groundhopping wohl letztendlich den „Trieb des Sammelns und Jagens". Zwar kann man ein Stadion nicht mit nach Hause nehmen, um es in ein Album zu kleben, aber immerhin Listen führen, in denen man seine gesammelten Stadien aufführt. Darüber hinaus ist es äußerst weit verbreitet, Eintrittskarten der besuchten Spiele zu sammeln und/oder die besuchten Stadien durch Fotos zu dokumentieren. Letztendlich befriedigt auch das Verfassen einer Website, auf der über die besuchten Spiele und Stadien berichtet wird, den Sammeltrieb.

Fast jeder Groundhopper weiß auch über die eine oder andere Panne zu berichten. Insgesamt sind Pannen Ärgernisse, aus der Distanz betrachtet können sie aber durchaus auch ganz lustig sein und für Gesprächsstoff sorgen, vor allem, wenn sie anderen zugestoßen sind. Wirklich jedem zugestoßen sind sicherlich schon kleine Reinfälle, wie z.B. der Ground, der zum Abendspiel nicht über Flutlicht verfügt, so dass stattdessen „heute ausnahmsweise mal" auf dem Nebenplatz gespielt wird. Weitere Standard-Missgeschicke können bei der unvorbereiteten Anreise zu einem so genannten „All-Ticket-Game" vorkommen, bei dem es am Spieltag keine Karten mehr zu kaufen gibt, oder wie vor allem in Belgien und den Niederlanden gängig, es ohne so genannte Club-Card gar keinen Einlass gibt. Viele Leute wissen auch über Pannen zu berichten, die wohl kaum alle Tage geschehen. Da gibt es z.B. die Geschichte des Groundhoppers, der per Bahn nach Monaco will, um ein Spiel der französischen Liga anzusehen. Leider stellt er in Nizza fest, dass der in seinem Kursburch eingetragene Nachtzug nach Paris in Wirklichkeit Madrid zum Ziel hat. Unmöglich, die Rückreise mit einem Spielbesuch zu verbinden, er muss wohl oder übel den Zug nach Hause besteigen, ohne ein Spiel gesehen zu haben. Andere Bahnfahrer sind per europaweitem Interrail-Ticket unterwegs und beschließen, dass sie nach dem Wochenspiel in Lissabon unbedingt zum Wochenende nach Helsinki müssen, um ein Länderspiel gegen England anzusehen. Die Anreise klappt hervorragend, nur die Situation vor Ort ist bei ausverkauftem Stadion und ohne Schwarzmarkt aussichtslos, so dass man das angepeilte Spiel am Ende vor dem TV-Gerät im Hotelzimmer verfolgt. Eigentlich handelt es sich hier nur um eine Variante der Standard-Panne „Ausverkauft", die jedoch durch das Umfeld vergoldet und zu einem echt individuellen Reinfall wird. Manche können auch berichten, dass sich die ganze Welt gegen einen Spielbesuch verschworen zu haben scheint. So gibt es einen Fall, bei dem zunächst Bauarbeiten an einer Bahnstrecke dafür sorgen, dass der Hopper aufgrund des langsamen Busersatzverkehrs zu spät kommen würde – nur, dass der Motor des Busses gar nicht erst anspringt. Als sich herausstellt, dass der Hopper von der Partie nicht mehr viel zu sehen kriegt, ist die vorzeitige Abreise angesagt.

Oft ist es nur ein kleines Missverständnis oder eine vergessene Nachfrage, die am Ende zum Verhängnis führt. Ein Beispiel ist eine Reise nach Slowenien zum UI-Cup-Spiel NK Primorje Ajdovchina gegen KV Westerlo, über die der Verfasser dieser Zeilen als höchst eigenen Reinfall berichten will. 14 Tage vor dem Spiel ist auf der Website von Westerlo zu lesen, dass das Spiel am Sonntag stattfinden werde, und in der Woche vor dem Spiel ergibt ein Anruf die Anstoßzeit. Samstag gönne ich mir einen kleinen Umweg über Erfurt, um dort ein Aufstiegsspiel zur Regionalliga anzusehen. Sonntag geht es dann in Richtung Slowenien, um zunächst meine Zeit mit Sightseeing in Ljubljana und

Am Tag „danach" in Ajdovchina/Slowenien.

Koper zu vertreiben. Hierbei fällt so langsam auf, dass sich das angepeilte UI-Cup-Spiel mit einem Spiel der slowenischen Nationalmannschaft bei der gleichzeitig in Belgien und den Niederlanden stattfindenden EM überschneiden würde. Das kann eigentlich nicht sein. Und so langsam mache ich mir Gedanken, ob ich nicht bei der Bestätigung der Uhrzeit besser noch mal nach dem Datum gefragt hätte. In Ajdovchina angekommen ergibt sich ein fast schon klassisches Bild. Zunächst sehe ich keinen Menschen, das Stadion ist einfach offen. Im Ground finde ich zwei Arbeiter, die gerade den Rasen mähen, und an der kleinen, aber hübschen Tribüne des NK Primorje flattern ein paar Wäschestücke im Wind, die hier zum Trocknen aufgehängt sind. Und das Spiel? Das Spiel war natürlich bereits einen Tag zuvor, wie ich von den Rasenmähern erfahre, die ein Lachen unterdrücken müssen.

Natürlich sind es nicht diese Pannen, die das Groundhopping prägen, sondern das durchaus erhebende Gefühl, wenn alles glatt gegangen ist und man sich beim Anstoß einer Partie an dem Spielort befindet, den man schon immer mal besuchen wollte. Sei es wegen der besonderen geografischen Lage, wegen der als außerordentlich begeisterungsfähig bekannten Fans – vielleicht ist man ja sogar bei einem der großen Derbys dabei – oder einfach, weil man sich irgendwann mal das Ziel gesetzt hat, genau hier unbedingt ein Spiel gesehen haben zu wollen.

Philipp Köster

Geschichten, die das Leben und der Fußball schreiben

11 Freunde vom Wohnzimmer in die Welt

Es wäre der richtige Zeitpunkt gewesen, es sein zu lassen. Pokalfinale 2000, wir standen vor dem Berliner Olympiastadion, eine Reisetasche voll mit der ersten Ausgabe der *11 Freunde*, unserem Magazin für Fußballkultur. An uns vorbei strömten etwa 20.000 Bremer und Münchener Fans, wir reckten das Heft in die Höhe und hatten am Ende von mitgeschleppten dreihundert Exemplaren immerhin stolze sieben verkauft. Und von diesen sieben Käufern dachten sicher fünfe, es sei die Stadionzeitung. „Irgendwann lachen wir drüber" sprachen wir uns auf dem Rückweg in der S-Bahn Mut zu, aber das klang nicht wirklich optimistisch.

Wieder daheim war uns klar, dass sich etwas ändern musste, im Vertrieb und im Marketing. An das Konzept der *11 Freunde* glaubten wir weiterhin: Ein bundesweites Magazin, anders als *Sportbild* und *Kicker*. Ein Heft aus der Kurve mit all den faszinierenden Geschichten, die das Leben und der Fußball so schreiben, von verrückten Fans, verwegenen Kickerfrisuren und verbalen Flachpässen. Ein Magazin über das Gute und Schöne am Fußball – musste doch funktionieren. Schon weil wir ja in den 1990ern fleißig an lokalen Fanzines mitgewerkelt hatten, beim Bielefelder *Um halb vier war die Welt noch in Ordnung* etwa und beim Düsseldorfer *Come Back*. Damals hatten die Fans uns vor dem Stadion die Hefte aus den Händen gerissen. Endlich einmal Hefte, die den Klub aus der Fanperspektive sahen und doch bei aller Leidenschaft nie verbissen wurden. So sollte nun auch *11 Freunde* sein, leidenschaftlich, selbstironisch, lustig und noch vieles mehr.

Von Ausgabe zu Ausgabe bastelten wir an unserem Heft und an den Strukturen. Ab der Nr. 2 gab es uns bundesweit am Kiosk. Fortan existierte ein Titelthema, ein internationaler Teil mit dem schönen Titel „Die Welt ist rund" und in den „Gesängen" wagten wir den Spagat zwischen Fußball und Popmusik. Die beliebte Serie „Randsportarten im DSF" lief irgendwann aus, die Überschriften bekamen eine einheitliche Größe und Günther Hetzers Abenteuer mit seinen trinkfesten Kollegen Delle, Waldi und Trollinger avancierten zur beliebtesten Rubrik im Heft. Irgendwann entdeckten uns die Kollegen und wir lasen staunend in der Presse, wir seien „das Gegengift zu Kicker und Sportbild" und laut *Spiegel Online* „Deutschlands bestes Fanzine" – musste wohl irgendwie stimmen.

Bei dem Weg: Die Anmutung des Heftes war professionell, der Alltag war es weniger. Zweieinhalb Jahre arbeiteten wir in unserem Wohnzimmer. Das war einerseits praktisch, weil man nach einem beantworteten Leserbrief fix mal aufs Bett zum Mittagsschlaf hüpfen konnte. Das war andererseits nervig, wenn am Sonntag zu mitternächtlicher Stunde das Telefon klingelte und sich am anderen Ende putzmuntere Leser meldeten, mit gedehntem Einleitungssatz und schwäbischem Akzent: „Ich hätte da mal eine Frage zu meinem Abo". Und ganz ehrlich, mitunter war es schrecklich: Wenn wir wieder einmal 1.800 Abo-Hefte vier Stockwerke hoch schleppten, um sie zunächst sorgfältig mit Adressen zu bekleben, sie dann umständlich zu sortieren und in Plastik einzuwickeln, um sie schließlich wieder keuchend und ächzend herunter zu hieven. Wenn wieder einmal eine Agentur nach vielen vagen „Wenns" und zögerlichen „Vielleichts" und tröstenden Hinweisen „Ruft doch morgen noch einmal an", drei Tage vor Druckbeginn klar und eindeutig „Nein" zur Anzeigenschaltung sagte. Und wenn wieder einmal am Monatsanfang gerade noch genügend Geld übrig war, um die Telefonrechnung zu bezahlen, aber der Abschlag für die Gaswerke noch ausstand.

Aber es gab eben auch die schönen Augenblicke: Unser erstes Abonnement, viele neu gewonnene Freunde, das Lob der Leserschaft, unsere Jubiläumsparty, unser Korrespondent in Wien und jener Augenblick im Presseraum im Dortmunder Westfalenstadion. Noch ein Schnittchen auf den Buffetplatten, wir griffen gierig danach, doch einer war schneller. Rolf Töpperwien schnappte sich das Schnittchen, grinste uns an und verkündete grinsend: „Mahlzeit". Da war uns klar, wir haben noch viel zu lernen.

Inzwischen glauben wir, dass alles gut wird. Denn seit Januar 2003 erscheinen wir im Kölner Intro-Verlag und nun kümmern sich Kollegen nicht nur nebenher um Marketing und Vertrieb und Anzeigen usw. Anfangs die Sorge vor dem Ausverkauf der Ideale? Sicher, aber bei Intro arbeiten Jungs, die auch ein Fanzine groß gemacht haben und nicht vergessen haben, wo sie herkommen. Heute ist alles professioneller, wir haben ein Büro und fleißige Praktikanten. Wir können sogar Anrufe an die Kollegen weiterleiten und die Steuerklärung ist Routine. Aber die Anfangsjahre hatten natürlich ihren ganz eigenen Reiz. Irgendwie. Und auch über unsere Verkaufsquote am Berliner Olympiastadion können wir inzwischen lachen. Aber nur heimlich und ein bisschen.

Ob wir das alles noch mal machen würden, wenn wir wüssten, was uns erwartet, wurden wir neulich gefragt. Niemals, lautete unsere Antwort – und immer wieder.

11 Freunde – das Magazin für Fußballkultur.

Gerd Dembowski

Von den Wurzeln ins Netz

Wege der alternativen Fanzine-Kultur

Auf der Suche nach den Wurzeln der Fußballfanzine-Szene stoßen Fan-Archäologen zwangsläufig auf die Geschichte der Punk-Musik-Zines in England. Denn auch der Fußballsport gehörte Ende der 1970er Jahre bei Punk-Konzerten und in Szene-Treffs zum Gesprächsstoff der musikalischen Subkultur. So wie Singer und Songwriter Billy Bragg oder die Cockney Rejects gern ihren Westham United-Background nach außen kehren und Attila the Stockbroker und seine Band Barnstormer für Brighton Hove & Albion FC stehen, so ließen die Jungs von Half Man Half Biscuit schon damals Gigs sausen, um den unterklassig spielenden Trammere Rovers nachzureisen.

Zu Beginn der 1980er Jahre lag es also nahe, eigens kleine Fußball-Beilagen für Punk-Fanzines zu basteln. Aus diesen Anfängen entstanden Ideen für erste unabhängige Fußballfan-Magazine, die nichts mit einer verzerrenden Berichterstattung der Massenpresse zu tun hatten, die besonders nach dem Unglück im Brüsseler Heysel-Stadion 1985 verstärkt das Vorurteil des englischen, biersaufenden Schlägeridiotenfans in den Vordergrund rückte.

Bereits seit Mitte der 1970er drehten sich so genannte traditionelle Fanzines in London, York oder Bradford um den jeweiligen Lieblingsverein. Aber das Fahrwasser für die späteren kritischen, so genannten „neuen" Fanzines sollte 1972 das fortschrittliche Fußballmagazin *Foul. Football's Alternative Paper*, erdacht und gemacht von Cambridge-Absolventen, werden. Mit satirischem Anstrich gab es im *Foul* erstmals alternative Statements zum Profifußball. *Foul* war herzhaft anders, weil es in großen Lettern aussprach, was kein Vereinsboss je zu sagen wagte: Fußball über 90 Minuten, besonders in den beginnenden 1970ern, konnte verdammt langweilig sein. Die neue Stimme der Fans verstummte allerdings 1976, weil die Macher nach und nach vom professionellen Journalismus abgeworben wurden. In Erinnerung an ihren Ideengeber *Foul* widmeten die späteren, so genannten „neuen" Fanzines ihm in den 1980ern einen Nachdruck als Best-of-Collection.

1985 erschien das Buch „The Rising Sons of Ranting Verse" von Steven Wells und Attila the Stockbroker, versprach im Untertitel „Warnende Märchen für tote Dauerkarteninhaber" und wollte den entstehenden Fanzine-Untergrund gegen die Verblödung der fußballinteressierten Sun-Leserschaft weiter anschieben. Im Januar 1986 starteten Fans aus Birmingham das *Off the Ball*, noch bevor im März mehrere hundert handkopierte Hefte des inzwischen europaweit als Klassikers bekannten, überregionalen *When Saturday Comes (WSC)* nicht nur am Stadion, sondern auch in einschlägigen Plattenläden gehandelt wurden. Auch wenn sie klein begannen, wollten sie endlich aufräumen mit dem vorherrschenden Bild des Fußballfans, das die Gewaltbereitschaft der elitären Hooligans, chauvinistische Tendenzen und vor allem rassistische Sprüche in die mediengezimmerte Horror-Schublade steckte. Dass dies bis heute mit einem humorvollen, ironisch-distanzierten Blick passiert, unterstreicht der augenzwinkernde Coverschriftzug *Half Decent*.

Auch hier ist die Nähe zu den Punk-Zines wieder mehr als deutlich, denn *When Saturday Comes* trägt nicht nur den Namen eines Songs der Undertones, sondern ist zudem aus dem Musikmagazin *Snipe!* heraus entstanden. Unter den ersten Herausgebern Mike Ticher, Andy Lyons und Bill Brewster mauserte sich *WSC* zum Vorbild für unzählige – oft schnell wieder eingestellte – eigenwillig konzipierte Fußballheftchen. Auch andere, heute viel kommerziellere Hochglanz-Publikationen wie *Four Four Two* oder *Goal* fanden im *WSC* ihre ursprüngliche Inspiration.

Die mittlerweile hauptamtlichen Redakteure von *WSC* schafften den Weg aus den Copy-Shops hin zu einem professionellen Magazin mit gestiegenen eigenen Ansprüchen. Allerdings legen sie Wert darauf, dass durch die Gefahr finanzieller Abhängigkeiten die Inhalte nicht grundlegend über Bord geworfen werden.

Und die neue Bewegung, die mit wenig „Blatt vor dem Mund" die Zustände im und um die Stadien aus Fußballfan-Sicht artikulierte, fand regen Zulauf. Gab es Mitte der 1980er erst sechs Fußball-Fanzines in England, waren es 1990 schon über 200, die mit Titeln wie *An Imperfect Match* (Arsenal London), *The News on Sunday* des sozialistischen Troubadours Attila the Stockbroker (Brighton) oder *Verdammter Schiri, das war gewiss ein Foul* (Waterlooville, übersetzt) eine Saisongesamtauflage von – zusammengenommen – ca. einer Million Exemplaren erreichten.

Wise Men Say aus Sunderland verdeutlichte schon im Titel das Selbstbewusstsein, mit dem Fußballfans vor allem ihren Senf zum aktuellen Geschehen gaben. Viele Fanzine-Redaktionen brachten durch ihr klubinternes Know-how so viel Hintergründe und Kritik ans Licht, dass sich englische Zeitungen auf ihr exklusives Fachwissen regelgerecht stürzten.

Die vorgegebenen Muster der öffentlichen Presse wurden dabei meist durchbrochen mit dem, was Thomas Lötz, Macher des leider viel zu früh dem Vereinsdruck erlegenen Kölner Fanzines *Hennes* und später *Spiegel*-Autor, „parteiliche Obsession" nannte. Trotz kritischer Ansprüche und den Fan-Problematiken, die die Fußballliebhaber in ihren Druckwerken ansprachen, blieben Lokalpatriotismus und Vereinsgebundenheit immer ein leidenschaftlicher Bestandteil, wenn z.B. Celtic Glasgow von Rangers-Fans als „athletischer Flügel der IRA" bezeichnet wurde oder die Heftemacher aus Bradford mit einer leeren Seite als „Die glorreichen Jahre von Leeds United" provozierten. Sicher, bestimmte Rubriken der hiesigen Fußballpresse wurden auch von Fanzines übernommen, aber eine Statistik über „Große Eigentore unserer Zeit" oder eine Kolumne über die Haarfrisuren der Spieler im Vergleich zu den maroden Stadien zeigen an, dass oftmals Witz, Ironie und so genannte „Selbstverarsche" eine wichtige Rolle spielten – im Gegensatz zum pappigen Spielberichtebrei der gewöhnlichen Sportressorts. Besonders viel Einfallsreichtum entwickelten nach Meinung Bill Brewsters vom *WSC* die z.T. immer noch handkopierten Magazine von Fans für Fans der kleineren Vereine: „Sie können nicht auf großartige Spiele zurückblicken und müssen deshalb phantasievoller schreiben".

Fußball-Fanzines wurden zum Diskussionsforum und zu einer Plattform, auf der man Faninteressen gegenüber den altbackenen Vereinen und den Maßregelungen des britischen Fußballverbands vorbringen konnte. Angeprangert wurde die Durchkapitalisierung des Fußballsports, die sich z.B. über astronomische Spielertransfersummen, zunehmend abstrus-lächerliche Merchandising-Produkte, den Abbau der Stehplätze und die ansteigenden Einrittspreise formierte.

Die steigende Bedeutung von *WSC* und anderen Fanzines ging einher mit dem einsetzenden Austausch erster Faninitiativen unterschiedlicher Vereine. Es entstand eine bewegliche Basis, auf der sich die Football Supporters Association (FSA) gründete. Auch nach dem „Rush" der ersten Jahre behielt sie im neuen Jahrtausend den Charakter einer „Fan-Gewerkschaft".

Eine der ersten vereinsübergreifenden Aktionen begründeten Fans von Leeds United, die gemeinsam mit „Leeds United against Racism and Fascism“ und Fans des FC Chelsea im Herbst 1988 Flugblätter gegen die neonazistische Partei „National Front“ verteilten. Die FSA bündelte Aktionen dieser Art, um gezielter die kulturelle und soziale Rolle des Fußballs hervorheben zu können. Fanzine-Redaktionen nutzten ihre bereits bestehenden Strukturen und boten ein wichtiges Forum für FSA-Positionen.

Die FSA entwickelte sich zum ernst zu nehmenden Ansprechpartner des britischen Fußballverbands, wenn es um Faninteressen bzw. Veränderungen in der Fußball-Landschaft geht. Höhepunkt der FSA-Arbeit waren die unabhängig eingerichteten Fan-Botschaften zur Europameisterschaft 1996 in England, wo auch die sozialpädagogisch arbeitenden Fanprojekte aus Deutschland, mit Hilfestellungen für Fans der Nationalmannschaft, ihr Büro hatten.

Aber Anerkennung kann auch Abhängigkeiten und Routine mit sich bringen, die in manchen Fällen die Hände bindet. Mit dieser Begründung tauchten bald vermehrt örtliche unabhängige, eben „Independent Supporters Associations“ auf, die ihre örtlichen Interessen nicht mehr ausreichend vertreten sahen.

Hooligan- und Fun-Zines in Deutschland

In Deutschland fungierten die ersten Self-Made-Magazine aus den Fanszenen der Bundesligen eher als Mitteilungsblatt von Fanklubs. Geschrieben wurde über Fanklub-Turniere, Versammlungen, Weihnachtsfeiern und andere Aktivitäten der Fans, die in der prominentenfixierten Tagespresse unterbelichtet blieben. So entstand schon 1979 z.B. der *Bockenheimer Bembel* von Fans der Frankfurter Eintracht, lange bevor sich Mitte der 1980er Jahre eine Fanzine-Landschaft aus Hooligan- und Fun-Fanzines im Fußballumfeld etablieren konnte. Auf der anderen Seite stellten Skinhead- und Musik-Fanzines, wie z.B. *Die noie Offensive* (Freiburg) *Clockwork Orange* (Coburg), *Oi!* (Oldenburg) oder *Hass und Gewalt* (Berlin), mit eigenen Fußballartikeln noch vor den hooliganistischen Fanzines Querverbindungen zum Fußball her.

Die nachfolgenden Hooligan-Fanzines zeigten schon in ihren Titeln wie *Terror Kurier*, *Frontbericht* oder *Sturmtruppen-News*, wohin die Reise gehen sollte. Regelrecht statistisch wurden Prügeleien zwischen unterschiedlichen Hooligan-Gruppen aufgearbeitet, um so die eigenen Erlebnisse in der so genannten „Dritten Halbzeit“ zu glorifizieren oder Respekt gegenüber einer anderen Prügel-Gruppe zu äußern. Gern wurde etwas dazu gedichtet oder auch weggelassen, um die eigene Gruppe „mächtiger" dastehen zu lassen, als sie vielleicht gemeinhin war.

Die Sonderkommandos der Polizei erhofften sich von den Hooligan-Fanzines, die ab und an neonazistische Tendenzen aufwiesen, mehr Aufklärung über die Szenestruktur. In diesem Kontext folgten diverse Hausdurchsuchungen bei privaten Redaktionsanschriften. Eine „kollektive Paranoia" folgte, wie es der spätere Frankfurter *Fan geht vor*-Mitarbeiter und Buchautor Thomas J. Gehrmann beschreibt. Denn auch der Verein gab den Fanzine-MacherInnen durch seine skeptische Haltung das Gefühl, etwas Verbotenes zu tun.

Vor allem die daraus entstehenden Publikationsprobleme von unabhängigen Fanzeitungen wurden beim bundesweiten Fanzine-Treffen im Februar 1989 mit einem Anwalt diskutiert, der sich im Presserecht auskannte. Cirka 40 Redakteure von 21 traditionellen Fußball-Fanzines trafen sich, um sich kennen zu lernen und über fanrelevante Themen zu reden.

Eine spaßig-bierseligere Stimmung aus der jugendlichen Fußball-Fanszene vermittelten die Fun-Zines, die ähnlich wie die Hooligan-Zines in Auflagenhöhen von 30 bis 200 Exemplaren unregelmäßig zwei- bis viermal pro Saison erschienen, da die Redaktion oftmals nur aus zwei Leuten bestand. Permanent wurden die Leser mit feucht-fröhlichen Auswärtsfahrten und persönlichen Erlebnissen rund um den Fußball beliefert, die sich mit ihrer monotonen Sprache und Spielbericht-Plots schnell wiederholten. Unabhängige Fanzines wie *Alk-Echo* oder *Wellenbrecher* erinnerten in ihrer Machart an schlechte Schülerzeitungen, verblieben zumeist beim handgemachten Schnibbel-Layout und wurden zum Selbstkostenpreis von durchschnittlich 1,50 DM als „Information unter Freunden" vor den Stadien feilgeboten. Der *Trunkenbold* aus Meppen ließ oftmals durchblicken, wie schwer bis unmöglich es ist, das Spielgeschehen zu rekonstruieren, nachdem der Alkohol quasi eingeatmet worden ist.

Im Zuge der „Wiedervereinigung" 1990 erlebte diese Fanzine-Kultur, oftmals mit nationalistischen, neonazistischen und frauenfeindlichen Tendenzen, bis Mitte der 1990er Jahre den Höhepunkt ihrer Verbreitung. Fanzines wie das Stuttgarter *Schwaben-Echo*, das Offenbacher *ASF*-Zine der Anti Social Front, *Der Rüpel* der Blue Army aus Bielefeld,

Anschlag aus Bremen oder *Stimme der Reichshauptstadt* aus Berlin kokettierten offen mit neonazistischer Symbolik und Parolen.

Aus alledem entstand mit ca. 80 verschiedenen Titeln eine netzwerkähnliche Kommunikations- und Multiplikationsstruktur, die zwar nur Auflagen von 50 bis 1000 Heften pro Ausgabe erreichte, aber eben zielsicher an die Leserschaft gelangte.

Das zutiefst rassistische und sexistische *Rülps* um 1860 München wurde gemacht von jemandem, der sich „Doc Zyklon" nannte – nach der chemischen Substanz, mit der die Nazis Millionen Jüdinnen und Juden, Sinti und Roma, Homosexuelle, KommunistInnen u.a. vergast haben. In offensichtlicher Unkenntnis der Szene ließ der Kasseler Agon Verlag ihn noch 1999 den einleitenden Beitrag im ansonsten alternativen Buch „Fanzine ´99" beisteuern.

Überregional etablierte sich ab 1986 der kommerziell orientierte, bundesweit erscheinende *Fan-Treff* mit seinen überzogenen „Randale-Themen" und sorgte für Diskussionsstoff und erste Pläne, ein eigenes bundesweites Fanzine als Alternative anzubieten. Aus dem schlecht kopierten Fanzine und ursprünglichen Annoncenblatt für einen Fanartikel-Vertrieb entwickelte sich bis 1989 immer mehr ein überregionales Mitteilungsblatt für Randale-Berichte und Hooligan-Nachrichten in 3.000er Auflage. *Fan-Treff* wurde zum zentralen Organ der Hooligan-Szene. Das Heft griff durch Anzeigen für so genannte Hooligan-Bekleidung und eine entsprechende Tauschbörse den Trend der gewaltbereiten Szene auf. Zwischendurch gab es Stimmungsberichte mit Fotos aus den verschiedenen Stadien. Auffälliger waren allerdings die gewaltverherrlichenden und teilweise neonazistischen Passagen des *Fan-Treffs*, die zu Gutachten vor Untersuchungsausschüssen führten. So kommentierte beispielsweise Redakteur Uwe Kress inbrünstig nationalistisch die deutsche „Wiedervereinigung", druckte Grüße von Besuchern einer NPD-Veranstaltung ab, grüßte auch selbst schon mal die Dortmunder Borussenfront oder „Alle Hools und Skins, die in Bayreuth dabei waren" – und meinte damit einen Gedenkmarsch für den Hitler-Stellvertreter Rudolf Hess. Oder es gab nachgedruckte Berichte der DVU-nahen Postille *Deutsche Wochen-Zeitung*. Neben einer Werbeanzeige für die später verbotene, neonazistische Partei „FAP" wurden im Kleinanzeigenbereich z.B. das militante Neonazi-Magazin *Endsieg* und entsprechende Tonträger feilgeboten. Auch Rolf Plewka, Redakteur der in Österreich erschienenen neonazistischen Zeitschrift

Sieg, durfte im August 1988 einen Gastkommentar schreiben. Zu Unrecht bezeichnete sich der *Fan Treff* als „Sprachorgan der Fans“ und wurde im Zuge rückläufiger Gewalt, Abonnentenrückgang und dem Aufkommen alternativer Fanzines 1994 eingestellt.

Der Nachfolger dieses Blattes, das *match live*, zeigt seit 1997 mehr Interesse an einer ausgewogeneren Fanbeteiligung. Trotz eindeutiger Distanzierung vom Image des *Fan-Treffs* schon im Editorial der ersten Ausgabe 1995 überwogen in den ersten Nummern von *match live* die Autoren aus alten *Fan-Treff*-Beziehungen. Immer noch sind genügend Annoncen vertreten, die z.B. mit Hooligan-Fetischen auf die Überbleibsel der Schlägerszene Bezug nehmen. Die Artikel in *match live* beschreiben die Geschehnisse in den Kurven auch über die Landesgrenzen hinaus. Nach der farbenfrohen Dokumentation der italienischen Ultraszenen entwickelte sich *match live* zu einem Best-of-Heft für die deutschen, aber auch europäischen Kurvenchoreografien der Ultra-Fanbewegung. Zehnmal jährlich erscheint es im professionellen Layout, farbigen Hochglanzformat und ist bundesweit an vielen Bahnhöfen und Fan-Läden erhältlich.

Der Wandel begann mit dem Millerntor Roar!

Der *Millerntor Roar!* symbolisierte den Bruch mit den traditionellen Fußball-Fanzines und wurde zur Pionier-Postille einer kritischeren Hefte-Szene. Erfolgreich gewehrt hatte sich eine Bürgerinitiative gegen die Hamburger Pläne, dem FC St. Pauli einen „Sport Dome“ zu bauen, bei dem das Live-Ereignis Fußball durch Einkaufspassagen und Eventkultur an den Rand gedrängt werden sollte. Dieses Projekt hätte neben einem zwischenzeitlichen Umzug in das nicht unbedingt beliebte Volksparkstadion des HSV auch einen erheblichen Eingriff in das soziale Umfeld und das Erscheinungsbild des Stadtteils bedeutet.

Der *Millerntor Roar!* ging im Juli 1989 aus Teilen dieser Bürgerinitiative hervor. Die GründerInnen erkannten, dass ein unabhängiges Printmedium nötig war, um eine Positionierung von Fan- und Bürgerinteressen mit Fußball als gesellschaftlichem und politischem Faktor zu ermöglichen. Rassistische Sprüche nahmen in den Stadien überhand, überzogene Polizeieinsätze bestimmten die Auswärtsfahrten, denen die Fans des FC St. Pauli mit kritischer Recherche begegnen wollten. Auch die Politik im Viertel oder Kneipentipps sollten eine verknüpfende Rolle spielen.

Gängig waren bereits Musik-Fanzines und einige Mitwirkende kannten auch englische Fußball-Fanzines des neuen Typs. Das reichte aus, um als Vorbild für einen eigenen Platz der Gegenöffentlichkeit herzuhalten. Dieses Prinzip formuliert den Anspruch, mit einem Blatt von Fans für Fans Lücken zu schließen, die die übliche Berichterstattung von *ran* bei Sat.1, *Kicker* oder *Sport-Bild* offen lässt.

Wenn alle Spieler den Verein gewechselt haben, das Präsidium den Platz für die nächsten Funktionäre freimacht, dann sind die Fans und ZuschauerInnen immer noch im Stadion und so wollte man beim *MR!* den Fan mit seinen Interessen in den Mittelpunkt rücken. Es ging um Vereins- und Sportpolitik, aber auch um einen Gegenpol zu rechtslastigen und frauenfeindlichen Tönen aus den Kurven. So kam die erste Ausgabe gleich mit 1.000 Heften heraus und bis 1992 erweiterte sich die Auflage bis auf 3.600 Hefte pro Ausgabe.

1992, noch vor der 30. Ausgabe, kam es zur internen Krise, da politische Positionen einzelner Redaktionsmitglieder sich voneinander entfernten und Konflikte in der Konzeption des Hefts auftraten. Daraus entstanden zwei neue Zines: der *Übersteiger* und das inzwischen eingestellte *Unhaltbar*. Während die *Unhaltbar*-Fraktion in einer 3.000er Auflage eher die intellektuelle, literarische Schiene mit Fußball und kritischen Positionen zu St. Pauli verband, versucht der *Übersteiger* mit einer Auflage von 3.600 Exemplaren konsequent Faninteressen zu vertreten und Hintergrundberichterstattung aus der Fußballszene zu gewährleisten. Auch so mancher Gesang und Spruch gelangte erst über den *Übersteiger* in die Gegengerade des Millerntor-Stadions. Der *Übersteiger* spricht Fanthemen an und schlägt Lösungen in Konflikten zwischen Fans und Verein vor. 1998 veröffentlichte die *ÜS*-Redaktion dazu noch den CD-Sampler „Der FC St. Pauli ist Schuld, dass ich so bin“, auf dem sich zahlreiche Bands in exklusiven Songs zum FC bekannten: Terrorgruppe, Bates, Turbonegro, …But Alive, No Respect oder auch Bela B. von Die Ärzte.

Ballverliebt und trotzdem ironisch-distanziert

Noch vor der Spaltung des *Millerntor Roars!* allerdings wagten im Januar 1991 die traditionellen Fanzines einen progressiven Schritt und gründeten den losen Zusammenschluss des Deutschen Fanzeitungs-Verbunds (DFZV). Dienen sollte diese Vereinigung dem „internen Erfahrungsaustausch, der besseren Zusammenarbeit, der Anleitung von Neulingen in der Zine-Szene und der Koordination von bundesweiten Fan-Aktionen", wie es im Selbstverständnis der ersten und einzigen Ausgabe des bundesweiten Fanzines *15.30 Uhr – Jetzt geht´s los!* ausgedrückt wurde. Der Erfahrung, dass man nach großen Versprechungen bei überregionalen Treffen schnell wieder im eigenen Sumpf unterging – sprich Fanzine-Produktion oder andere Fanaktivitäten – folgte die Flucht des Chefredakteurs mit dem mühselig organisierten Startkapital und damit das vorzeitige Aus des periodisch geplanten Projekts.

Auch der DFZV fand kritische Töne, besonders bei der Verleihung des „Goldenen Schlagstocks" an die Bochumer Polizei und der Unterstützung der Anti-Sitzplatz-Kampagne „Sitzen is für´n Arsch!" – neben den obligatorischen fansubjektiven Spielberichten inklusive Bierstandgeflüster. Aber auch Hooliganphrasen garniert mit Aufklebern wie „Vorsicht Zecken!" und nationalistischen Tendenzen sowie einer klaren Absage an die Aktion „Gladbach-Fans gegen Rechts" wurden abgedruckt.

Vielerorts entstanden mehr unabhängige Fanzines, die gerade wegen ihrer Liebe zum Verein auch subversive Töne aus Sicht der Fans artikulierten. Sie waren eine Reaktion auf die schier endlose Kommerzspirale, den Verlust des Spiels zugunsten der wirtschaftlichen Interessen. Die Werbeblöcke während der TV-Sportsendungen begannen zu nerven und Fanartikel wurden so abwegig, dass selbst der Frankfurter Fan-Soziologe Dieter Bott beim BAFF-Fankongress 1997 eine Woche Ibiza für zwei Personen als Preis für den „Größten Scheiß – vom Merchandise" auslobte.

Doch auch Fußball-Fanzines mit vorwiegend traditionellen Elementen existierten weiterhin, wie z.B. das Duisburger *Fan-tastisch*, dessen Einnahmen einer Krebsstiftung zugute kamen. Oder *90 Minuten und mehr* aus Mönchengladbach, das mit 8.500 Heften pro Ausgabe lange das bundesweit auflagenstärkste Fanzine war. Im Hochglanzstil und mit auffälligen Kopien offizieller Medienrubriken erinnerten diese Fanzines an verhinderte Stadionzeitungen. Dagegen war die Fanzine-Bewegung neuen Typs eigenwillig, bis hin zu so genannten Ego-Zines. Raphael Kansky aus St. Pauli z.B., der im *Splitter* Punk und den FC zu einer anregenden Mixtur vermengte, schrieb vor allem, „um mein Geschreibsel in diese miese Welt zu setzen".

Bei der Herausgabe eines Fanzines war den Aktiven der Entstehungsprozess besonders wichtig. Die Diskussion um die Artikel, die Arbeitsteilung, aber auch der unvermeidliche Frust bei der Produktion einer Ausgabe waren in den 1990ern charakteristisch für viele Redaktionen. Neben handkopierten Chaosblättchen, deren Bebilderung oftmals „geklaut" war und wegen mieser Qualität zur Ratestunde verleitete, existierten aber auch nahezu professionelle Hefte, die im Feuilleton diverser Zeitungen Erwähnung fanden. Gesammelt werden diese und die Fanzines der 1980er Jahre im Archiv der Arbeiterjugendbewegung im Salvador-Allende-Haus in Oer-Erkenschwick, das von Dr. Heinrich Eppe betreut wird.

Als 1860 München ins verhasste Olympia-Stadion des FC Bayern umzog, gründete sich mit der Initiative „Sech'zger Stadion" auch das Fanzine *Breitseite*, das den Umzugsbestrebungen des Präsidenten Wildmoser mit Protest, Satire und Sarkasmus begegnete. Dies führte soweit, dass einige Löwen-Fans nur noch die Heimspiele der eigenen Amateure besuchten und ein Fanzine namens *Sinn des Lebens* herausbrachten. Bis heute hält das längst eingestellte 1860er Fanzine *Löwenzahn* mit 12.000 Heften den Auflagenrekord. *Löwenzahn* hatte großen fanpolitischen Einfluss und entwickelte – richtungsgebend auch für die regionale Presse – einen zitierfähigen Gegenpol zur Führungsriege um den ungeliebten Karl-Heinz Wildmoser.

Der *Fanman* aus Freiburg bestach durch sein Layout wie durch die abwechslungsreichen Themen und interviewte auch schon mal den hiesigen Intellektuellen Klaus Theweleit. Das Bochumer *VfouL* wurde als „essayistisch" bezeichnet, brillierte durch modernes Schriftbild, brachte als Reaktion auf die Abstiegssaison den aufmunternden CD-Sampler „Wild auf die 2. Liga" heraus und etablierte sich so als Top-Fanzine. Den kleinen Nobelpreis für Bildunterschriften heimst sich bis heute regelmäßig das Offenbacher *Erwin* ein, welches nach dem ersten dunkelhäutigen deutschen Profi und Nationalspieler Erwin Kostedde benannt ist. Zur Fließbandproduktion wurde *Come back* aus Düsseldorf, das sogar monatlich erschien. Die Redaktion ragte durch ihre hartnäckigen Interviews heraus und spendete den Leiden der Fortunen-Abstiege einen humorvollen Raum. *Come back* expandierte – wie einige andere Redaktionen auch – schon früh ins Internet und erschloss sich somit einen weiteren Horizont.

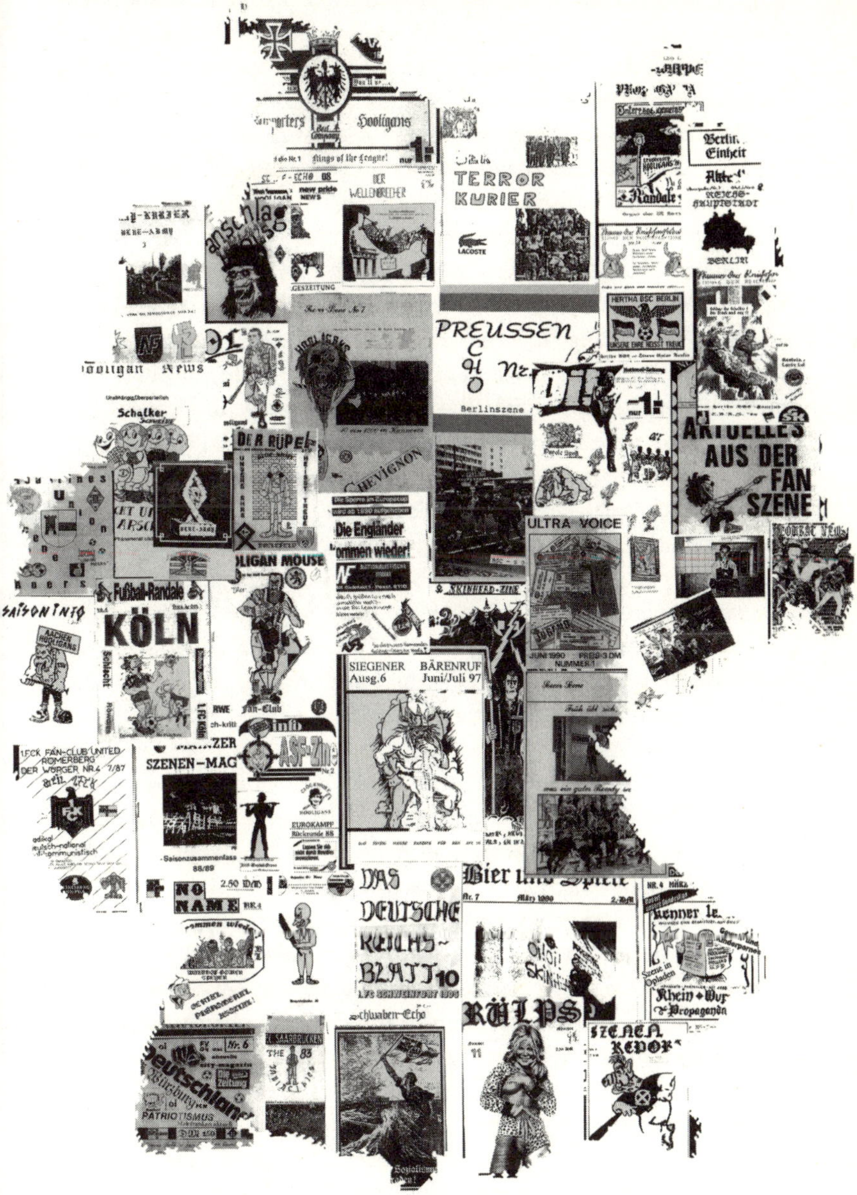
Hooligans
TERROR KURIER
LACOSTE
Berlin Einheit
DER WELLENBRECHER
anschlag
PREUSSEN ECHO Nr.
Berlinszene
HERTHA BSC BERLIN
UNSERE EHRE HEISST TREUE
Hooligan News
Schalker
DER RÜPEL
CHEVIGNON
AKTUELLES AUS DER FAN SZENE
Die Engländer kommen wieder!
HOOLIGAN MOUSE
ULTRA VOICE
JUNI 1990
NUMMER 1
Fußball-Randale
KÖLN
SAISONINFO
AACHEN HOOLIGANS
SIEGENER BÄRENRUF
Ausg.6 Juni/Juli 97
1.FCK FAN-CLUB UNITED RÖMERBERG
DER WÜRGER NR.4 7/87
SZENEN-MAG
Saisonzusammenfass
88/89
EUROKAMPF
Rückrunde 88
NO NAME
2.50 DM
DAS DEUTSCHE REICHS-BLATT 10
Bier und Spiele
Nr. 7
Oi! Oi! Skins
Schwaben-Echo
RÜLPS
SZENEN REPORT
Rhein-Wupper Propaganda
PATRIOTISMUS
THE 83

Der Duisburger *Knorpelschaden* änderte ständig seinen Namen, hieß ursprünglich *Blutgrätsche* und auch schon mal *Pferdekuss* oder *Muskelfaserriss.* Trotz dem Insider-Geplänkel bei den MSV-Spielberichten und „Internas“ aus der Fanszene, versuchte dieses Fanzine die Bindung an einen Stammverein aufzubrechen, indem nicht nur unterschiedlichen Gruppen Platz für Artikel angeboten wurde, sondern auch Themen aus dem Alltagsleben, Musik, Theater und Drogen.

Im Osten sprach das Leipziger *Melk die fette Katze* ebenso die Rivalitäten zwischen den beiden Clubs „Chemie“ Sachsen und VfB „Lokomotive“ an, wie die zunehmenden Probleme mit Neonazis und die damit zusammenhängende Aufteilung der Stadt in festgelegte „politische“ Territorien. *Frösi* bedeutete „Fröhlich sein und Singen“, kam aus Rostock und fügte sich keinesfalls in ein rechtes Image der Hanseaten ein. *Frösi* machte keinen Hehl aus seiner Sympathie für Rostock und St. Pauli, was in der traditionellen Fanszene an Schizophrenie erinnerte. *Frösi* kam im FDJ-Outfit daher, beinhaltete eine eigenartige Frauenbeilage und mutierte auch schon mal zum Groundhopper-Zine für Ex-DDR-Vereine. Zur Würdigung an dieser Stelle drängen sich noch viele Fanzines wie z.B. *Notbremse* (Hannover) wegen antirassistischer Aufklärungsarbeit, *Um halb vier war die Welt noch in Ordnung* (Bielefeld) aus dem das bundesweite *11 Freunde* hervorging, *Lila Laune* (TeBe Berlin) mit Outfits von der gefalteten Tageszeitung bis zum Hörbuch auf violetter Vinylscheibe, *Bude* (Dortmund), *Schlafender Riese* (Göttingen), *Fan geht vor* (Frankfurt), *In Teufels Namen* (Kaiserslautern) et cetera. auf, deren eingehende Erwähnung jeden Rahmen sprengen würde. Verkauft wurde vornehmlich im direkten Stadionumfeld zu Preisen zwischen einer und drei DM.

Aber einige Vereine setzten sich gegen den unliebsamen Gast zur Wehr. In manchen Städten erarbeiteten sich Fanzines bis Ende der 1990er Jahre zwar einen Platz als ernst zu nehmendes Fan-Forum, doch die Vereine begriffen sie mit ihrer zunehmenden Professionalität durchaus auch als unwillkommene Konkurrenz. Verärgerung über kritische Töne aus den Fanreihen führten ebenfalls zu einer oftmals missmutigen Betrachtung durch die Vereine. Was Bodo Berg vom *Schalke Unser* beispielsweise als „unsere kleine Selbstverarsche“ bezeichnet, kann man auch als kritisch-ironische Distanz verstehen, die Vereins- und Fanverhalten hinterfragt. Die Fanmeinung wird platziert, das Verhalten des Vorstands gelegentlich affirmativ bzw. satirisch behandelt.

Das *Schalke Unser* ist bis heute mit 8.000 Exemplaren pro Ausgabe das größte Fanzine und gehört zu den besten seiner Zunft.

Bei der Öffentlichkeitsarbeit des Bündnisses Aktiver Fußball-Fans (BAFF) gegen Rassismus, Versitzplatzung der Stadien und Kommerzialisierung nahmen die Fanzines eine wichtige Funktion zur Mitteilung von Treffen, Aktionen und den aktuellen Stand der Sportpolitik ein. Fanzine-RedakteurInnen waren es, die BAFF gegründet haben, und so war es nicht verwunderlich, dass 1997 jedes Fanzine, das etwas auf sich hielt, BAFF-Mitglied wurde. BAFF und die Fanzines beeinflussten sich wechselseitig. Man findet bis heute immer wieder Übereinstimmungen von Inhalten oder Positionen. Über die steigenden Auflagen der unabhängigen Fanzines Ende der 1990er Jahre wurden Diskussionen zu problematischen Entwicklungen im Profisport angeregt, die auch über die alternative Fanbewegung hinaus in die traditionelle Fanszene oder die Massenmedien ragten. Der respektlose, witzige Stil konnte mit der Zeit auch die Erscheinungsformen der Fankultur, die Sprüche und Verhaltensweisen prägen und beeinflussen.

Im August 1996 wurde ein Fanzine-Festival unter der Mitwirkung von BAFF organisiert und 30 Redaktionen kamen ins westfälische Nest Oer-Erkenschwick. Neben Tipps für FanzinemacherInnen wurde in den Arbeitsgruppen auch über Stadionumbauten und Vermarktungsstrategien der Vereine diskutiert sowie Kampfansagen an disziplinierende Maßnahmen und die Funktionalisierung der Fußballfans erneuert.

Noch 1997 existierte eine lebhafte Fanzine-Szene von nahezu 80 verschiedenen Titeln, die in einer Gesamtauflage mit 500.000 Exemplaren pro Saison solche Probleme vermehrt aufgriffen. In diesem Jahr verlieh BAFF auch zum ersten Mal den Fanzinepreis an das ausgefallenste Heft, die „Silberne Ballpumpe".

Sicher drehte es sich in jedem Fanzine auch zu einem erheblichen Teil um die klassischen Fanthemen wie Erfolg und Misserfolg, Profi-Spieler und Einkaufspolitik des Vereins. Aber die Verteidigung des Live-Ereignisses Fußball gegen „Chipsfußball" vor dem Fernseher, gegen ausgrenzende Funktionäre und Betonköpfe in den Vorstandsetagen wurde spürbar konsequenter. Der persönliche Ausschnitt aus den Fankurven formulierte genau wie die Hinweise auf Missstände eine Einforderung von mehr Mitbestimmung derjenigen, die bei Wind und Wetter keine Kosten und Mühen scheuen, um ihren Verein im Stadion spielen zu sehen.

Wo sind sie geblieben…

Leider wurde ab 1998 klar, wie schnell vergänglich diese Arbeit war. Aus den unterschiedlichsten Gründen begann ein regelrechtes Aussterben der alternativen Fanzine-Kultur. Vielen Fanzines gelang es nicht, Redaktionsabgänge durch junge Fans aufzufangen. RedakteurInnen erklärten ihren Rückzug mit der langweiligen Routine. Man hatte durch immer mehr standardisierte Rubriken eine Erwartungs- und Konsumentenhaltung bei der Leserschaft gefördert, aus der man nicht mehr herauskam. Andere wiederum beklagten die Erfahrung, dass am Ende doch wieder ein oder zwei Personen für alles verantwortlich waren. Andere frustrierten persönliche Redaktionskonflikte oder solche, die aus der zunehmenden Überschneidung von Fanzine-Redaktion und unterschiedlichen Karrieresprüngen zum Verein oder in den bezahlten Journalismus resultierten. Manche MitarbeiterInnen zogen weg oder schieden aufgrund von Alter und Familie aus.

Zeitgleich begannen zudem Fanseiten im Internet zu boomen. Die alternativen FanzinemacherInnen entdeckten den neuen Reiz und die einfache Umsetzung von Inhalten über das Netz. Die Ultraszenen, klassischen Fanklubs und Einzelpersonen lassen reihenweise Homepages wie Pilze aus dem Boden sprießen. Internet ist schneller, günstiger und man erreicht mehr Menschen, wenn die Seite flott gestaltet ist und kurz und knackig formulierte Texte angeboten werden. Auch die Kommunikation, die vorher mühevoll und langatmig über LeserInnenbriefe passierte, beschleunigt und intensiviert sich.

Dennoch existieren 2003 noch immerhin ca. 20 alternative, ironisch-distanzierte Fanzines von *Dounern hald nai* (Fürth) und *Prasses Erben* (Leipzig) bis zu den Klassikern *Erwin*, *Übersteiger* und *Schalke Unser* – im Netz wie als Druckwerk. Darüber hinaus entstand spätestens mit dem Beginn des neuen Jahrtausends die neue Form der Ultras-Fanzines. Sie dokumentieren z.B. sehr häufig ihre zahlreichen und mühsam ausgetüftelten Kurven-Choreografien und greifen auf die subjektive Spielberichtskultur der traditionellen Fanzines aus den Anfängen der 1990er zurück. Doch auch hier finden sich immer wieder kritische Positionen zur Kommerzialisierung und gegen die zunehmend repressive Behandlung von Fußballfans. Die Geschichte der Fanzines ist also längst nicht zu Ende geschrieben. Da immer mehr von dem beschnitten wird, was Fansein ausmacht und Fans Freude bereitet, bleibt auch zu hoffen, dass eine starke Opposition zu den kommerziellen Linien erhalten bleibt.

Dieter Bott

Vom Fußballgott, der Eisen wachsen lässt

Einwurf für Deutschland – Wir sind dabei

Erinnern Sie sich noch an den Ausnahmezustand? „Deutschland im WM-Fieber. Korea im Fußballrausch. Wahnsinn: Kahn-Sinn! Vier Wochen lang, im Juni 2002!" Sofort sind besorgte Psychologen auf dem Plan, wenn diese Schlagzeilen hysterisch aufgedrehten Teenagern gelten wie einst der „Beatle-Mania", bei Madonna oder Michael Jackson.

Es geht aber nicht nur um Jugendliche, die ausflippen und die Schule schwänzen. Es geht auch um Erwachsene, überwiegend Männer, die ihre Pflichten vernachlässigen. Es geht um die Boygroups auf dem grünen Rasen. Wer vom weltweit grassierenden Fußball-Wahn und -Fieber unberührt und immun bleibt, scheint nicht richtig zu ticken. Ganz im Gegenteil zum religiösen und politischen Fieberwahn, wo es zur Zivilcourage zählt, wenn man aufgewühlten Emotionen und mitreißenden Ressentiments durch die reflektierende Kraft der Vernunft misstraut und widersteht. Wer sich am allgemeinen Fußball-Geschwätz nicht beteiligt, hat den Anschluss verloren.

„Als Park in der 70. Minute den Ball volley zum Tor des Tages in die Maschen drosch, erbebte das ganze Land." (*Neue Ruhr Zeitung*, 15.6.02) „Wir haben mit diesem Sieg die Menschen in Südkorea unendlich glücklich gemacht", erklärt Guus Hiddink, ihr Trainer aus Holland. „Das ganze Land versank im Freudentaumel." (*NRZ*) „Das Ganze ist das Unwahre", sagt Adorno gegen Hegel. Selbst wenn es sich beim ganzen Land nur um die halbe Wahrheit handelt, zeigt die Berichterstattung auch in der seriösen Presse kaum eine Spur von Nachdenklichkeit. Selten findet sich eine kritische Reflexion der medial angedrehten und forcierten Massenhysterie.

Selbstverständlich werden fragwürdige Schiedsrichterentscheidungen kritisiert, die nicht nur zum Vorteil von Adidas und Nike das gastgebende Fußball-Entwicklungsland Süd-Korea bis zum Schluss im Turnier belassen. In Zukunft sollen nur noch professionelle Schiedsrichter eingesetzt werden, die ebenso wie ihre aus den Fußball-Mutterländern angeworbenen Trainer-Kollegen die effektivste Taktik und Spielweise mit Erfolg in entwicklungsfähige Regionen exportieren. Wie einst die Missionare mit der Bibel den Glücksrittern und Geschäftsleuten den Weg bereiteten, wird heute der profitable Kreuzzug und die kulturelle Expansion von Entwicklungshelfern mit dem Fußball vorbereitet.

Ganz Korea im Taumel

„Staatspräsident Kim Dae-Jung jetzt Fan Nr. 1." (*Express*, 5.6.02) „Ganz Brasilien weint vor Glück." (*FR*, 1.7.02) „Eine ungewöhnliche Art des Jubelns fand die Familie von Mittelfeld-Weltstar Rivaldo. Sie feierte den WM-Triumph, indem sie in Recife (Brasilien) Essen unter den Menschen verteilte."

Nicht Armut, Lohn- und Klassenkämpfe sondern „Das Golden Goal von Senegal ließ einen ganzen Kontinent erbeben." (*Bild*, 17.6.02) Handelt es sich bei dieser Ganzheits- und Geschlossenheits-Verzückung um das totalitäre Wunschdenken der Werbebranche und Bewusstseins-Industrie? Lassen sich die sozialen Widersprüche tatsächlich mit Sport-Spektakel befrieden und mit „nationaler Selbstberauschung" (Theodor W. Adorno) betäuben? So dass die Abhängigen und Ohnmächtigen sich statt politisch zu organisieren, zu einer nationalen Volks- und Fangemeinschaft formieren, die geschlossen hinter ihrer Landes-Mannschaft und den ökonomischen Interessen ihres Führungspersonals steht?

Weil die Exotik fremder Länder und Sitten viele schöne bunte Bilder und Merkwürdigkeiten hergibt, amüsiert sich die *Rheinische Post* über einen Vorschlag, der in Italien längst politische Gestalt angenommen hat. In ihrem Glossarium berichtet sie von „skurrilen Zügen" aus dem Internet im fernen Korea. „Er [der holländische Trainer Hiddink] könnte mit dem Präsidenten des koreanischen Fußball-Verbandes eine Fußballpartei gründen und deren Chef werden. Sogar von einer Ein-Partei-Diktatur unter Hiddinks Führung ist die Rede." (*RP*, 25.6.02)

Mit „FORZA ITALIA", einem Schlachtruf aus dem Fußball-Stadion, hat der Vereinspräsident vom AC Milan, Berlusconi, seine Partei benannt und sich durch die Mobilisierung seiner lokalen Fanklubs als Regierungschef etabliert. Was für Süd-Korea skurril klingen mag, ist in Italien Realität.

Als der in ein Meinungstief abgerutschte damalige Spitzenkandidat der SPD, Rudolf Scharping, 1995 von Oskar Lafontaine „weggeputscht" wird, reagieren die darüber begeisterten Parteitagsdelegierten mit Fußball-Geschrei und Stadiongebrüll: „Jetzt geht's los! – Jetzt geht's lo-hos!" – „Sieg! Sieg! – Wir fahren nach Berlin!" Dorthin, wo das Pokalendspiel ausgetragen wird und die Regierungsposten verteilt werden.

Kein bekannter Politiker einschließlich Gregor Gysi, der sich nicht öffentlich im Medium von Sport und Fußball inszeniert. Kein Parteitag mehr, der sich nicht geschlossen wie eine Fangemeinde hinter seine Führungsriege stellt. Kaum eine Sitzung oder Tagung, wo das Menschenrecht auf Grundversorgung mit Gratis-Fußball nicht schon vorher bedacht und berücksichtigt wird.

Nennen Sie mir bitte einen bekennenden Politiker – vielleicht aus der Kulturfraktion? – der es wagt, öffentlich sein Desinteresse am Sport- und Fußball-Populismus zu äußern! Oder wenigsten einen bekannten Schriftsteller oder eine Schriftstellerin? Außer Autorin Elfriede Jelinek[1], die eigentlich eine Tapferkeitsmedaille verdient für ihren heldenhaften Kampf gegen den feschen Skifahrer-Faschismus des österreichischen Landes-Hauptmanns Haider, der – wir ahnen es bereits – auch Präsident vom FC Kärnten ist. Ich kenne nur einen, der mit allem anbändelt, nur nicht mit Fußball, und das ist der unvermeidliche Martin Walser. Seine Fußball-Abstinenz kompensiert er mit Tennis-Gucken und einer Jubel-Arie auf Bumm-Bumm Boris Becker, als dieser noch erfolgreich war.

Die gewichtige Kulturfront der 1950er und 1960er-Jahre mit ihrer elitären Distanz zum geistlosen Sportbetrieb ist lange schon zusammengebrochen. Trotz der Männerfreundschaft mit dem Boxer Samson Körner und seiner Vorliebe für schnelle Autos lässt Bertolt Brecht sich nicht als Kronzeuge für den Sport- und Fußball-Hype des gegenwärtigen Kulturbetriebs aufrufen. Wenn Brecht gegen das bürgerliche Theater der 1920er-Jahre polemisiert („Glotzt nicht so romantisch!") und sich als Zuschauerhaltung die des kritisch-räsonierenden Sport-Publikums wünscht, dann ist das ernst gemeint und als Provokation gedacht. Und nicht aus dem Geist des Opportunismus geboren wie die Fußballtümelei des Schauspielers und Regisseurs Leander Haußmann, der während seiner Zeit in Bochum mit Profis des VfL und Spielergebnissen in der Theaterpause die leeren Ränge seiner Abspielstätte füllen wollte.

Sind Fußballer unsere wahren Götter?

Auch die christlichen Kirchen, eine der letzten Bastionen gegen den Sport- und Körperkult, resignieren, nachdem sie den Kampf um den vom Sportbetrieb freien besinnlichen Sonntag bereits in den 1950er und 1960er Jahren verloren haben. „Sind Fußballer unsere wahren Götter?", fragt die evangelische Kirche in einer groß angelegten Plakat-Kampagne. Und entdeckt: „Wer hinter die Kulissen des Spitzensports blickt, entdeckt Menschen, die wie du und ich sind: mit Stärken und Schwächen, Hoffnungen und Befürchtungen, Erfolgen und Niederlagen, kleinen Eitelkeiten und großen Sehnsüchten und Träumen." Himmel, Arsch und Zwirn. Da wünsch ich mir einen zornigen Gott, der diese süßlichen Nichtigkeiten über „die Menschen, die wie du und ich sind" von ganz oben mit einem Blitz erledigt und den verantwortlichen Werbetexter zur Hölle schickt.

Weiter im Text der christlichen Fußball-Exegese: „Wenn Fußball als Religion zelebriert wird, ist es die Hoffnung auf die Verwandlung unseres Alltags, auf die Sehnsucht nach einem Gott zum Anfassen." Alles wollen sie begrapschen. Es ist nicht zu fassen! „Immer wenn es im Fußball nicht so klappt, muss dann der Fußballgott herhalten. Ich halte das für Blödsinn. Es gibt nur einen Gott und der hat mit Fußball nichts zu tun", wird Oliver Kahn zitiert. Gut pariert, Olli! Es kann nur einen Gott geben, wie es auch nur einen Rudi Völler gibt. Aber selbst der hat mit

Zumindest dieser Fanklub bejaht die Frage.

Fußball-Training nur noch wenig zu tun. Sondern mehr mit Presseterminen, Seelenmassage und Werbestrategien.

Die Stellvertreter Gottes auf Erden, sein irdisches Bodenpersonal allerdings, schmückt sich neuerdings immer häufiger mit der Leder-Pille. Der Kardinal zeigt sich im vollen Ornat für ein Foto im Kölner *Express* auf der Domplatte, beim Hibbeln und Trippeln mit einem Fußball: So staksig wie Stoiber und so dummdreist bolzend wie Schröder. Um Nachwuchs für ihre Klöster anzuwerben, ziert ein Werbeplakat der Katholiken ein strahlender junger Priester mit einem Fußball unter dem Arm. Mein Gott, wir sind doch nicht von vorgestern!

In seiner Ausgabe vom 1. Juni 2002, die samt Fußball-Titelbild der WM in Korea & Japan gewidmet ist, berichtet der *Kriegsruf*, die offizielle Zeitschrift der Heilsarmee, die mittlerweile im 112. Jahrgang erscheint, dass „südkoreanische Christen während der WM eine evangelistische Kampagne planen". Die ist in der Bundesrepublik bereits angelaufen. Im April ist das Buch „FußballGott" erschienen, in dem elf Bundesliga-Profis über ihre Erfahrungen mit Gott und dem christlichen Glauben berichten.[2] Mit von der christlich-sportlichen Partie sind die Ballkünstler Marco Bode, Gerald Asamoah, Heiko Herrlich, Paulo Sergio und Zé Roberto. Das Vorwort hat der Teamchef der deutschen Nationalmannschaft, Rudi Völler, verfasst.

Rudi Völler als Gütesiegel, der die Sache mit dem Glauben beglaubigen muss? Wenig überzeugend klingt auch, wenn *der Friedensbote*, ebenfalls ein evangelistisches Presseprodukt, das seit 1860 erscheint und beim Bäcker ausliegt, in seiner Juni-Ausgabe mit einem großen Fußball auf der Titelseite verkündet: „Wenn Sie Ihr Leben Jesus Christus anvertrauen und Gottes Angebot der Vergebung der Schuld annehmen, fällt das entscheidende Tor in Ihrem Leben, dann sind Sie auf der Seite des Siegers und Sie dürfen sich fühlen und feiern wie ein Weltmeister."

Mit Jesus auf der Siegerstraße? Und wie die Weltmeister feiern und sich fühlen? Nein danke, „Sein Reich ist nicht von dieser Welt." „Die Letzen werden die Ersten sein"! Das entscheidende Tor, so habe ich es jedenfalls im Konfirmanden-Unterricht gelernt, ist das zum Himmelreich, als Ausgang und Transzendenz zu einer ganz anderen Welt. „Eher geht ein Kamel durch ein Nadelöhr, als dass ein Reicher in den Himmel kommt." Und ausgerechnet bei den Millionären vom grünen Rasen soll der liebe Herrgott eine Ausnahme machen?

Unsere Kids jubeln: Endlich haben wir wieder Idole

Christian Rusch, 13 Jahre alt und Torwart in der D-Jugend, bekennt sich zu seinem Vorbild Oliver Kahn: „Er brüllt zwar viel rum, dennoch: ich finde ihn sehr sympathisch." (*Bild*, 3.7.02) Noch vor der WM hat *mobil – was uns bewegt*, das Gratisheft der Deutschen Bahn AG für Intercity-Reisende, dem „Gladiator und National-Elf-Kapitän" Titel-Bild und -Story gewidmet. „Keiner kämpft wie Oliver Kahn – der Mann, der nicht verlieren kann." (*mobil*, 5/02) Die Hochglanzbroschüre, selbst Teil der von ihr bei Kahn konstatierten „Image-Korrektur", ruft erbarmungslos noch einmal alte und hässliche Geschichten über den Gladiator in Erinnerung. Von einer Benefiz-Veranstaltung, wo King Kahn „die Elfmeter von kleinen Buben abwehren sollte. Für jeden Treffer wurde von einem Sponsor ein bestimmter Betrag gespendet. Der blonde Hüne im Tor aber entpuppte sich als absoluter Spaßkiller für die Jungfußballer… Kahn parierte jeden Ball. Er konnte nicht anders."

Der Rasen vor seinem Münchner Haus musste früher aussehen wie das Grün von Wimbledon – „akkurat auf den Millimeter geschnitten – bis ihn ein Bekannter mal darauf ansprach: Hast Du eigentlich einen an der Waffel?" (*mobil*, 5/02). Möglicherweise: Denn Joschka Fischer ist nicht nur seit Jahren der in Deutschland beliebteste, sondern auch der von Oliver Kahn favorisierte Politiker.

Im Lift nach oben fällt Kahns Noch-Ehefrau Simone ein Ski-Stock aus der Kabine. „‚Um ein Haar wäre ich da hinterher gesprungen', erzählt Oliver Kahn, der diesen Reflex, alles, was sich bewegt, festzuhalten, schon seit dem fünften Lebensjahr trainiert" (*mobil*, 5/02). Mit seinem Vater, der erfolgreich beim Karlsruher SC spielte. „Oliver hat mitbekommen, wie ich als Libero lautstark die Kommandos gab", erzählt Rolf Kahn im *Echo der Frau* (Nr. 23, 2002). „Er war extrem fleißig und zeigte großen Willen im Training. Dreimal wöchentlich reichten Kahn junior schon bald nicht mehr aus", erklärt Vater Kahn, der seinen Jüngsten durch viele Trainings-Sondereinheiten immer besser werden ließ.

Die systematische Zurichtung zum reflexartig agierenden Fachidioten, angetrieben von ehrgeizigen Eltern: Ist dies nicht das Wunschbild des begehrten Mitarbeiters für die Volkswirtschaft? Ein Ideal auch für die künftigen Leitwölfe in den Spitzenpositionen? „Dass er viel rumbrüllt", bemängelt sein 13-jähriger Fan Christian Rusche. Doch der Titan hat noch weitere Führungsqualitäten: „Kapitän Kahn haut auf den Tisch", frohlockt *Bild* am 27.5.02: „ARD-Experte Günther Netzer kritisiert nach dem 0:1 in Wales gnadenlos und hart und zweifelt sogar, das Rudis Elf die Vorrunde übersteht. Glaubt die Nation nicht mehr an ihre Mannschaft? Mit den Miesmachern in der Heimat räumt nun der Kapitän auf." Chefsache sozusagen und eine ordnungs- und sicherheitspolitische Aufgabe für Schily, Kahn und Beckstein: Aufzuräumen mit den Miesmachern und Kritikern an der Heimatfront. Der Kasten und der Strafraum, der Bahnhof und die Innenstadt werden freigehalten und sauber gemacht.

Am 6. Juni lässt *Bild* „die wichtigsten Bildungsexperten – Die Schüler – sprechen: Lehrer müssen auch mal mit der Faust auf den Tisch hauen." Es ist der ewige Traum der Verantwortlichen, dass ihre Schutzbefohlenen selber nach Zucht und Ordnung verlangen.

Vergessen wir Oliver Kahn, das Ideal des deutschen Innenministers, der jeden abschreckt und kaum einen reinlässt, und wenden wir uns dem billigen Vollstrecker zu, der es tatsächlich von Polen hierher geschafft hat und jetzt schon bis ganz nach oben gekommen ist. „Erklär mir einer den Wunderstürmer", fragt sich und uns *Die Bunte* (Nr. 28, 2002). „Einen wie ihn dürfte es in der gestylten Welt des Fußballs eigentlich gar nicht geben. Er fährt keinen Traumwagen, wohnt in keiner Villa, trägt keine Designer-Kleidung und hat auch keine flotten Sprüche allzeit parat. Wenn er redet, senkt er schüchtern den Kopf. Und seinen Teamchef, den die ganze Fußballnation Ruuuudi ruft, spricht er höflich mit ‚Herr Völler' an. Und ausgerechnet der ist Deutschlands neuer Fußballgott: Miroslav Klose, 24."

Wenn die deutsche Leitkultur Kloses knechtselige Eigenschaften auch nicht für alle zukünftigen Green-Card-Aspiranten verbindlich machen kann, so sind sie möglicherweise doch bei den saisonalen Aushilfskräften der Spargel-Stecher, Putz- und Bau-Kolonnen aus dem Osten durchzusetzen.

„FCK forever, Spätzünder, Allzweckwaffe, Kopfball-Monster, Star ohne Macken"

Bravo-Sport fasst dieses Porträt von Miroslav Klose wie folgt zusammen: „Ein Stürmer mit Sieger-Gen: Miros Vater Josef war Fußballprofi beim AJ Auxerre, seine Mutter Barbara machte 82 Handball-Länderspiele für Polen. Miro konnte nur polnisch, als er mit sieben Jahren nach Deutschland kam. In der Schule hatte er deshalb große Schwierigkeiten, wurde später von der vierten Klasse in die zweite zurückversetzt. Einziger Trost: Fußballspielen. Miro ist sehr religiös, trägt stets ein Kreuz um den Hals. Auch in seinem Audi hängt ein Christus-Kreuz." (*Bravo-Sport*, Nr. 15, 2002)

Miroslav Klose behängt sein eigenes Kreuz mit Bleiwesten, um am Pendel seine Kopfballstärke und Sprungkraft zu verbessern. „Sein Trainer legt Sonderschichten ein für den eher schmächtigen Schlesier, der wie besessen ist vom Fußball, getrieben von einem inneren Kommando: Kämpfen, immer Kämpfen und niemals den Glauben an sich verlieren." (*Bunte*) „Bescheidenheit wie Klose sie lebt, ist eigentlich schon in Vergessenheit geraten. Und seine Erfolgsformel: ‚Ich kann jeden Tag noch etwas lernen', klingt geradezu demütig. Auch eine Eigenschaft, die dem Fußball heute abhanden gekommen ist." Demut und Bescheidenheit sind Wertvorstellungen, die die herrische Rasse zwar sich selber nicht zumutet, aber gerne ihren Arbeitskräften abverlangt. Kloses Klubarzt vom 1. FCK: „Kaum einer ist so leidensfähig wie Miro. Der jammert nicht." Was für ein Vorbild, welch teamfähiger Kollege: freiwillige und unbezahlte Überstunden ohne zu klagen und ohne gewerkschaftlichen Schutz. Und jederzeit lernbereit.

Wann wird die affirmative Jugend- und Gesellschaftstheorie von Wilhelm Heitmeyer und Ulrich Beck endlich ihre blinde These von der Orientierungslosigkeit überprüfen? Die jungen Leute kommen auf dumme Gedanken, weil angeblich ein Werte-Vakuum existiert? Im Gegenteil. Weil sie Erfolg, Kampf und Sieg verinnerlicht haben wie nur die Topleute aus Wirtschaft und Politik und diese genauso rücksichtslos wie jene praktizieren: Im Rahmen ihrer jugendlichen Möglichkeiten. Und das kann sehr hässlich aussehen, im Gegensatz zu den eleganteren Gemeinheiten des gesellschaftlichen Führungspersonals.

Auch wenn dem empfindsamen Herrn Pfarrer und dem kritischen Soziologen und Pädagogen die gnadenlos entsolidarisierte Ich-AG nicht passt: „Kämpfen, Kämpfen, Kämpfen. Bedingungsloser Ehrgeiz, Kohle und Erfolg: daran musst Du glauben, um die Numero Eins zu werden. Der 2. Platz, die Silbermedaille, bringt schon keinen Werbevertrag mehr. Also 120 Prozent Leistung! Während der gesamten Spiel- und Arbeitszeit. Jammern gilt nicht. Ich will da rein! Wir sind dabei und stehen voll hinter ihm!" Durch Konkurrenz um den Standort wird von der Masse Geschlossenheit und Identität gefordert und demonstriert: Corporate Identity im Stadion und auf dem Parteitag, im Betrieb und im Verein. Eingeübt und verstärkt werden diese Werte und Haltungen nicht mehr in der Kirche, sondern in der Sport-Arena. Jeder Landesvater und Oberbürgermeister will sich mit einer Superarena ein Denkmal setzen.

Joachim Erwin, ein kalter Technokrat und CDU-Oberbürgermeister von Düsseldorf, trat im Karneval tatsächlich grün verkleidet als „Hub-Rasen“ auf und pumpte seine beiden Arme fortwährend nach oben, um zu demonstrieren wie die geplante allermodernste Arena den Rasen sozusagen noch als Dach überm Kopf verwenden kann. Die Arena als Signum unserer Zeit und die begeisterte Menge als ihr Ornament. Mit-machen und mit-laufen, mit-jubeln und mit-regieren, mitgestalten und mit-bombardieren. Positiv denken!

Gewagt... Gewonnen!

„Das gilt nicht nur auf dem Fußballplatz. Wer als Kind gefördert und gefordert wird, ist für die Feuerproben des Alltags besser gerüstet und stark genug, um NEIN zu Drogen, Nikotin und Alkohol zu sagen. Als Trainer oder Betreuer im Fußballverein können Sie mithelfen, Kinder stark zu machen. Die Bundeszentrale für gesundheitliche Aufklärung (BZgA) unterstützt Sie dabei. Kinder stark machen – helfen Sie mit!“ Eine Sisyphus-Arbeit voller Widersprüche, weil die Tabak- und Alkohol-Industrie, gegen deren Versuchungen die Kinder stark gemacht werden, mit ihren Steuerleistungen und Sponsoren-Engagements neben den Trost- und Betäubungseffekten ihren systemstabilisierenden Beitrag zum allgemeinen Wohlbefinden leistet.

An solchen, aber nicht nur an diesen Widersprüchen, entzündete sich einst das kritische Bewusstsein und engagierte sich für eine radikale basisdemokratische Alternative zum „Raubtier-Kapitalismus“ (Ex-Bundeskanzler Helmut Schmidt), dessen deregulierte Markt-Ökonomie zum größtmöglichen Unglück der größtmöglichen Zahl fortschreitet. „Es gibt keine Alternative“, sagen Fischer und die Grünen, die ihre Bewegung einst selber nach einer möglichen Alternative nannten, um ihre Kapitulation und Selbstpreisgabe vor der Real-Politik zu legitimieren.

Es zeigt sich übrigens schon seit Jahren, wie offen und anschlussfähig die angestrebte und gelobte Tugend der Stärke gegenüber dem „unsäglichen Härte-Ideal“ (Theodor W. Adorno) ist: der ideologischen Klammer jeder autoritären Herrschaft und Gesellschaft. Schattenparker und Frauenversteher, Weich-Ei, Zicke und Bedenkenträger werden als Memmen und Sensibelchen aus dem Ungeist „robuster Nachhaltigkeit“ (Joschka Fischer) verhöhnt und verspottet. Wenn mich nicht alles täuscht, laufen die Beobachtungen über Sprache und Verhalten auf öffentlichen Plätzen und Schulhöfen, in Stadien und öffentlichen Verkehrsmitteln, darauf hinaus, dass sich das Unbehagen in der Zivilgesellschaft und der Frust im Spät- und Turbo-Kapitalismus neben Ausländern und Sozial-Schmarotzern wieder an den klassischen Sündenböcken festmacht: an Juden, Schwulen und kritischen Intellektuellen. Trotz deren formaler Besserstellung und Akzeptanz durch Politik und Medien. Man beachte die Ambivalenz beispielsweise gegenüber Marcel Reich-Ranicki, Paul Spiegel und Michel Friedman.

Fußballfrei in allen Betrieben!

Politiker und Gewerkschafter forderten Gleitzeit während der Weltmeisterschaft. „Als Fußballfan weiß ich, wie sehr es einen fuchst, wenn man ein schönes Spiel verpasst“, sagt der rheinland-pfälzische Ministerpräsident Kurt Beck (SPD) der *Bild am Sonntag* am 5.5.2002. „Unsere Gesellschaft hat ohnehin nicht gerade ein Überangebot an emotionalen Erlebnissen, die viele Menschen unterschiedlichster Stellung zusammenführen.“

„Massive Unterstützung kommt von den Gewerkschaften. Die Idee, zur WM flexiblere Arbeitszeiten einzuführen und Fernsehgeräte aufzustellen, ist total spannend“, so Ex-IG-Metall-Chef Klaus Zwickel. „Das ist eine neue Form von Mitarbeitermotivation am Arbeitsplatz. Ich sage nur: Machen!“

„Auch der Vorsitzende der FDP-Bundestagsfraktion Wolfgang Gerhardt appelliert an die Unternehmer: ‚Die Fans sollen sich die Spiele anschauen können. Eine Einigung zwischen Betrieben und Mitarbeitern dürfte doch möglich sein. Und wenn dabei der Widerstand gegen flexible Arbeitszeiten fällt, wäre das schon der erste WM-Erfolg Deutschlands.‘“ (*BamS*, 5.5.02)

Anmerkungen

1 Elfriede Jelinek: Ein Sportstück, Reinbeck 1998
2 David Kadel: Fußball Gott, Asslar 2002

Autoreninformation

Die Herausgeber:

Bündnis Aktiver Fußballfans

Das Bündnis Aktiver Fußballfans e.V. (BAFF) wurde in der Saison 1993/94 als „Bündnis Antifaschistischer Fußball-Faninitiativen und -Fanklubs" gegründet. Die Umbenennung 1995 sollte unterstreichen, dass außer Antirassismus und Antifaschismus auch andere Faninteressen vertreten werden und mit der Kommerzialisierung des Fußballs immer mehr an Bedeutung gewinnen. Hierzu zählen z.B. der Kampf für den Erhalt der Stehplätze und den Einbezug von Fußballfans bei der Stadionplanung, gegen Repression und Kriminalisierung von Fußballfans und für einen Spieltag am Samstag mit Anpfiff um 15.30 Uhr. 1999 wurde BAFF Gründungsmitglied des antirassistischen Netzwerkes Football Against Racism in Europe (FARE) und organisierte in diesem Kontext die in mehr als 20 Städten gezeigte Ausstellung „Tatort Stadion. Rassismus und Diskriminierung im Fußball". 2003 erschien zusammen mit Mad Butcher Records der BAFF CD-Sampler „Music for the Terraces". In der Saison 2003/04 kommt die Anti-Repressionsbroschüre mit dem Arbeitstitel „Die 100 schönsten Schikanen" heraus.

Die Autorinnen und Autoren:

Dieter Bott (geb. 1943), ist Fan-Soziologe und baute mehrere Fanprojekte auf. Mitautor von „Ball und Birne. Zur Kritik der herrschenden Fußballkultur" (zusammen mit Marvin Chlada und Gerd Dembowski), Hamburg 1998 und „Tatort Stadion. Rassismus, Antisemitismus und Sexismus im Fußball" (hrsg. von Gerd Dembowski und Jürgen Scheidle), Köln 2002.

Gerd Dembowski (geb. 1972), lebt in Berlin, hat von 1995 bis 2000 in zwei Duisburger Fanprojekten gearbeitet, ist seit 1996 BAFF-Sprecher und organisiert seit 2001 dessen Wanderausstellung „Tatort Stadion. Rassismus und Diskriminierung im Fußball". Das gleichnamige Buch gab er 2002 zusammen mit Jürgen Scheidle heraus. Zuletzt erschienen von ihm außerdem: „Das zerbrochene Fenster. Hools und Nazi-Skins zwischen Gewalt, Repression, Konsumterror und Sozialfeuerwehr" (gem. mit Andreas Buderus & Jürgen Scheidle), Aschaffenburg 2001 sowie „Im Revier der Zebras. Die Geschichte des MSV Duisburg“ (mit Dirk Piesczek & Jörg Riederer), Göttingen 2001.

Christian Ehlers (geb. 1978), studiert Politik- und Medienwissenschaften in Hannover, ist Fan von Hannover 96 und gewann 1988 gegen Uwe Rahn im Minigolf. Als Redakteur bei Europas bestem Fanzine *Notbremse*, gab er 2002 mit Hardy Grüne das Buch „Festtage an der Leine. Die Geschichte von Hannover 96“ im Verlag Die Werkstatt heraus.

Michael Eichener (geb. 1976), lebt in Ludwigslust und schreibt über Fußball & Gesellschaft u.a. für das österreichische Fußballmagazin *Ballesterer* und die *Junge Welt.*

Michael Fanizadeh und **Markus Pinter** sind Politologen und arbeiten am Wiener Institut für Entwicklungsfragen und Zusammenarbeit (VIDC). Dort sind sie mit der Organisation des antirassistischen Sportprojekts „FairPlay. Viele Farben. Ein Spiel“ (*www.fairplay.or.at)* sowie mit der Koordinierung des europäischen Netzwerkes „Football Against Racism in Europe – FARE“ (*www.farenet.org)* betraut.

Markus H. W. Flohr (geb. 1980), lebt in Hamburg und studiert Geschichte und Theologie. Redakteur des St. Pauli-Fanzines *Übersteiger* und Trainer des B-Mädchen-Teams des gleichen Vereins. Er gestaltete und begleitet die BAFF-Ausstellung „Tatort Stadion“ und schreibt für *taz, stern tv, young miss* und hin und wieder einen Buchbeitrag.

Michael Gabriel (geb. 1964), lebt in Bayern und ist als Diplom-Sportwissenschaftler seit 1996 Mitarbeiter der Koordinationsstelle der Fan-Projekte bei der Deutschen Sportjugend (dsj). Als aktiver Fußballer wurde er mit der Jugend von Eintracht Frankfurt zweimal deutscher Meister und nahm mit der österreichischen U 20-Nationalmannschaft an der Junioren-WM 1983 in Mexiko teil. Er veröffentlichte 2002 gemeinsam mit Matthias Thoma „Das Rostock-Trauma – Die Geschichte einer Fußballkatastrophe" über eine dramatische Saison der Frankfurter Eintracht.

Thomas Glöy (geb. 1968), seit 1991 St. Pauli-Fan, wohnt seit sechs Jahren auch im Stadtteil und arbeitet als freier Sportjournalist. Gründungsmitglied und Redakteur beim St. Pauli-Fanzine *Übersteiger*, seit 2001 zweiter Vorsitzender des Bündnisses Aktiver Fußballfans (BAFF) und Sprecher der Arbeitsgemeinschaft interessierter Mitglieder im FC St. Pauli (AGiM).

David Jünger (geb 1977), lebt in Leipzig und ist Mitglied und Spieler des Fußballvereins Roter Stern Leipzig. Seit Jahren Mitherausgeber und Autor zahlreicher Fußball-, Punkrock- und Polit-Zines.

Philipp Köster (geb. 1972), lebt in Berlin und ist Redaktionsleiter beim Magazin für Fußball-Kultur *11 Freunde*. Er schrieb für die Deutsche Universitätszeitung, das Bielefelder Fanzine *Um halb vier war die Welt noch in Ordnung*, die *Neue Westfälische* – und ist heute u.a. einer der vier Kommentatoren für die Bundesliga-Onlinekolumne des *Spiegels*.

Christian Meister (geb. 1970), lebt in Bochum und vergab sein Fußballherz an den dortigen VfL. Bis zur traurigen Auflösung gehörte er zum Redaktionsteam des Fanzines *VfouL*. Heute arbeitet er für Zomba Records, schreibt für Lokalzeitungen und kleinere Magazine.

Ronald Noack, lebt in Berlin, ist BAFF-Gründungsmitglied und wandert seit 2001 mit der BAFF-Ausstellung „Tatort Stadion. Rassismus und Diskriminierung im Fußball".

Ansgar Spiertz (geb. 1965), lebt in Gevelsberg, ist promovierter Physiker und arbeitet als Anwendungsberater. Er ist Fan von Borussia Dortmund und aktiver Groundhopper. Als solcher betreibt er die Homepage „Diary of some Groundhopping" unter *www.groundhopping.de*.

Thomas Weinmann (geb. 1962), genannt „Tower", ist Diplom-Kaufmann und hat als Fanbeauftragter von Borussia Mönchengladbach seine Berufung zum Beruf gemacht. Seit 1994 ist er Betreuer im Fanprojekt Mönchengladbach e.V., aktuell auch Schlagzeuger in der Gladbacher Fan-Band *B.O.* und tatkräftiger Unterstützer der bundesweiten Fanorganisation Pro Fans.

Steffie Wetzel (geb. 1966), lebt in Offenbach und fiebert seit 1986 mit dem OFC mit. Ausgerechnet auf der anderen Mainseite, im ungeliebten Frankfurt, arbeitet die derzeitige OFC-Fanbeauftragte als Schulsozialarbeiterin. Nebenbei bastelt sie mit am unabhängigen OFC-Magazin *Erwin*, ist Mitherausgeberin der seit 1998 erscheinenden Jahrbücher der Offenbacher Kickers und Mitautorin des Buches „Mainderby in Berlin" über das Endspiel um die Deutsche Meisterschaft 1959 zwischen den Kickers und Eintracht Frankfurt.

Sportliches Dankeschön!

1998 ist in der Kölner edition fundamental das bibliophile Werk „Ballbesitz ist Diebstahl“ von Klaus Hansen erschienen. Das Buch – „grandiose Fußballpoesie“ (taz) – ist inzwischen vergriffen. Klaus Hansen hat uns die Wiederverwendung des Titels freundlicherweise freigestellt.

Fotonachweis

Fotoagentur Bongarts: 83, 147
Fotoagentur Horst Müller: 25, 163, 192
Argus/Schwarzbach: 109
BAFF-Archiv: 81, 93, 114, 123, 127, 131, 160, 170, 237, 244
Detlev Deymann: 132
DSF: 61 (1)
Christian Ehlers: 59
FARE: 143
Klaus Gierlich: 66
Norbert Rachel: Cover
Andy Sanders/www.efcrodgau.de: 186, 200
Guido Schröder: 3
Marco Urban: 90
VfouL: 61 (2)
When Saturday comes: 99
www.attilathestockbroker.com: 103
Übrige Fotos: Archiv der Autoren, sonstige Privatarchive.

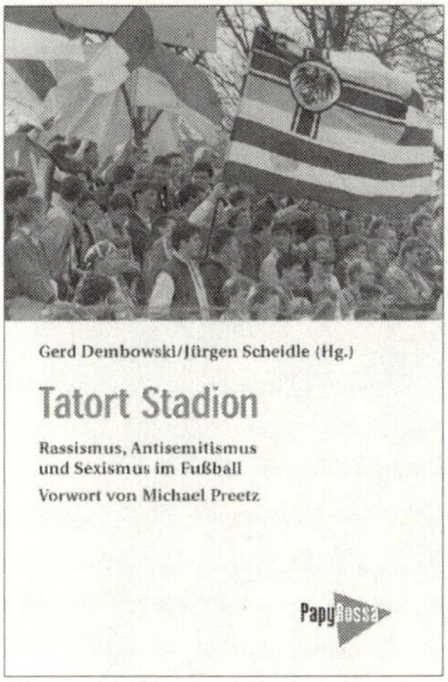

G. Dembowski/J. Scheidle (Hg.):
Tatort Stadion
Br., 216 Seiten, EUR 12,90 [D]
ISBN 3-89438-238-4

Das Buch bietet einen Einblick in die Ausprägungen, die Rassismus, Antisemitismus und Sexismus im Fußball annehmen. Es begleitet die gleichnamige Wanderausstellung des Bündnisses Aktiver Fußballfans (BAFF). Das Vorwort hat Michael Preetz (Hertha BSC) beigesteuert.